JN060912

日本政治思想史

The History of Modern Japanese Political Thought

広岡守穂［著］

HIROOKA Moriho

有信堂

日本政治思想史／目　次

第一章　明治維新の思想——尊王攘夷と公議政体、そして蛮社の獄—— 1

第一章

明治維新の思想——尊王攘夷と公議政体、そして蛮社の獄

明治維新の原動力となった思想といえば、真っ先に思い浮かぶのは尊王攘夷である。ペリー来航でいっきに高まった対外的危機感がやがてナショナリズムの核となり、倒幕へと向かっていく。だが明治以後になると尊王攘夷が果たした役割は功罪なかばする。明治の国家統合は忠君愛国の標語のもとに進められるが、排外主義や昭和のテロリズムのかげにも尊王攘夷は見え隠れする。公議政体論も尊王攘夷とともに維新の原動力であったが、それは立憲政体論に受け継がれ、政党政治の基底をなした。今日にも継承されている。

明治維新は一九世紀後半のできごとだった。この時期欧米諸国は産業革命を経ていた。だから尊王攘夷と公議政体だけでは到底近代国家建設の思想たり得なかった。市民社会の思想が不可欠だった。だが幕末維新期に市民社会思想の存在感ははなはだ薄く、そのことが近代日本の歴史に大きなかげを落としている。かろうじて一握りの洋学者の系譜に点々と市民社会思想をたどることができるばかりである。最も影響力が大きかったのは福沢諭吉であるが、わたしは渡辺崋山を市民社会思想の起点に置きたい。

1　政治思想史をどこから始めるか？

近代日本の政治思想史を展望したいと思うが、さてどこから始めるのが適切なのだろうか。尊王攘夷か公議政体か、はたまた蘭学か、いろいろ考えてきたが、どこから始めるべきなのか、正直にいうと、いまだに確たる自信はない。しかし少し前から、わたしは、渡辺崋山から始めるのが妥当なのではないかという考えに傾いている。そして渡辺崋山から福沢諭吉へ、福沢諭吉から与謝野晶子と阿部次郎へ、そして河合榮治郎へという道筋を描くことができるのではないかと考えている。

渡辺崋山と福沢諭吉と与謝野晶子と阿部次郎をつなぐ線があるというのは突飛な考えに見えるかも知れない。だがもし突飛な主張に見えるとすれば、それは日本の政治思想史が国家中心に描かれてきたからである。中央右に権威主義的な国家主義を置き、右端に超国家主義を、そして中央左に民本主義を置き、左端にマルクス主義を配するといった布置で政治思想史をとらえようとすると、市民社会に重きを置く思想の系譜はうまく浮かび上がらないのである。ふたつ目の軸をつくり、上に国家を、下に市民社会を配してみると、わたしのいわんとするところが、いくぶんか明らかになるのではないかと思う。

どんな政治であろうと、所詮政治は目的ではあり得ない。政治は社会のあり方を導く手段であるに過ぎない。だからどんな政治思想であっても、理想とする社会の姿を根底に持っているものである。家族、地域社会、産業組織、学校や教会などなど、社会を構成する諸要素のあるべき理想を根底に置き、そしてそれと政治との関係を定義しているものである。そういう関係を抜きにして、どんな政治が理想的な政治かを語ることはできない。

誤解を生みやすい表現だが、わたしは政治的自由にくらべたら私的自由のほうが、ずっと重要だと感じている。普通選挙制はおこなわれているが、結婚するのに親のゆるしを得なければならなかったり、仕事を選ぶのに家族や親戚の承認を得なければならない社会に住むのと、選挙権はないが自由に結婚したり仕事を選んだりできる社会に住むのとどっちがいいかと聞かれたら、わたしは迷うことなく後者を選ぶ。

それはひとりひとりの国民が国家に奉仕すべきか、国家がひとりひとりの個人を支えるべきかというふうに言い換えてもいい。権威主義的国家主義、超国家主義、民本主義、マルクス主義といった区別をしても、そのイデオロギーが国民に国家への献身を要求するのか、逆に国家が国民の人生を支えるのかは、にわかには区別できないのである。であるから、いかなる社会をめざすか、なぜめざさなければならないかを読み解くことは、政治思想史を書くために不可欠の作業である。

2　渡辺崋山——市民社会を見る目

渡辺崋山（一七九三〜一八四一）には、予断なしに世界全体を見渡そうとする実証主義的な態度があった。つまり儒学や国学の窓から世界を見ることから自由だった。また崋山には、教育制度や科学から国民性や政治制度までを広く見渡す視野があった。一八三〇年代の日本の経世家が、危機意識を持って西洋世界をながめたら、議会や官僚制などの国制に目がいくより先に、鋼鉄の船を海に浮かべたり大砲を製造したりする技術や、正確な暦をつくる天文学や進んだ医学に関心が向くのは自然なことなのであるが、崋山はその発達をもたらす条件を求めて、学校などの社会制度や人びとの行動様式にまで注意を向けた。それはいわば市民社会を見ようとする目だった。

一八三〇年代に崋山のような問題意識を持っていた人はほとんどいなかった。鋼鉄の船を建造するのに、数多くの学校をこしらえたり、人びとの行動様式の変化を促したりするような回りくどい手段がどうして必要だといえるだろうか。よほど具眼の士でなければ、ただ造船所をつくればいいだけではないか、ということになるだろう。もちろん造船技術を学ぶだけでも一筋縄ではいかないが、わざわざ学校をたくさんつくるまでもないだろう。佐久間象山は「東洋道徳西洋芸術」ということをとなえた。象山のいう「芸術」とは科学技術のことであり、「東洋道徳西洋芸術」とは社会秩序や道徳は固有の伝統を維持しながら、科学技術は西洋に倣って積極的に摂取しようという意味であった。朱子学者であった象山はそれが困難なことではないと考えていたのである。象山のような思想は早く新井白石にも見られたし、多くの蘭学者も同様の考えを持っていた。

これに対して崋山は、たんに一隻や二隻船を建造することが問題なのではなく、大量の船を生産する社会システムそのものをつくることが問題なのだと考えていた。そういう問題意識を持って政治を考えたのである。統治の正統性や統治機構のあり方ではなく、市民社会の深みまで降りて、どのような社会をめざすべきであるかを考えたわけである。

ところで、渡辺崋山が国際情勢の知見をどのようにして得たかというと、崋山自身はオランダ語を解さなかったから、高野長英や小関三英に翻訳を依頼したり翻訳書を読んだり、さらには来日したオランダ人に通訳を介して問いただしたりしたのである。一八三九年、オランダ商館長ヨハネス・E・ニーマン一行が江戸に参府したとき、崋山は通訳を伴って面会に行き、外国事情を尋ねている。そのやりとりは『鴃舌或問（げきぜつわくもん）』にまとめられている。『鴃舌或問』を見ると、崋山は、いまは昔ではない、世界は大きく変わっている、その様子を具体的に知りたいと、ニーマンにいろいろな質問を浴びせている。プロイセンはナポレオン戦争のあとにドイツ連邦に加盟したのか、地理学の最新の有益な著書を教えてほしい、オランダの医療制度はどうなっているか、最近のヨーロッパで学問のさかんな国はどこか、などなど、崋山の好奇心は尽きることがなかった。この最後の質問にニーマンは、学問がさかんな国はドイツやフランスだが、イギリスは蒸気機関が発明されていちじるしく躍進していると、産業革命期のヨーロッパのありさまについて短く答えている。

『鴃舌或問』は「ある人問う」として質問を書き、次に「答えていう」としてニーマンのことばを記しているが、もちろん「ある人」とは崋山その人である。崋山は「ある人問う」として日本人の国民性をどう思うか、日本は二〇〇年の間平和がつづいているがどう思うか、日本は物資にめぐまれた国と思うか、といった質問を矢継ぎ早に浴びせ、ニーマンから答えを引き出している。『鴃舌或問』に書き留められているニーマンの答えは崋山自身がうなずいた答えであろうが、たとえばニーマンは、日本は十分自給自足ができると思うが、現実には交易を必要としている。どうしてかというと物産の学にうといからだと語っている。これを読むとニーマンは、日本は「物産の学」を学ぶために交易をさかんにしたほうが良いとすすめているわけであるが、それに崋山は深く同意したととらえていいだろう。

もう少し問答の内容を見てみよう。江戸のような大都市は他国にもあるかとの問いに、答えは、アムステルダムはとても江戸に及ばない、パリが江戸に近いと思う、物乞いの多いこと火事が多いことでは江戸は世界一だ。また日本人の国民性についてのニーマンの意見は、次の通りである。上層の人たちは品がいい。性質はトルコ人に似ている。トルコ人は才能も学識もあるが、粘り強さに欠ける。彼らは深遠な学問を尊ぶが、身近なことがらを学ぼうとしない。だから才能のあるものは傲慢になり、凡人は怠惰になっている。めずらしい機械を見て模倣することは上手だが、自分では発明できない。そういう人のことをオランダでは「リュクトホーフト」（頭の軽い人）という。ニーマンのことばを崋山はこのように書き記しているのであるが、読んでいると、これは崋山自身の自戒を込めた日本人観なのではないかと思われてくる。

平和についての質問に、ニーマンは答える。西洋では戦争が絶えることがない。そのため諸国は国家の独立のために不断に努力している。諸国がそういう努力を怠らなかったから、学問がさかんになって人材がどんどん輩出した。いまや世界の五分の四までが西洋諸国によって政治的文化的に支配されるようになった。それはヨーロッパ諸国間の激烈な生存競争がもたらした帰結である。平和か戦争かは一失一得ある。アジア諸国は豊かであり、また人びとはおだかやなので治めやすいといえる。

問答の終わりに崋山はモリソンについてくわしく尋ねている。一八三七年に江戸湾にやってきたモリソン号を追い払った事件が起こった。崋山はことのなりゆきをきわめて憂慮していたのである。ただし崋山はモリソンを人名と勘違いしていた。こののち崋山は『慎機論』を書き、やがて幕府の咎めを受け自害に追い込まれることになるのだが（蛮社の獄）ここではおいておこう。

西欧の政治思想史を展望する場合、ジョン・ロックやジャン＝ジャック・ルソーの社会契約説がひとつの頂点になる。彼らは人民主権論という統治の正統性に関する理論を打ち立て、それを実現する制度として議会を提唱した。ロックやルソーの思想は市民革命の理念となり、市民革命は近代と前近代を分かつ歴史上の分岐点となった。西欧ではまず市民革命が起こり、次に産業革命が起こったので、ロックやルソーの時代には産業革命はまだ姿をあらわしてはいなかった。企業や労働組合や学校といった機構も一八世紀にはまだまだ未成熟だった。

そういう時代の政治思想をモデルとして、幕末日本の「政治思想」を描こうとするのは適切ではない。産業革命を経た欧米諸国の脅威にさらされ、その力の源泉を覗き見た一九世紀の非西欧世界においては、産業革命や市民社会への視点を持っていない政治思想は現実政治を動かす力にはなり得ないだろう。その意味で、渡辺崋山の思想には、尊王攘夷や公議政体論が持っていなかったものがあった。まずはそのことに注目しておきたい。

3　渡辺崋山の実証主義

またわたしは渡辺崋山が画家であったことを重要視したいと考えている。西洋画は江戸時代後期において、実証主義的なものの見方を獲得するうえで非常に重要な役割を果たしたと考えるからである。実際、明治のはじめには、遠近法のような西洋画の技法は科学技術として学ばれたのである。一八七六年、西欧の科学技術を取り入れるためにつくられた工部大学校（東京大学工学部の前身）に、付属学校として工部美術学校が開設されたことは、そのことを物語っている。

崋山はもともと谷文晁について南画を学んだが、やがて西洋画の遠近法や陰影法を取り入れて独自の写実主義的な画風を確立した。崋山より以前、小田野直武らの秋田蘭画が知られているが、小田野直武は『解体新書』の挿絵を描いた人物である。小田野は平賀源内に西洋画について教えられ、それから大いに西洋画の技法を学んだのだった。

絵画は事物を表現するというよりも、事物の見方を表現するものである。同じ山を描き同じ川を描くにしても、南画の画法で描くことと精密な写実をめざすことの間には、きわめて大きな隔絶がある。実証主義と結びついているのは後者である。

さて渡辺崋山は世界についてどのような知識を得ていたのであろうか。崋山は『再稿西洋事情書』の中で、世界には五つの宗教があると述べ、窮理の精神が新しい世界をつくっていると述べ、開かれた教育制度が人材登用の制度として機能していると述べている。

「聖人之降生ありしは皆亜細亜にて、世界中僅に五教之外無之」[1]。五つの宗教とはヨーデン宗（ユダヤ教）、ヘーデン宗（仏教）、キリス宗（キリスト教）、マホメット宗（イスラム教）と儒教である。ということは崋山は儒教を相対化して見ているということにほかならない。

『外国事情書』では、五大州の中で、ひとりヨーロッパのみが発展膨張していることを説き、その理由に説き及んでいる。「右之通、古今大変仕候得共、大道ハ何レノ国々迚モ、今ハ古ニ及バズ候得共、物理ノ学ハ古ハ今ニ及バズ候テ……」[2]。すなわち倫理道徳は昔のほうがすぐれていたが、ヨーロッパが発展したのは「物理ノ学」が発展したからだというのである。このような文章をこの時期の儒学者の著書に見つけることは困難である。だがそれよりも、崋山が窮理すなわち自然科学の発達が世界の進歩を牽引していると見ていること、そしてそのことに関連づけて、学校教育制度のあり方を論じていることに注目しておきたい。開かれた学校教育制度が社会のダイナミックな発展を導いていると見ているのである。

『再稿西洋事情書』は幕府の代官江川英竜の求めに応じて書かれたもので、幕府に提出されるための献策であったが、中に幕府批判のことばがあったので江川は書き改めるように求めた。そこで書き直されたのが『外国事情書』である。

渡辺崋山は西洋が過去一世紀半の間に一大変化を起こしたことに気がついていた。西洋はもはや一五〇年前の西洋ではない。一五〇年前には、西洋と日本にそれほど大きな懸隔はなかった。だからエンゲルベルト・ケンペル（一六五一～一七一六）は『日本誌』を書いて、日本を高度な文明を持つ国としてヨーロッパに紹介した。それは日本に関する知識をヨーロッパに提供した大きな本だった。その一部を志筑忠雄が訳して『鎖国論』と題した。ケンペルは、一般的にいえば自由貿易によって諸国民は富み栄えるが、日本の鎖国は賢明な策だ、日本は自給自足できる国だとして鎖国政策を肯定していたのである。しかし崋山の耳に入る世界地理の情報はもはやケンペルが提供したものとはまったく異なっていた。西洋は大きく変貌し、容貌を一新した西洋はどうやら世界支配に乗り出しているらしい。崋山はそのことに強い危機感を抱き、同時に西洋に学ばなければならないとも考えていた。

その危機感が『慎機論』を書かせた。『慎機論』は英露の膨張政策について述べ、早急に対策をこうじるべきであると主張している。しかるに、中国の影響で観念的で空疎な学問ばかりはびこり、人びとは井の中の蛙になっている。まるで滅亡前夜の明の宮廷のようだ。要路の人びとは、世間知らずばかりであり、少しはものの解るのは儒学者であるが、彼らは視野が狭く、些末なことにこだわってばかりいる、と強いことばで幕府を批判している。『慎機論』は激しい幕府批判をふくんでいたので公表されなかったが、そこには崋山の深い危機感と憂慮が色濃くにじみ出ている。実際ヨーロッパ諸国の膨張はすでに始まっていた。帝国主義の幕が開くのはもう目の前に迫っていたのである。

こうして見ると渡辺崋山は帝国主義前夜における非西洋国家の政治指導者たるにふさわしい人物だった。自分自身は外国語ができなかった。しかし外国語に堪能な人物を身辺に集め彼らの知識を吸収して世界情勢を把握した。科学技術の重要性を認識し、宗教道徳の違いを相対化して見ていた。社会の仕組みの違いや国民性の比較にまで関心を寄せていたのである。

4　幕藩体制と蘭学者

蘭学者はゆるやかな結びつきをもって蘭学の研究に取り組んでいたが、洋学者を擁護する強力な開明派は幕府の中には生まれなかった。それどころか、あべこべに、蘭学者の弾圧事件がたびたび起こった。ようやく幕府が組織的に洋学の摂取に乗り出すのは一八五〇年代後半になってからである。[3]

幕藩体制には西洋文明の摂取から人びとを遠ざける力が働いていた。早くからキリスト教に対する警戒心が生まれていて、江戸幕府が最初の禁教令を出すのは一六一二年のことである（慶長の禁教令）。ヨーロッパが産業革命を見る以前のことであった。そのうえに幕府の政策を批判したり建言したりすることは御法度とされていて、蘭学者の身にはときに危険が及んだ。体制の教学である儒学には華夷思想があって人びとが偏見なしに西洋文明と接することを妨害した。儒学には社会の機能や態様を考慮に入れる思考もなかった。商取引のルールや工業生産や科学技術や学校といったことがらは儒学思想の視野の外に置かれた。さすがに一九世紀中ごろになると佐久間象山（一八一一〜一八六四）や横井小楠（一八〇九〜一八六九）があらわれたが、一八世紀後半に活躍した海保青陵（一七五五〜一八一七）などは例外中の例外であった。このことも見逃してはならないだろう。

一八二八年にシーボルト事件が起こった。シーボルトは出島で鳴滝塾を開き、高野長英、二宮敬作、伊東玄朴、伊藤圭介、小関三英らが学んだ。高野長英は語学の才能がたいへんすぐれていて、鳴滝塾でめきめき語学の力をつけた。当時日本地図を国外に持ち出すことは国禁であったが、高橋景保が伊能忠敬に実測させ忠敬死後自分が完成させた大日本国沿海輿地全図の写しを提供した。これが幕府当局の察知するところとなって、高橋景保ほか十数人が処分され、高橋は獄死し、シーボルトは国外追放になった。これがシーボルト事件である。

一八三九年には蛮社の獄が起こった。ねらわれたのは儒者の遠藤勝助が主催する尚歯会に顔を出していた洋学者たちだった。尚歯会はサロンのような集まりで、幕臣の川路聖謨、江川坦庵、儒者の古賀侗庵、安積艮斎などといった人が出入りしていた。人びとはそこで渡辺崋山の新知識にふれたり意見を交換したりしていた。

天保の改革のとき水野忠邦に起用された鳥居耀蔵は大の蘭学嫌いだった。蘭学者をおとしめるためならでっち上げも辞さないという人物で、何人もの蘭学者や蘭学者に同情的な人物をおとしいれている。その鳥居が蛮社の獄を起こした。

一八三七年、アメリカの商船モリソン号がやってきた。マカオで保護した日本人漂流民を送り届けるためにやってきたのである。モリソン号は軍艦ではなかったが、異国船打払令が出ていたので日本側は砲撃して追い払った。モリソン号事件のことを伝え聞いて、高野長英は一八三八年に『戊戌夢物語』を書いて幕府の鎖国政策を婉曲に批判した。渡辺崋山も『慎機論』を書いた。こちらは鎖国政策を厳しく批判したものだったが、崋山はこれを秘匿していた。ところがこれが鳥居耀蔵のかぎつけるところとなって、崋山、長英らは幕府の咎を受けた。その罪状は鳥居耀蔵が捏造したものだった。崋山は永蟄居を申し渡されて自害し、長英は永牢の刑となった。のちに長英は入獄中に火災が起きて逃亡する。そして長英の才能を惜しむ人たちにかくまわれる。伊予宇和島藩主の伊達宗城は長英を庇護し、長英はそこで蘭学書を翻訳したり藩兵の洋式化に尽力した。のちに江戸に出たが追われて自害した。波瀾の一生だった。

渡辺崋山の思考様式は福沢諭吉に受け継がれた。ふたりの間に直接の関係はなかったが、もし崋山が福沢の代わりに咸臨丸に乗ってアメリカに渡ったら、やはり福沢とよく似た視点でアメリカ社会を見ただろうと思われる。次に崋山と諭吉に関連して記してみよう。

5　崋山と福沢を結ぶ藤田茂吉の『文明東漸史』

藤田茂吉は『文明東漸史』（報知社、一八八四年）で、明治維新の真の原因を西洋文明の伝播に求めている。産業革命の波が日本の政治変革をもたらしたのだという史観である。藤田はそういう歴史観を早い時期に示したひとりであった。藤田茂吉は福沢諭吉の弟子で、慶應義塾を出てから『郵便報知新聞』の記者になり、やがて同社の社長になっている。日本におけるジャーナリストの草分けのひとりである。のちに第一回の衆議院議員総選挙に出馬して国会議員を二期務めた。

『文明東漸史』は、鉄砲が伝来し、フランシスコ・ザビエルが鹿児島にやってきた天文年間から、「天文以降西班牙葡萄牙ノ人民初メテ我国ニ来航シ、爾後英吉利及ビ阿蘭陀トノ交通ヲ開ラキ、漸ク泰西ノ文学技術ヲ輸入シ」……日本の変革が始まったのだと述べている。そして藤田は、とくに非命に倒れた渡辺崋山と高野長英の名をあげ、「二氏ノ事大ニ我国ノ文明ニ関セリ」として、彼らの事績をきちんと書き残すことに力を尽くすのだと述べている。[4]たしかに『文明東漸史』は内篇と外篇の二部構成になっていて内篇は西洋文明の伝播を論じる史論であり、外篇は渡辺崋山と高野長英の伝記と資料である。両篇とも藤田茂吉の筆は崋山・長英を軸にして進んでいる。今日の目から見ると、かなり事実誤認も多いのだが、それよりもずっと重要なのは忘れられていた崋山・長英というふたりの蘭学者に光を当てたことである。

西洋文明がなぜ「東漸」してきたのか。藤田はそれを「水火論」によって説明している。水火論とは奇妙な名称であるが、火で水を蒸発させる、つまり蒸気機関のことである。藤田は「世運ノ改進線路ヲ遮断セル二大障礙ヲ撃破シテ、一新世界ヲ開発シタルモノハ、水火ノ二力ニ在リト云フベシ」と述べている。障礙とは、ひとつは天然の障害であり、もうひとつは人事の障害である。水火がそのふたつの障礙を打ちやぶった。そしてそれによって文明が発達した。「凡ソ世ノ改進ヲ誘起スルハ、通信ノ自在ナルニアリ。交ル<ruby>〓<rt>コト</rt></ruby>廣ク聴ク〓多キハ、人智ヲ増益スルノ方便ナリ」(5)。蒸気機関による交通の発達が文明の進歩をもたらしたのだというわけである。

要するに産業革命が巨大な社会変革をもたらしたことを論じたので、それは福沢が『人心一新』で説いた論旨と同じである。『人心一新』は福沢にとってよほど会心の著作であったらしく、弟子に対してこれを翻訳して西洋人に読ませ、評を請いたいと何度も語ったほどだった。明治維新の遠因を「水火」すなわち西ヨーロッパで起こった産業革命に求めるという歴史観を、藤田は福沢から学んだのである。

6　幕末の政治と政治思想

なぜ渡辺崋山が近代日本政治思想史の起点なのか、そう考える道筋を説明してみよう。

政治史の時期区分ならペリー来航から始めるのが妥当だろう。黒船来航により、日本は激動の時代を迎え、歴史はいよいよ近代に向けて動き始める。

幕末維新期は日本の歴史上きわめて特異な時代だった。政治のあり方が思想の問題として浮かび上がったのだから、これは稀有の時代だった。倒幕か佐幕かという対立は、たんなる権力闘争ではなかった。攘夷か開国かという外交政策の問題でもなかった。権力の正統性や統治機構のあり方が真っ向から問われたのである。そしてさらに、国づくりの方向が問われた。上古の昔に戻れといわんばかりの主張もあったし、攘夷を即時決行しろという主張もあった。外交交渉は言を左右してできるだけ先延ばしするべしという主張もあった。天皇親政をとなえるものも公議政体をとなえるものもあった。それらが入り乱れ錯綜していて整理するのは容易でない。しかも馬上で雌雄を決するという態度は、ぎりぎりの土壇場になるまで水面下に隠れていた。そういうことは日本の歴史が始まって以来、はじめてのことだった。そういう特異な激動のきっかけとなったのが黒船来航だったということである。

しかし、ペリー来航はまったく寝耳に水のできごとだったわけではない。アヘン戦争（一八四〇～一八四二年）で清国が敗れたことが伝えられると、幕府の要路に立つ人びとは衝撃を受けた。さっそく幕府は一八四二年に異国船打払令を緩めて薪水給与令を発した。彼らは海外情勢に関する情報を得ようと努力した。オランダ国王が幕府に親書を送り開国をすすめていた。ペリー来航は一八五三年のことであったから、それに備えるための時間は十分にあったのである。

思想史のうえから見れば、その努力が近代に向けての胎動である。どういう努力がなされていたのか、そのことに目配りしなければならない。ちなみに幕末の日本人に欧米と東アジア情勢に関する重要な知識を伝えた書物に魏源の『海国図志』があった。魏源はアヘン戦争後、林則徐から与えられた資料をもとに、さらに世界地理の資料を集めて『海国図志』を著した。初版は一八四三年に出て、その後、いくたびか増補されている。『海国図志』はそれが書かれた清国においてよりも、清国の隣国である李氏朝鮮においてよりも、日本においてはるかに真剣に繙（ひもと）かれた。それは産業革命を経ていまや外貌を一新した欧米諸国の実力をはじめて日本人に伝えたのだった。

というわけで、渡辺崋山をおいても、政治思想史の近代はアヘン戦争のころに始まったはずと考えるのが妥当だろう。だが、それなら、どこに近代政治思想の起源を求めるべきなのだろうか。

7 尊王攘夷

いちばんわかりやすいのは尊王攘夷思想から説き起こすことだろう。尊王攘夷は最終的に倒幕の原動力になったからである。会沢正志斎の『新論』は一八二五年に書かれた。『新論』は外国の侵略に備えて忠孝一致の国体を説いたもので、その内容が激烈であったことから当初は刊行されなかった。しかし、のちに尊王攘夷の志士たちに広く読まれるようになった。こうして会沢正志斎や藤田東湖らの水戸学は明治以後も国体論として多大な影響を及ぼした。『新論』は日本においては忠と孝は同じものであるという思想をとなえたが、明治の国民道徳論にいう忠孝一本は、じかにその影響を受けたものであった。

しかし尊王も攘夷も、もともとは倒幕思想ではなかった。実際、尊王の論理を体系だてて打ち出した水戸学は、幕府が人民の先頭に立って尊王思想を奉じることを主張していたのであって幕府の存在を否定していたわけではなかった。そもそも水戸藩は徳川御三家の一角である。尊王攘夷は天皇親政を求める思想ではなく、幕府に対して尊王と攘夷の実行を求める思想だったのである。

ペリー来航から明治維新までの歴史をかいつまんで見ておこう。尊王攘夷が尊王倒幕に切り替わったのは、一八六七年一〇月に第一五代将軍徳川慶喜が大政奉還の上表を朝廷に出すわずか半年ほど前のことだった。

一八五四年に日米和親条約が結ばれて、アメリカ総領事として来日したハリスは通商条約締結を強く求めた。幕府は条約を結ぶ方針をかため朝廷に勅許を求めたが、朝廷はこれをゆるさなかった。そこで大老井伊直弼は朝廷の反対をおして条約を締結し、さらに幕府独裁体制を再建しようとして、反対派の大弾圧を実行した。それによって処罰されたのは、開明派の幕臣、将軍後継問題で一橋慶喜を推した一橋派、尊王攘夷派、京都の公家など広い範囲に及んだ。そして橋本左内、吉田松陰、梅田雲浜ら処刑されたものや獄死したものは一五名以上にのぼった。安政の大獄である（一八五八年）。だが安政の大獄を起こした井伊は一八六〇年登城途中に水戸浪士らに暗殺される。桜田門外の変である。幕閣の中枢を占める大老が幕府を守護するべき御三家の浪人に襲われたのであるから、この事件で幕府の権力基盤は大いに揺らぐことになった。

尊王攘夷派は破約攘夷を叫び、みずからも攘夷を決行しようとした。その結果がどうだったかというと、長州藩は一八六四年に四国艦隊下関砲撃事件で痛い目にあい攘夷がいかに無謀かを悟った。その前年には薩摩藩がイギリスとことをかまえて惨敗し（薩英戦争）、その後イギリスに接近する方向に転換する。両藩はのちに薩長同盟を結ぶに至る。すなわち薩長の志士たちに倒幕を決心させたのは、尊王攘夷の思想というよりも、さし迫った対外的危機感だったのである。幕藩体制では西洋列強に対して独立を維持することは不可能かも知れないという危機意識が彼らに手を握らせた。

以上述べたように、尊王攘夷の「尊王」は体制の正統性を根拠づける概念ではあったが、幕藩体制そのものに反対していたわけではない。つまり倒幕に結びついていたわけではない。では尊王攘夷はどういう役割を果たしたかというと、当時の政治指導層の対外的危機感をあらわす表象として作用し、日本人の民族意識を高めたのである。といってもはじめは武士層の一部が中心だったわけであるが、やがて草莽（そうもう）の国学といわれたように、武士以外にも国事に奔走する人びとがあらわれた。近代国家は国民国家（nation state）といわれる。人びとが国民意識で結ばれて、ひとつのかたまりを形成している。尊王攘夷は国民の形成を進める最初の結晶核となったのである。それは新しく生まれようとするナショナリズムの合いことばだった。

ところが、そもそも視点を明治維新以後に移して、中期的な視野で政治社会の変容を眺めると、近代日本を動かす力として尊王攘夷にどれほどの力があったか、あまり高く評価できなくなる。攘夷は外来文化排撃の思想だった。どれほど多くの優れた人材が、洋学かぶれとして、攘夷を叫ぶテロに倒れたことか。佐久間象山も横井小楠も尊王攘夷の激派に暗殺された。そういうことを考えると攘夷から近代日本政治思想の歴史を始めるのは適切とはいえなくなる。

実際に明治維新が成就した途端に攘夷は打ちすてられたし、一八八九年には憲法が制定され、さらに二〇世紀になると政党中心の内閣が組織されるようになる。尊王は尊王であっても、明治政府がめざしたのは天皇親政ではなく西欧的な立憲君主政体であった。そのうえ尊王思想を構成した水戸学の「国体」論は、明治以後、時が経過するにつれ、立憲君主制に対して牙をむくようになっていく。憲法学者の中にさえ「政体」と「国体」を区別すべしとする意見があり、やがて「国体」は天皇機関説事件を経て、日本主義と結びついて、最終的に明治憲法体制を崩壊させる要因のひとつとなったのである。尊王攘夷思想は功罪相半ばするというべきである。

8　鎖国と華夷思想

とはいえ攘夷は志士たちだけの思想ではなかった。幕府はいわゆる鎖国を神君・家康が立てた祖法として墨守してきた。西洋諸国との交流を忌避する力が早くから強く働いた。そのため幕府の天文方で学才豊かだった高橋景保はシーボルト事件に連座して投獄され牢死したのであった。眼科医の土生玄碩はシーボルトから白内障手術にもちいる薬を伝授され、そのお礼に三つ葉葵の紋服を贈った。このことが幕府にとがめられ、玄碩は牢につながれた。葵の紋服と引き換えに貴重な医薬品を求めることは、堂々たるおこないである。本来なら、賞賛されこそすれ罪に問われるような行為ではない。蛮社の獄で命をおとした渡辺崋山や高野長英もそういう頑なな排外主義の犠牲者だった。

西洋諸国との交際を絶つという思想はキリスト教禁教を背景にしていた。そして儒教の華夷思想をうしろだてとしており、キリスト教ばかりでなく西洋文明の導入を嫌うことにもつながった。

東アジアが西洋文明と接触したおもな舞台は中国だった。一六世紀末から中国にやってきたカトリックの宣教師たちは、東アジアの人びとに世界事情をながめさせる重要な窓口の役割を果たした。たとえばイエズス会の司祭であったマテオ・リッチ（利瑪竇）が、漢語であらわした『坤輿万国全図』は地球球体説によって描かれており、中国人の世界認識を大きく変えた。それはまもなく日本にも伝えられ、やはり人びとの世界地理の認識を大きく変えた。またジュリオ・アレーニの『職方外紀』も漢文で書かれた世界地理書で、それまで中国人が知らなかった多くの国々の様子も描かれていた。『職方外紀』にはキリスト教の教えが説かれており、日本では長く禁書とされた。とはいえ『職方外紀』に接した人はいて、たとえば西川如見の『増補華夷通商考』にはそれから得た知識がふんだんに取り込まれている。もちろん迂回路はあるもので、方以智が書いた『物理小識』は日本に輸入され、新井白石のほか、平賀源内、杉田玄白ら多くの蘭学者に読まれたのであったが、『物理小識』は一種の百科事典で、その中には『職方外紀』から得られた多くの知見がちりばめられていた。(6)

アレーニは明清交代期に中国にやって来た人で、『職方外紀』が直接間接に伝えた知識は、一七世紀はじめのものである。このころのヨーロッパは産業革命はおろか市民革命も経験していなかった。イギリスの名誉革命が起こったのは一六八八年のことである。そこから得られた知識を材料として、日本の知識人は世界認識をつくってきたのだった。そういう時代が長い間つづいた。『職方外紀』が書かれた時代からアヘン戦争で清が敗れたことが伝えられるまでに、二〇〇年ほどの隔たりがある。その二〇〇年の間に西欧世界は市民革命を経て産業革命のさなかであった。西欧世界は大きく変貌し、いまや「西力東漸」の勢いが世界を覆いつつあった。ペリーが来航したときには、イギリスによるインド植民地化はほとんど完成に近づいていたのだった。いまや中国ではアロー戦争（一八五六〜一八六〇年）が、インドではインド大反乱（一八五七〜一八五八年）が、それぞれ目前に迫っていた。

一七世紀はじめまでは、儒学は統治の教学ではなかったのだから、そう考えると、わずか二〇〇年ほどの間に、華夷思想による排外主義の強固な基盤ができてしまったのである。そして鎖国によって、西欧世界の変貌についての正確な知識を得る機会は限定されてしまった。一八四〇年代から西洋の船はたびたび日本を訪れるようになったが、やってきた船や人の様子はそれまで日本人が考えていた姿とはずいぶん違っていた。そこで人びとは深刻な危機意識を抱くようになった。良くも悪くも、その危機意識のあらわれが尊王攘夷であった。

9　本多利明と経済・民生

ところで、先に進む前に、ひとつ考えておかなければならないことがある。

一七世紀中ごろ、島原の乱が平定されたあと、文治主義の政治が確立された。儒学とくに朱子学が体制の教学として取り入れられ、それによって武士は官僚としての規範と行動様式を身につけた。いよいよ名実ともに太平の世が開かれたのである。そしてその平和を基盤として、江戸時代には教育や産業がさかんになった。一九世紀には識字率は世界有数の高さとなり、都市人口も世界有数となった。それだけの都市人口を養うことができたのは、農業生産が飛躍的に増大したからにほかならない。

だがそういう現実に引き換え、文治主義の政治においても、民生の向上や経済的な繁栄を政治の課題として真っ正面から見すえようとする思想は実に貧弱だった。儒教思想は秩序と忠誠心についての安定的な原理を供給したが、仁や義を説く割には、経済的繁栄の重要性には関心を払わなかった。華美奢侈をいましめ質素倹約が強調されるのが常だったから、本腰を入れて殖産に取り組まなければならないという発想は乏しかった。まして身分制を問題にする意識はまったくなかったのである。

本多利明の『経世秘策』には、右の点について儒学者や藩主をきびしく批判した次のような文章が見える。

「古今の諸儒口に仁慈を説きて心に得ず。官職有司口に仁政を言いて心に得ず。農民餓死して良田畠を亡処となせしは誰が過失とならん、皆国君の罪科に帰すべし。不忠不貞云ふべき様なし。天罰も遅きものかなと、我を忘れて憤怒の心の生るは、是を思ふの微意なればなり[7]」。

本多利明は一七八七（天明七）年に、東北を旅した。そのときに天明飢饉の惨状を目の当たりにした。その様子は『西域物語』にくわしく書かれている。あるとき本多は、あなたは天文・地理・渡海の方策によって国民の飢餓をなくすことができるというが、本当か、その具体策を教えてほしいといわれた。本多は、ある、しかしここに書くには差し障りがあるので、誓詞を書いてくれればあなただけに口頭でお話ししようと語ったと、『西域物語』には書かれている。実際に本多がどんな秘策を語ったかはわからない。

帝国主義的膨張をとなえたとして批判されることが少なくない本多利明であるが、マルサス的人口論、一夫一婦制の肯定、人欲の肯定、航海術と数学の奨励など、たいへんおもしろい思想家である。本多が取り上げた経済的繁栄、民生向上、近代科学などなど、これこそ江戸時代後期の政治が取り組むべき大きな課題だったのではないだろうか。会沢正志斎は外敵の侵略に備えて天皇を中心とした国民統合を主張したが、外敵の侵略に備えるのであれば、まっ先に経済発展と民生向上を真剣に考えるべきだっただろう。

10　自然科学

自然科学の問題も視野に入れておかなければならない。儒学者は格物致知や究理を説いて、ものごとの成り立ちを理論的に究明することを重視した。格物致知は『礼記』に、究理は『易経』に由来する古代以来の概念である。それを本格的に体系化したのが朱子の理気二元説であった。しかし江戸時代には、理気説では役に立たないことが、医学の分野で意識されるようになった。こうして古医方の運動が起こるわけである。だが経験的な知識を蓄積すればそれだけで科学になるというわけでもない。やがて杉田玄白らのグループや山脇東洋の門下によって、西洋医学、ひいては西洋自然科学への道が開かれていくわけである。(8)

自然科学は抽象的な科学思想によって牽引されるわけではない。医学なり天文学なり工学なりのそれぞれの分野において、高度な知性による研究が積み重ねられてはじめて発展する。実験を繰り返し、失敗を経て、より確実な知見や技術に到達する。その一連の段階をつなぐには、自然科学の命題は反証可能でなければならない。だが実験や仮説を重んじる思想は江戸時代の日本人には馴染みがなかった。早くに西洋自然科学にふれた天文学者や医者の間から、じょじょに受け入れられていくのである。

11　人間平等の思想

人間平等の思想にうつろう。

民生の向上と人間の平等は同じではない。人間の平等のほうが民生の向上より政治思想のうえでは原理的な概念である。だが身分制秩序が貫徹する社会でおおっぴらに人間の平等をとなえることは困難である。だから江戸時代に人間の平等に言及した人は限られている。しかしそれでも人間の平等について、独自のことばで語った江戸時代の思想家はひとりやふたりではなかった。そして目立つのが蘭学系統の人である。司馬江漢しかり。杉田玄白しかり。杉田玄白は『蘭学事始』においてこそ誇らしげに蘭学の隆盛を語り、徳川の治世についての賞賛を語っているが、他人に秘した心奥の思いは非常に複雑だった。西川如見は長崎の商家の生まれであるが、『町人囊』で身分制を重んじる必要はないと論じている。「畢竟人間は根本の所に尊卑有べき理なし」[9]。とはいえ西川如見も身分制度そのものを否定しているわけではない。安藤昌益は本多利明と同じように藩政をきびしく批判することばを書いているが、昌益は本多とは違って、海外への植民ではなく、「直耕」すなわちすべての人が農業に従事することを問題の解決策とした。

明治維新はフランス革命のような人権宣言を生まなかった。フランス革命が人間平等の思想を掲げて起こったのに対して、明治維新は対外的危機感を起点として起こった。明治維新が生んだのは五箇条の御誓文だった。とはいえ明治維新にも人間の平等を意味する「四民平等」ということばがある。四民平等ということばは明治維新に明るい色彩を与えている。しかし、四民平等は人間平等の思想だけから出たとはいいにくい。中央集権的な近代国家を建設する目的に絡んで出たと考えなければならない。

四民平等は一八六九年の版籍奉還から始まった。さらに七一年の廃藩置県のあと、散髪脱刀をゆるし、平民に苗字をゆるし、華族、士族と平民との通婚をゆるした。また穢多非人解放令を発した。これらの一連の脱身分化の政策をおし進めたのは大蔵省で、その中心にいたのが渋沢栄一だったといわれる。江戸時代には公家武家寺社は非課税だったし、都市の商工業者や被差別部落民も課税されなかった。一連の脱身分化政策は課税の公平をねらいとしておこなわれたものであった。もうひとつ重要なのが七二年の徴兵告諭である。徴兵告諭は武士を「抗顔坐食シ甚シキニ至テハ人ヲ殺シ官其罪ヲ問ハサル者」と非常に激しいことばで批判し、「世襲坐食ノ士ハ其祿ヲ減シ刀劍ヲ脱スルヲ許シ四民漸ク自由ノ權ヲ得セシメントス」と廃刀および廃藩置県による家禄の縮減に言及し「是レ上下ヲ平均シ人權ヲ齊一ニスル道」と位置づけた。平等とはいっても直接には兵役義務の平等だったわけである。徴兵告諭の文章に「血税」とか「生血ヲ以テ國ニ報スル」ということばがあって、誤解した民衆が西日本を中心に各地で血税一揆を起こすという騒動になった。近代国家建設のため、租税と兵役の公平負担を実現する。それが四民平等の最大のねらいだった[10]。

政府はまた、七二年八月に「学制」を発布して国民皆学を進め、職業選択と居住の自由を認めるなどの一連の政策が進められた。「学制に関する被仰出書（おおせいだされしょ）」には、人びとが学問によって業をさかんにして産をなすことをうたい、「邑ニ不学ノ戸ナク、家ニ不学ノ人ナカラシメン事ヲ期ス」と宣言した。学校制度が人間平等の実現に大きく貢献することはいうまでもないだろう。学校制度の整備は近代化の必須項目のひとつであるが、どの国でも成功する。しばしばあとから近代化した国ほど「学歴病」が深刻になる傾向があるが、日本は非西欧世界ではじめて学校制度の整備に成功したのであった。とはいえ学校制度のねらいは能力あるものをできるだけ幅広い国民の中から見つけ出し、すぐれた人材を各方面に登用することだった。

幕末維新期に、人間平等の思想を高らかにうたった人権宣言に当たる文書はない。マリア・ルス号事件で活躍し、のちに被差別部落解放に取り組んだ大江卓（大江天也）のような人物も少なかった。結局、人間平等の思想を最も鮮明にかかげたのは、明治の自由民権運動の天賦人権論だった。

ともあれ、この点は公議政体論を見たあとで、もう一度戻ってくることにする。

12　公議政体論

儒教は中国に生まれた伝統的な思想である。しかし新しい政治思想が生み出されるときに、儒教は負の役割ばかり果たしたわけではない。明治維新後、新政府が立憲主義政体をめざしたのは、幕末に生まれた公議政体論に端を発したのであった。公議政体という考え方はそれ以前にはない、西洋由来のまったく新しい考え方だった。しかし政治は道理にもとづいておこなうべきであり、道理は衆知を集めて究明するべきであるという思想は儒教にもあった。たとえば黄宗羲の「学校」という考え方がそれに当たる。そしてそのような儒学の教えを媒介にして公議政体論は受容されたのである。横井小楠は黄宗羲から多くのものを学んでいた。

尊王攘夷と同じく、幕末維新期の政治思想を構成する要素として重要なのは公議政体論である。尊王攘夷とともに公議政体は、倒幕派佐幕派を問わず広く共有された思想だった。憲法や議会について最もくわしい知見を得ていたのは蕃書調所（ばんしょしらべしょ）に出仕していた幕臣である。欧米の立憲政治を紹介した加藤弘之の『鄰草』は一八六一年に書かれた（出版はされなかった）。そのとき加藤は蕃書調所の教授手伝だった。箕作麟祥は蘭学者箕作阮甫の孫で、著名な学者一族の出身である。一五歳のときに蕃書調所の英学教授手伝並出役になった。加藤より一〇歳年下である。箕作は日本の法律学の祖といわれる。「権利」「義務」「憲法」等々の法律用語は箕作がつくった。英仏独語に通じていた。

公議政体論は幕末維新期を通じて、長い間、いくつかの重要な役割を果たした。第一に、公議政体論は幕府の求心力を高め、幕藩体制をかためるための構想であった。そしてそれと同時に、第二に、幕府と雄藩との武力衝突を避けようとする構想であった。さらには第三に、すぐれた人材を広く登用するための構想であった。

政治史を見ると、ペリーの開国要求にどのように対応すべきか、老中首座であった阿部正弘は慣例をやぶって諸大名や幕臣に意見を求め、人材の登用に努めた。桜田門外の変で大老井伊直弼が暗殺されたあと、老中安藤信正は公武合体を進めた。その後文久の改革で政事総裁職などが新設された。

一八六五年、幕府は第二次長州征伐の軍を起こしたが、戦況は幕府の不利に推移した。第二次長州征伐に幕府は敗れた。いまや幕府の威令はすっかり衰えてしまった。孝明天皇は幕府べったりだったから、それに伴って朝廷の権威も失墜した。このころ有力諸侯がめざしたのは、いわゆる公議政体であった。天皇のもとで有力諸侯が政権を構成する、徳川家もその一員として加わるという構想である。六六年から六七年の段階になると、幕府の権力を手放すまいと粘る慶喜と、平和的な政権移行をもくろむ山内容堂らと、武力倒幕をめざす西郷隆盛らとの虚々実々のかけ引きが繰り広げられた。そして大政奉還へと進んでいくのであるが、大政奉還の背景には公議政体論があった。

公議政体論は今日に至るまで長きにわたって、かたちを変えながら日本政治に非常に大きな影響をあたえつづけた。明治維新後の動きを見ると、五箇条の御誓文から自由民権運動へ、そして大日本帝国憲法発布へ、公議政体論はかたちを変えて広がりと豊かさを持ち、近代日本政治の最も重要な骨格となった。明治維新の指導者たちにとって公議政体の実現は最大の課題だったといっても過言ではない。彼らは公議政体をどのようにして実現するかに心を砕いた。大久保利通も木戸孝允も、みな公議政体の構築に取り組み、試行錯誤しつつ立憲政体をめざした。とはいっても公議が最初から議会を意味していたわけではない。賢才を選挙する制度の構想はあったが、それとても選挙の母体は華族など一握りの人びとだった。

公議政体論ははじめ徳川将軍を中心に挙国一致体制を築くことをめざしたが、やがて言路を開く旗印となり、さらに反対派（オポジション）の存在を容認する根拠となっていく。公然たる反対派の存在は、国民の幅広い政治参加とともに、立憲政治の不可欠の要件である。それを可能にしたのが公議政体論だった。自由民権運動はそれ自体公然たる反対派であり、公議政体（民撰議院）の実現を求める運動だった。運動が盛り上がると政府は言論弾圧をもって封じ込めにかかる。しかし一八八二年、自由党総理・板垣退助が岐阜で暴漢に襲われたときには、知らせを聞いた政府はただちに会議を開いて天皇の勅使を板垣のもとに派遣することを決めた。たとえ激しく対立していても、藩閥官僚にとって自由民権運動の指導者は討ち滅ぼすべき敵ではなく、敬意を払うべきライバルであった。勅使の派遣は自由民権運動が「陛下の反対派」であることを内外に宣明する機縁になった。

やがて八九年に大日本帝国憲法が発布され、帝国議会が開かれる。藩閥政府は当初超然主義をかかげて議会に臨んだが、初期議会において、民党は民力休養地租軽減をかかげ、ことあるごとに政府と対立した。議会は民党が過半数を占めたから、政府は議会対策に苦慮した。憲法によれば議会の承認（協賛）を経なければ予算が成立しない定めになっていた。予算が成立しない場合には政府は前年度予算をもって執行することになっていた。というわけで一見限定的に見えるが、実際には予算審議権はなかなか強力な武器であった。なぜなら富国強兵を推進するためにはいくらお金があっても足りないからである。前年度一〇〇の予算であれば、今年度は一五〇の予算を組みたい。前年度予算の執行というのではとてもすまないのである。

議会対策に苦労した経験から藩閥のリーダーであった伊藤博文は旧自由党系の政治家らとの提携に踏み出した。その結果、一九〇〇年に立憲政友会が結成される。そして日露戦争後の桂園時代を経て、最初の本格的政党内閣である原敬内閣の成立（一九一八年）から、第二次護憲運動後の護憲三派内閣（一九二四年）に始まる政党政治の時代へとつづくのである。明治憲法下の政治過程を見るとき、公議政体論がいかに重要な役割を果たしつづけたかが理解できるであろう。

13　開明派の思想と役割

時計の針を幕末に戻そう。攘夷は硬直した非現実的な路線だった。いまから見るとそれは明々白々としている。倒幕派はそういう非現実的なスローガンを掲げていたのであるから、開明的な人びとは行く末に非常な危険を感じていた。たとえば福沢諭吉がそうである。

開明的な人びとは外国事情にくわしく、日本を相対化して考えることができた。開明派は現実主義的にものを考え、ただ当面をやり過ごすのではなく、長期的な日本の行くべき道を大局的に見通したうえで、開国しか道はないと認識していた。

たとえば横井小楠はアメリカ大統領制の仕組みを聞いて「それは堯舜三代の政治とおなじだ」と語った。選挙という制度の本質は有徳な人物を権力の座につけるところにあると見て、中国にも日本にも長く実現していない理想がアメリカにおいて実現していると見た。小楠の考え方は、中華文明圏に属しない「夷狄」の国として頭から西洋諸国を排斥するという発想に立ってはいないのである。

とはいえ横井小楠が最初から右のように考えていたわけではない。小楠の思想は幕末の政局の展開に一歩ずつ先んじて変化したのであった。ペリー来航の段階で小楠は攘夷をとなえていた（「夷虜応接大意」）。その理由は「有道の国と無道の国」を区別するという論理にもとづいていた。「凡我国の外夷に処するの国是たるや、有道の国は通信を許し、無道の国は拒絶するの二つ也。有道無道を分たず一切拒絶するは、天地公共の実理に暗して、遂に信義を万国に失ふに至るもの必然の理なり」[11]と述べている。そしてアメリカは無道の国だから要求を受け入れてはならないと論じていた。

ペリー来航の段階でこのように論じた小楠が、やがて魏源の『海国図志』を読むなどして変わっていく。『海国図志』は一八四九年に刊行され、まもなく日本にも入った本であるが、ここでは西洋諸国の政治制度を紹介していた。たとえばイギリスでは国に大事が起これば国王と官民がともに「巴里衙門」で議論してどうするか決める、と高く評価していた。幕末の日本人に非常に裨益した本であった。ちなみに朝鮮では『海国図志』は入ることは入ったが、秘密にされほとんど読まれなかった。

小楠は『国是三論』の中で、次のように書いている。

「墨利堅に於ては華盛頓以来三大規模を立て、一は天地間の惨毒、殺戮に超えたるはなき故、天意に則て宇内の戦争を息るを以て務とし、一は智識を世界万国に取て、知教を裨益するを以て務とし、一は全国の大統領の権柄、賢に譲て子に伝へず、君臣の義を廃して一向公共和平を以て務とし、政法治術其他百般の技芸・器械等に至るまで、凡地球上善美と称する者は悉く取りて吾有となし、大に好生の仁風を揚げ、英吉利に有つては政体一に民情に本づき、官の行ふ処は大小と亡く必悉民に議り、其便とする処に随て其好まざる処を強ひず。出戎出好も亦然り。仍之(これにより)魯と戦ひ清と戦ふ兵革数年、死者無数、計費幾万は皆是を民に取れども、一人の怨嗟あることなし。其他俄羅斯を初、各国多くは文武の学校は勿論、病院、幼院、唖聾院等を設け、政教悉く倫理によつて生民の為にするに急ならざるはなし。殆ど三代の治教に符合するに至る(12)」。

儒学者が理想としてきた政治は実は中国ではなく西洋で実現しているのだという見解である。

14　中国における西洋政治認識

ちなみに日本がお手本としてきた中国では欧米の政治はどのようにとらえられていたか。儒学にある「公」という概念が西洋の政治制度を高く評価する受け皿として働いた。朱子学でいう「公」は英語の「パブリック（public）」や日本語の「おおやけ」と違って倫理的な意味合いが強い(13)。

中国のルソーといわれる黄宗羲は『明夷待訪録』の中で、天子の是非の判断も賢人を集めた学校において公にすべきだと論じた。衆知を集めて討議し、何が公にかなうかを考究するのが良いというわけである。学校という概念は黄宗羲が使った概念であるが、横井小楠も学校という概念を提起している。『明夷待訪録』に学んだのである。

魏源の『海国図志』はアメリカやイギリスの政治制度を紹介して「周と謂わざるべけんや」と高く評価している。この本は一八四九年に刊行された。日本では一八五四年に復刻版が刊行された。徐継畬『瀛環志略（えいかんしりやく）』はアメリカの政治制度を紹介して、堯舜三代の政治が実現されているといわんばかりの評価をしている。この本は一八五〇年に出版され、日本では一八六一年に出版された。このように横井小楠は黄宗羲や魏源や徐継畬の思想にふれていたのである。

15　幕末維新を俯瞰する――政治的多元化への道

明治政府は旧幕臣を大量に登用した。薩長土肥の出身者を合わせた数よりも旧幕臣のほうが多かったほどである。明治政府は旧幕府の統治組織をほとんどそのまま引き継いだといえるだろう。箱館戦争を戦った榎本武揚や大鳥圭介のように、戊辰戦争のときに武力で新政府軍に立ち向かったものたちさえ、その能力を見込まれて登用された。榎本や大鳥とは違い、福沢諭吉や栗本鋤雲のように二君に仕えぬことを信条とした人たちの多くは言論界に身を投じた。このように佐幕派は新政府から徹底的に疎外されたわけではない。まして大量に殺戮されたり処刑されたりしたわけではない。

そもそも倒幕といい王政復古といっても、きたるべき政権に徳川氏をふくむか、それとも除くかの違いだったといっても過言ではないだろう。それだけのコンセンサスが公議輿論と尊王攘夷（尊王倒幕ではない）を媒介にして広く成り立っていたのである。

諸藩の武士たちは江戸へ出て学ぶ機会があった。彼らの間にはそれをきっかけに藩をこえたネットワークが形成された。そういうネットワークの中で尊王攘夷思想は共有されたのであるが、すでに述べたように尊王攘夷思想そのものがある種の国民意識のあらわれであった。

維新の主体となった西南雄藩も、もともと一枚岩だったわけではない。薩摩と長州は長い間敵対していたし、土佐藩は藩主が公武合体派だった。佐賀藩に至っては一部の藩士が倒幕に踏み出したに過ぎなかった。維新政権は異質な勢力の連合体だったのである。異質な勢力の連合体だったからこそ、明治六（一八七三）年の政変と明治一四（一八八一）年の政変で二度にわたって権力核が分裂したときに、それぞれそこから公然たる反対派が誕生することになった。このことは幕末の諸藩において、藩論が転換するとしばしば旧論の主張者が死をもって責任を問われたのとは大きな違いである。航海遠略策をとなえ一時長州藩政にときめいた長井雅楽が、藩論が変わったとたん切腹を命じられたのを思い浮かべていただきたい。明治以前には権力闘争は馬上で雌雄を決する、つまり武力で決着をつけたのだったから、権力核の分裂は西南戦争のような結末を迎えるのが普通だった。ところが明治六年の政変は民撰議院設立建白書と自由党の結成を導き出し、明治一四年の政変は大隈重信の立憲改進党結成をもたらした。権力核の分裂が政治的多元化をもたらしたのである。このような政治過程の経験がのちに大日本帝国憲法下で政党政治が実現するに至る道を開いた。繰り返しになるが、以上のような政治過程の根底に公議政体論のあったことは明白である。

16　江戸時代の儒学と古代の仏教

以上のように、わたしは公議政体論の役割を強調するものであるが、にもかかわらず公議政体論を近代政治思想の起源に位置づけることにはやはり不満がある。

その理由はすでに述べたように、権力の正統性や政治制度の構想だけが政治思想の内容ではないと考えるからである。名誉革命やフランス革命の時代ならともかく、明治維新は一九世紀後半のできごとである。一九世紀後半は、機械工業が発展し、産業革命の圧倒的な力がまざまざと示された時代だった。近代文明は自然科学とそれを育てた実証主義を欠かしたら成立しない。そのことを視野に入れない思想は一九世紀の政治思想としてははなはだ不十分である。しかし公議政体論にはそれが十分でない。

なぜなのか。その理由のひとつは江戸時代における知識社会の特徴に求めなければならないだろう。江戸時代、とくに幕末において、政治思想の中核を占めたのは儒学であったが、儒学は支配階級である武士階級と結びついており、また儒学の主たる領域は道徳と社会秩序と政治であった。これは古代において政治思想の中核を占めた仏教のあり方とはかなり異なっている。

この章のはじめに、幕末維新期は日本の歴史上きわめて特異な時代だったと書いた。権力の正統性や統治機構のあり方が問題にされ、それとともに外交や国づくりの方向もが問われたのだから、それは日本の歴史が始まって以来、はじめてのことだった。だが尊王攘夷や公議政体論には決定的な限界があった。尊王攘夷も公議政体論も儒学と深く結びついていたので、その限界は儒学の限界でもあった。

江戸時代の儒学は道徳を中心として政治や思想に大きな影響を与えた。しかし儒学は土木建築や天文学や医学や農業や美術や芸能と結びついていたわけではない。だから江戸時代の儒学者には、医業に従事したり、機械に関心を寄せたり、農業に励んだりした儒学者はほとんどいない。漢詩をたしなみエッセイの筆はとったが、観劇を楽しんだり、小説を書いたりもしなかった。

これは古代の仏教が建築や美術や灌漑や医学やといった広い分野とのつながりを持ち、それればかりか僧兵を擁する自治組織までつくり上げたことにくらべると非常に対照的である。飛鳥時代奈良時代に僧侶は建築や土木や美術や鋳造や医薬方などの技術体系をたずさえていた。奈良時代に壮大な木造建築や巨大な金銅仏像を目の当たりにした人びとは強く心を揺さぶられただろう。

17　医学者が果たした役割

これに対して江戸時代では、幅広い分野に知的な好奇心を持ったのは医者だった。医者は自由に本が読めた。儒学を学び蘭学を学びと、さまざまな学問をきわめることのできる立場だった。古学を始めた伊藤仁斎も医者だったし、国学を大成した本居宣長も医者だった。百科全書的な知識人だった三浦梅園も医者だった。野呂元丈も、安藤昌益も、高野長英も小関三英も平田篤胤も医者だった。もちろん杉田玄白や大槻玄沢らの名前はあげるまでもない。何より蘭学を学ぶことにいちばん意欲的だったのは医者だったのである。

平賀源内も医学を学んだ。源内は長崎で蘭学にふれ本草学を学び、江戸で物産会を開いた。火浣布（石綿布）や寒暖計やエレキテルをつくり、そのうえ油絵を描き、滑稽本や浄瑠璃を書くなど、おそろしく多才だった。源内が交際した人物には杉田玄白はじめ、多くの蘭学者がいた。古代において広い分野に知識技術を渉猟したのは仏僧だったが、江戸時代においてその役割を果たしたのは医者だったのである。

オランダ解剖書（正確にはドイツの本のオランダ語訳）を翻訳して『解体新書』として世に問うたのは前野良沢、杉田玄白らの蘭方医だった。一七七四年に公刊された『解体新書』は西洋語の書物の本格的な翻訳としてはじめてのものだった。翻訳にたずさわった杉田玄白は、晩年、自分たちが翻訳を始めたのは五〇年近くも前のことになるが、蘭学がこれほどまでにさかんになるとは当時は夢にも思わなかった、と誇らしげに述懐している（『蘭学事始』）。そしてそのことばにつづけて、昔、漢学を学ぶことは国家的な事業で遣唐使を派遣したりすぐれた僧が留学したりした。だからさかんになったのは当然のことだった。しかし蘭学は国家的な事業ではない。それなのに急速に普及したのはどうしてだったか、と問いかけている。その問いに玄白は、「それ医家のことはその教へかたすべて実に就くを以て先とすることゆゑ、却つて領会すること速かなるか」（医学は実学だから理解が早くゆきわたるのか）、それとも「事の新奇にして異法妙術もあることのやうに世人も覚え居ることゆゑ、奸猾の徒、これ名として、名を釣り利を射るために流布するものなるか」（もの珍しい事物で人びとの好奇心をくすぐり、それによって有名になったり金儲けしたりすることをねらううさんくさい輩が跋扈しているからか）と述べている。[14]そしてその問いには答えずに、日本における西洋医学の発展について詳述している。玄白は蘭学が浅薄な好奇心の対象となることを危惧し、科学的な真理探究の道をはずれてはならないと考えているのである。

杉田玄白が漢学を学ぶことは国家的な事業だったが、蘭学はそうではなかったと書いていることを承認するには少しの留保が必要である。なぜなら蘭学者のほとんどが、多かれ少なかれ幕藩体制の庇護を受けていたからである。たしかにキリスト教禁教のために蘭書の輸入は制限されていたが、主要な蘭学者はみな、幕府か藩につかえていた。純粋に町人社会で活躍した蘭学者はほとんどいないのである。

司馬江漢は蘭学を浅薄な好奇心の対象としたわけではなかったろうが、医者ではなかった。洋風画をよくした絵師であったが、蘭学の知識があり、蘭学についての啓蒙的な本を何冊か書いた。司馬江漢は中華思想とは無縁だった。ヨーロッパのほうが日本よりずっと歴史があると考えていた。だから人知が開けているのだというわけである。

「吾日本開闢甚近し、故に人智も浅し、思慮尤深からず、神武此方の国にして年数久しからず、人工欧羅巴に及ばず、漸く地転の説今にして知る者僅かに二三輩、是浅慮の短才にして欧羅巴人に及ばざる所以なり」[15]。

「わが日本の人、究理を好まず、風流文雅とて文章を装り偽り、信実を述べず、婦女の情に似たり、婦女皆迷ひ惑ふ、必、欺を信じて是非に昧し」[16]。究理を好まないのは女性みたいだというのは女性蔑視だが、ここは目くじらを立てないでおこう。この文章につづけて、江漢は仏教の迷信を並べている。江漢は仏教は無智な人びとをたぶらかす教えであり、信じてはならないと考えていた。

ヨーロッパのほうが日本よりずっと歴史が古い。だから人知が開けているのだと考えるのは、迷信をしりぞけるのと同じく、いたって実証主義的な思考である。実証主義的にものを見ることができた司馬江漢は、華夷思想から自由であった。あるとき知人の家を訪れたら、年のころ三〇過ぎの客が来ていた。その客は司馬江漢に対して、あなたはオランダのことをよく知っているが、オランダ人は人間というより獣のたぐいだといった。すると司馬江漢はすかさず、「人は獣に及ばず」と言い返した[17]。

オランダ人が獣だというなら、人は獣に劣る。司馬江漢に限らず、蘭学者の著作には華夷思想や身分制度にとらわれない思考がよく見られる。そしてこのような思考が人間平等観につながっていることがよくわかる。司馬江漢はまだ不徹底なくらいである。

この点がまた、公議政体論は近代政治思想の起源として十分ではないと考える第二の理由に関係している。

18　市民社会

公議政体論では十分でないと考える第二の理由は、公議政体論は政治制度についての思想であって、市民社会の形成を促す思想ではなかったからである。公議政体論は実力主義と相即する関係にあったが、だからといって、公議政体論から、実力本位の社会をめざすべきか、身分制度は維持すべきか、近代産業をどのようにして起こすか、所有権や取引や会社組織はどうあるべきか、家族や夫婦のあり方はどういうかたちを標準とすべきか、といったことについての答えは導き出すことができないのである。

今日の基本的人権の概念につながるような人間平等観は、儒学者たちにもなかったわけではないが、なんといってもあざやかなのは蘭学系統の人びとである。先に紹介した本多利明の「官職有司口に仁政を言いて心に得ず。農民餓死して良田畠を亡処となせしは誰が過失とならん、皆国君の罪科に帰すべし。

不忠不貞云ふべき様なし」ということばは実に印象的である。

統治構造ということを考えると、もちろん憲法の制定が重要である。重要ではあるが、近代社会そのものの構造に視点を向ければ、憲法だけではまったく不十分である。学校教育、ものづくり、取引のルール、多元的な集団、家族のあり方、個人の生き方、それらを規律する道徳や価値観などなど、要約すれば、市民社会ということになろうが、そういった要素を視野に入れなければならない。法律の分野でいえば、憲法にまさるとも劣らず重要なのは民法である。幕末にフランスを訪れた栗本鋤雲はナポレオン法典を見て、ナポレオンを孔子に擬してたたえたが、鋤雲はそこに社会の理念が示されていることに瞠目したのである。のちに栗本はフランス滞在記（『暁窓追録』）をナポレオン法典への言及から書き起こしている。「必ずや訴無らしめん乎の場合に至りては、真に空前絶後、孔子の聖の外迚も夢見すること不能と思ひしに、今、法帝ナポレヲンの政令は殆んど夫に類することあり。実に驚嘆欽羨に堪へざるなり[18]」。

だが栗本鋤雲の目に明治の新社会の理想が見えていたとは思えない。新社会の理想について最も広い視野で最も射程の長い議論をしたのは福沢諭吉をおいてない。啓蒙、民の重視、功利主義、市場的競争、男女平等、実学など、福沢は飛び抜けた存在である。福沢がとなえたことをいちいち数え上げたら切りがないが、その中から市民社会の理念を最も凝縮してあらわしていることばをひとつ選べといわれたら、それは「実学」ではないかと思われる。

明治の人びとは経済、教育、文化など、重要な面の多くで西欧をお手本にして国づくりを進めた。近代は産業文明の時代である。産業文明は自然科学によって発展した。工業化は産業文明の最も重要な構成要素であり、自然科学は産業文明に不可欠の要素である。工業化を推進するためには、自然科学の思考を持ち、その重要性に対する認識を持つことが不可欠である。それに工業化を担う分厚い層の人びとを育成しなければならない。そのためには学校教育を根本的に刷新する必要がある。江戸時代の洋学は学者たちのサロンのようなかたちで受け継がれたが、その分、秘事口伝とはいわないまでも多分に閉鎖的な性格を持っていた。そういう方法では到底多数の人材を育成することはできないから、大規模な工業化を推進することはできない。

要するに明治政府は近代化をめざしたわけであるが、近代化をめざす思想は、尊王攘夷とは無縁である。公議政体論とも直結しているわけではない。機械工業や西洋医学や、そのもとにある自然科学を尊重し重視する思想こそ、近代化を推進するうえで最も重要な要素である。

福沢は実学ということばで、明治の新社会が則るべき道徳と価値観のあり方を示した。では江戸時代に福沢のような視野でものを考えた人物はいたかというと、渡辺崋山以前に、これという人物を探し当てるのは困難である。かろうじて海保青陵には市民社会の輪郭が認められるといえるだろうか。

19　海保青陵の市民社会思想

江戸時代に市民社会思想がまったくなかったわけではない。たとえば海保青陵がいる。だがその思想は直接明治に受け継がれはしなかった。海保青陵は一八世紀末から一九世紀はじめにかけて活躍した経済思想家である。その経世策そのものは産業奨励と藩の専売による輸出などをとなえる重商主義的なものので、商業を重視して、「興利」を説いた。節約も大切だが収入をふやすことはもっと大事だというわけである。海保青陵は、仙台藩が山片蟠桃の献策をもちいて「米札」を発行したことを取り上げて、ニ、米ノ切手ナリ」[19]。升小とは升屋小右衛門で、山片蟠桃のことである。

だが海保青陵の瞠目すべき点は、その思想の根本に置かれた理論にある。海保青陵の思想はアダム・スミスを連想させるところが少なくない。人は利己心で動かされているというのである。海保青陵はそれを「天理」ということばでとらえているが、アダム・スミスが利己心のほうが利他心よりずっと強いといったことに通じる考え方である。スミスは人間性を変えるのは無理だから社会のルールを変えるほうがいいとして、自由競争を推奨したが、海保青陵も、人と人が抜け目なく競争している場所として社会をとらえ、市場経済を受け入れた。人と人が競争しているなら、同じように藩と藩もお互いに競争しているのである。競争には勝たねばならない。そのために大いに知恵をめぐらし営々努力すべきである。

市場経済を受け入れることと深く関係するのは、人間関係を対等な交換モデルでとらえていることである。海保青陵は売買は「天ノ理」であるとし、百姓がおさめる年貢も商業の論理でとらえた。「田モ山モ海モ金モ米モ、凡ソ天地ノ間ニアルモノハ、皆シロモノ也。シロモノハ又シロモノヲウム八理也。田ヨリ米ヲウムハ、金ヨリ利息ヲウムトチガイタルコトナシ。山ノ材木ヲウミ、海ノ魚塩ヲウミ、金ヤ米ノ利息ヲウムハ天地ノ理也」[20]。シロモノとは「代物」で商品というほどの意味である。藩主は田を民に貸し付けているのだから利息を取るべきである。ちっともおかしなことではない。このようにいえば、それは下々の商人の考えだということになるが、下々の商人の考えだからといって悪いわけではない。

それだけならまだ理解できるだろうが、主従関係も対等な交換モデルでとらえた。海保青陵のことばに君臣の道を「市道」とする有名なことばがある。「古ヘヨリ君臣ハ市道ナルト云也」[21]。これは、主君が家臣に知行をとらせて働かし、家臣は主君に力を売って米をもらうのだという意味である。主君は家臣を買い、家臣は主君に売ってという売買関係、つまり対等な契約関係なのである。当時の道徳は主従、親子、夫婦、長幼など、上下関係のモデルでとらえられていたのであるから、これはまことに独創的なとらえ方だった。「貢献と誘因の均衡」をとなえたチェスター・バーナードの組織均衡論を思わせる論理である。

人間と人間の関係を上下の支配服従モデルでとらえるか、対等な交換モデルでとらえるかは、社会理論を組み立てるうえで根本的な要素である。儒教にいう五倫は父子・君臣・夫婦・長幼・朋友の五つであるが、朋友を除く四つはすべて上下関係として規定されている。忠孝一本をかかげた明治の国民道徳論も支配服従モデルである。日本人は長い間、人間と人間の関係を支配服従モデルでとらえることに親しんできたのである。ついでにいうとマルクスの階級社会モデルも支配服従モデルである。このように考えると海保青陵の主張がいかに独創的であったかが歴然とするであろう。

主従関係までをも「市道」とする主張は、ヘーゲルが『法の哲学』（一八二一年）で論じている市民社会の理論を想起させる。ヘーゲルのいう市民社会は個人が自分の利益を追求する場である。しかし他の人びととの相互関係なしで自分の利益を追求することはできない。ヘーゲルのことばによれば「労働と欲求充足の依存性と相互性とにおいて、主観的な利己心は他のすべての人の欲求充足への寄与に転換する、――すなわち、弁証法的運動としての普遍的なものによる特殊的なものの媒介に転換する。その結果、各人は自分のために取得し、生産し、そして享受しながら、まさにそのことによって他の人々の享受のために生産し、取得することになる[22]」というわけである。

というわけで江戸時代にも市民社会思想の萌芽はなかったわけではない。しかしそれはいかにも孤立した存在だった。

20　日本における近代科学の受容と市民社会

さて政治思想の中に自然科学と市民社会、あるいはそのどちらかを重んじる視点は、いつどのようにして芽生えたのであろうか。とはいえ市民社会は非常にか細い線としてしか存在しないから、実際には自然科学重視の系譜になる。わたしは、尊王攘夷だの公議政体だのといった狭義の政治思想に重きを置くよりも、むしろ自然科学を重んじる思想を近代政治思想史の起点にすえたいと思うくらいである。とはいっても自然科学を重んじる思想は立憲主義だの基本的人権だのと不可避的に結びついているわけではない。いうまでもないことである。佐久間象山は科学技術の重要性をだれよりも認識していたが、政治制度については保守的であり「封建制」を美化していたのである。だから自然科学の重視と、異なる政治制度を客観的に比較考察すること、この双方に軸足を置く思想、すなわち近代化の基礎を支える実証主義的思想が重要なのである。

一八世紀末ごろから、西洋科学受容の様相は変化する。それまでは徳川吉宗の意向を受けて蘭学を学んだ野呂元丈や、天文学者の西川如見、医者の杉田玄白らの蘭学者が主流だった。しかし世紀の変わり目になると、西洋科学受容の受け皿は幕府に移っていく。そのきっかけとなったのはいうまでもなく西洋諸国の船が到来するようになったことである。一八〇四年にはレザノフが長崎にやって来た。通商を断ると報復に一八〇七年に択捉樺太がロシア軍艦によって攻撃された。一八〇八年にはフェートン号が長崎にあらわれ乱暴を働き、責任者は切腹した。

村上陽一郎によれば、危機感を抱いた幕府は一八一一年に蛮書和解御用を設置して大槻玄沢等の蘭学者を招いてオランダ語で書かれた文献の翻訳に取りかかった。高橋景保は蘭書で得た知識にもとづいて『新訂万国全図』をつくり上げた。こうして蘭学は洋学へと発展をとげていく。(23)

少し長くなるが、村上陽一郎の文章を引いておこう。

「けっきょく幕府のなかでは、外圧を前にして、蘭学＝洋学的視野を積極的に取り入れて対処しようとする進歩派と、これを旧来の蘭学の形で利用する以外には積極的意義を認めない保守派との対立的抗争の状況がすでに一八世紀末から起こっており、蛮社の獄は後者の最後の勝利となり、後者はこのとき勝ちはしたが、その後の海外情勢の進展とあいまって、二度と権力を振るうことはできなくなってしまった。こうして、ヨーロッパ科学は、ここに初めて日本人の思考様式に、かなり根本的なところに迫るような改変を強いたかのように思われる。これ以後、日本の支配階層は、幕府も、しだいに幕府の束縛から抜け出しはじめていた各藩においても、まず、殖産・興業・富国・強兵という、政治的に高度な目標を掲げ、その基礎に洋学を据えたのであった(24)」。

蘭学は幕府や藩の庇護によって武士階級の間で発達した。八代将軍吉宗の命を受けて国外情報を収集した青木昆陽、オランダ人との交渉の窓口に立った長崎通詞であり蘭方医であった吉雄耕牛、蘭癖大名の庇護を受けた桂川甫周、杉田玄白、大槻玄沢ら、蘭学者のほとんどは幕府や大名に庇護されていたのであった。(25)

蘭学は町人階級にはあまり積極的に受容されなかった。司馬江漢は絵師として生計を立てた。洋画も描いたが、実入りが多かったのは鈴木春重の名で描いた浮世絵のほうだったと思われる。平賀源内は江戸の町人に向けて物産会を開いたりしたが、蘭学で生活できるほどの収入があったとは思えない。山片蟠桃は非常にやり手の大坂商人だったが、彼が蘭学に関心を持ったのは商売のためではなかった。

江戸時代の町人は商業資本や高利貸資本であって、産業資本ではなかった。産業資本はきわめて弱小だった。鎖国政策のため町人が海外貿易に投資することもおこなわれなかった。町人が商売繁盛の必要から洋学の知識を求めるという動機はなかったのである。のちに明治になって近代工業が政府主導で起こされるのもそれゆえだったし、福沢諭吉が実学を修めた「士流学者」こそ経済社会の主役になるべきだと論じたのもそれゆえだった（『実業論』）。明治の日本では、近代産業を起こすことは商人が金儲けのためにおこなうことではなかった。政府が富国強兵を目的におこなうことだった。要するに市民社会が幼弱だったわけである。したがって洋学を学ぶことは政治主導で進められた。

21　西力東漸と近代世界システム

ペリー来航を頂点とする幕末の対外危機が明治維新の起点だった。幕府は危機への対応を誤って滅亡した。とはいえアメリカの開国要求に対して、幕府はよく交渉し、最善とはいわないまでも次善の結果を得た。一九五八年に締結された日米修好通商条約は不平等条約だったが、当時、欧米諸国は世界の国々を文明国と半文明国と未開の三つに分けており、日本は半文明国とされていた。半文明国に分類されていた日本がアメリカと対等な条約を結ぶことは不可能だっただろう。だから幕府は外交政策を誤ったわけではない。

幕府が誤ったのは朝廷など国内の反対派への対応だった。とくに井伊直弼が大老になって起こした安政の大獄で、幕府は諸大名と朝廷の信頼を失った。これは幕府にとって致命的な失点だった。

幕府を倒して新しい権力を樹立したのは、尊王倒幕の旗印を掲げた西南雄藩だった。そして彼らは近代国家建設への道を走り始める。要するに明治維新の直接の原因は対外危機であり、明治維新の新しい権力主体は倒幕派であった。

しかし、もっと大きな視野で考えれば、遠く西ヨーロッパで起こった産業革命の波が日本に押し寄せ、そしてその波が日本の政治社会を大きく変えたという見方も成り立つ。西力東漸である。そういう視点から見ると、明治維新は勤王の志士から始まるのではない。明治維新の始まりは、西洋文明の波が日本の海岸線を洗い始めたことにさかのぼることになる。その波が意味するところを最初にとらえたのは蘭学者たちだった。そして蘭学者から幕末の開明派へ、開明派から勤王の志士へと、あたかもバトンがリレーされるかのように、文明の波が伝播したのである。

その結果、日本は近代世界システムに参入することになる。世界システム論を提唱したイマニュエル・ウォーラーステインは近代世界システムを中心・半周辺・周辺の三つの部分による分業体制としてとらえているが[26]、対外的危機感に動かされて尊王攘夷を叫んだ志士たちは、近代世界システムの「中心」への参入をめざしたのだととらえていいだろう。

維新政府は矢継ぎ早に文明開化の政策を打ち出すが、ついこの間まで尊王攘夷を叫んでいた人たちが、権力を握ったとたんに開国和親と文明開化に乗り出していくのは、いかにも唐突の観がある。しかし仔細に見ると、いま述べたバトンタッチの様子が見えてくる。ペリー来航のあと多くの大名は彼我の軍事力の格差を認識していたし、開国やむなしと考えていた。だから尊王攘夷の旗は土壇場で尊王倒幕に書き換えられるのである。本気で攘夷を実行すべしと主張していた志士はほとんどいなかった。民間儒者であった大橋訥庵のような、頑なに攘夷を叫ぶ勇ましい人物は政治的リーダーの間では少数派だったのである。

註

（1）『日本思想大系55　渡辺崋山・高野長英・佐久間象山・横井小楠・橋本左内』岩波書店、一九七一年、四五ページ。
（2）同右、二〇ページ。
（3）蛮社の獄、および幕末の洋学については、佐藤昌介の研究に多くを教えられた。佐藤昌介『洋学史の研究』中央公論社、一九八〇年。
（4）『明治文学全集77　明治史論集（一）』筑摩書房、一九六五年、二〇ページ。
（5）同右、二四六ページ。
（6）ジュリオ・アレーニ・楊廷筠『大航海時代の地球見聞録通解『職方外紀』』齊藤正高訳注・解説、原書房、二〇一七年。
（7）『日本思想大系44　本多利明・海保青陵』塚谷晃弘・蔵並省自校注、岩波書店、一九七〇年、二八ページ。
（8）以上の記述は村上陽一郎『日本近代科学の歩み　新版』三省堂、一九七七年を参照した。
（9）『日本思想大系59　近世町人思想』中村幸彦校注、岩波書店、一九七五年、一三四ページ。
（10）三谷博『維新史再考　公議・王政から集権・脱身分化へ』ＮＨＫブックス、二〇一七年。
（11）『日本思想大系55　渡辺崋山・高野長英・佐久間象山・横井小楠・橋本左内』岩波書店、一九七一年、四三四ページ。
（12）同右、四四八～四四九ページ。
（13）渡辺浩『日本政治思想史　十七～十九世紀』東京大学出版会、二〇一〇年参照。
（14）杉田玄白『蘭学事始』緒方富雄校注、岩波文庫、一九八二年、一一ページ。
（15）「春波楼筆記」『司馬江漢全集』第2巻、八坂書房、一九九三年、八九ページ。
（16）同右、七〇ページ
（17）同右、六六ページ
（18）『幕末維新パリ見聞記　成島柳北「航西日乗」・栗本鋤雲「暁窓追録」』井田進也校注、岩波文庫、二〇〇九年、一四二ページ。
（19）『稽古談』『日本思想大系44　本多利明・海保青陵』岩波書店、一九七〇年、二四九ページ。
（20）同右、二二二ページ。
（21）同右、二二二ページ。
（22）ヘーゲル『法の哲学』『ヘーゲル全集9b』上妻精・佐藤康邦・山田忠彰訳、岩波書店、二〇〇一年、三六八ページ。
（23）村上陽一郎『日本近代科学史』講談社学術文庫、二〇一八年。もとは『日本近代科学の歩み　新版』三省堂、一九七七年。
（24）同右、一四二ページ。

(25) 沼田次郎『幕末洋学史』刀江書院、一九五〇年。

(26) イマニュエル・ウォーラーステイン『近代世界システム　農業資本主義と「ヨーロッパ世界経済」の成立』川北稔訳、岩波書店、一九八一年。

第二章　文明開化と自由民権——フィクションとリアル

自由民権運動は征韓論に敗れて下野した板垣退助らが「民撰議院設立建白書」を政府に提出したことに始まり、一八八七年の三大事件建白運動で終わりを迎えるといわれる。それは政治思想として天賦人権という理念をかかげた。そして「陛下の反対派」として、幕末以来くすぶる草莽(そうもう)の志士たちの衝動に秩序と方向を与え、政治主体の多元化に扉を開いた。そればかりではない。自由民権運動は巨大な文化運動でもあった。

明治の日本人は巨大な文化変容を経験した。その変化をここではフィクションからリアルへと表現したい。明六社に集まった知識人は、まさにリアルの先導者だった。『明六雑誌』を読むと、さまざまとそのありさまが浮かび上がってくる。福沢諭吉のいう「実学」はそれを象徴することばである。津田真道は五行性理良知良能の説などは「虚学」であると中国思想を全面否定し、学ぶべきは天文物理化学医学などの「実学」だと論じている。ただし明治の文化変容は、明六社につどった明治啓蒙の知識人や文明開化を推進した政府の官僚たちだけの力によるものではなかった。実は、最も大きな変容の波は自由民権運動によって起こされたのである。この章では自由民権運動がもたらしたリアルの衝撃を見てみたい。

1　子ども向け読み物のリアル

近代日本におけるフィクションとリアルの関係は、それ以前の時代とは異なっている。たとえば福沢諭吉は子ども向けの読み物をいくつか書いているが、福沢が子どもたちに提示したのは「桃太郎が鬼を退治した」といったフィクションではなく、ものごとの物理学的なとらえ方であり、世界地理についての具体的な知識だった。一八六八（明治元）年に書いた『訓蒙窮理図解』の巻の一第一章は「温気(うんき)の事(こと)」と題されている。これを開くと、昔話の猿蟹合戦で、栗が破裂したのは中の空気があたたまって膨張し、殻を破ったからだという説明が見える。すべてのものはあたたまれば膨張し冷えれば収縮するということをわかりやすく説いているのである。

翌年、福沢は『世界国尽』を書いた。こちらも『訓蒙窮理図解』と同じく漢字平仮名混じり文で漢字にはすべてルビがふってある。ただし文体は暗唱しやすい七五調である。世界地理についてごく入門的な知識が書かれていて、あたかも長大な叙事詩のようである。

世界(せかい)は広(ひろ)し　万国(ばんこく)は
おほしといへど　大凡(おおおよそ)
五(いつつ)に分(わ)けし　名目(みようもく)は
亜細亜(あじあ)阿非利加(あふりか)　欧羅巴(よーろつぱ)
北(きた)と南(みなみ)の　亜米利加(あめりか)に

堺かぎりて　五大洲
大洋洲は　別にまた
南の嶋の　名称なり

それまで子ども向けの読み物といえば、「桃太郎」のような冒険談か、説教くさい教訓のフィクションばかりだったのであるから、福沢は子どもに、はじめてリアルを開示して見せたのである。明治五年に小学校教育が始まると、『訓蒙窮理図解』は教科書として広く使われた。当然のことながら、政府もリアルを教えるのが教育だという考えに則っていたのである。一八八〇年前後から徳育論争が激しくなり福沢も新しい徳育をとなえて論陣をはるのであるが、それは道徳教育の位置づけと性格についての争いであって、リアルを教えることにだれも異論はなかった(1)。

2　花鳥風月と『日本風景論』

フィクションとリアルについてもう少し例をあげておこう。

志賀重昂は『日本風景論』（一八九四年）で花鳥風月をしりぞけて、日本の風景の特徴は「跌宕」であると述べている。「跌宕」とは雄大という意味である。『日本風景論』は、日本の風景が世界に誇るべきものだという主張を繰り広げているのであるが、文体こそ漢文体であるが、志賀のものの見方そのものは西洋のものの見方であった。日本は火山が多いとか湿度が高いといった議論をしながら日本の風景の美しさを語るのであるから、志賀が依拠したのは「花鳥風月」とか「名所旧跡」というフィクションではなく、火山だの湿気だのというリアルだった。もちろん火山を雄大な風景としてとらえる「跌宕」という美感覚は従来の日本の美感覚にはなかった。風景の雄大さをたたえるのは一九世紀ヨーロッパのロマン派の自然観というべきであろう。

いま福沢諭吉と志賀重昂というふたりを例にあげた。福沢諭吉の文章はわかりやすい七五調である。志賀重昂は知識人らしい漢文体である。両者は一見何の関係もないように見えるかも知れないが、自然科学の視点によっている点で共通している。子どもに聞かせるのに童話風の物語ではないし、風景を語るのに不可欠だったはずの花鳥風月も出てこない。わたしはこういう姿勢を、しばらく定義なしに、とりあえずリアルということばであらわしておきたいと思うのである。

自然観のリアルについて、もうひとつ付け加えておきたい。それは国木田独歩の『武蔵野』である。志賀重昂の『日本風景論』が刊行されたのは一八九四年で、独歩の『武蔵野』が世に出たのはその四年後の一八九八年のことであった。(『国民之友』一月号と二月号に連載)。志賀は日本人の心情を代表するのは桜花ではなく、松柏こそそれにふさわしいと述べた。[2] 独歩はどうかというと、松林ではなく、落葉樹林の美しさを語っている。

志賀の松柏も読者を驚かせたであろうが、独歩は落葉樹林の美しさを説き、読者をはっとさせた。そうしていながら、おもしろいのは、すぐそのあとの文章で、そういう美意識は二葉亭四迷の『其面影』で学んだのだと告白していることである。[3]『其面影』はツルゲーネフの『あいびき』の翻訳である。読者は、ああ、そういうことかと思うわけである。それにしても、なぜわざわざネタもとを打ち明けるのであろうか。ツルゲーネフなど引き合いに出さないほうが、はるかに作者の鋭敏な感性が引き立つというものではあるまいか。そもそも文学は創作であって記録ではない。嘘偽りをいくら並べ立ててもいっこうに差し支えないのである。にもかかわらず、どうして手の内をさらすようなことをしなければならないのであろうか。

間違いなく、ここで独歩は、西洋文学を読みこなしている自分というものを読者に印象づけようとしている。だからツルゲーネフに学んだことを明らかにしているのである。独歩も志賀重昂と同じように、自然観のリアルを西洋文明から学んだのである。

国木田独歩は自然主義文学の四天王のひとりとされたが、文学における自然主義もまさしくリアルの追求だった。ただし日本の自然主義が追求するリアルは社会に向かわず個人の内面に向かった。自然主義の最初の作品といわれる田山花袋の『蒲団』は、主人公の心の奥にひそむ性的な欲求を暴き出したのだった。だから長谷川天渓は自然主義のリアルの追求を人間性にひそむ醜悪さの剔抉と同一視して「現実暴露の悲哀」と呼んだのである。

日本の自然主義にはエミール・ゾラのような科学主義的な発想はなかった。ゾラは遺伝子に支配される人間のドラマを描き上げようとして、全二〇作品に及ぶルーゴン・マッカール叢書を書いた。一方日本の作家たちは人間性の真実を直視しようとした。そこから見える実相が醜いものだったので長谷川天渓は「現実暴露の悲哀」と呼んだのである。だが、リアルの追求はやがて自然主義をこえて個性の発現に向かった。人間性のリアルをえぐり出そうとするとき、約束事で装飾されていた表層の下には驚くほど多様な個性の相貌が見られたからである。島崎藤村はそういう文学者の努力の形跡をいちばんよくあらわしている。『若菜集』の藤村と『新生』の藤村は、ロマンチックな詩歌からリアリスティックな小説へと、一八〇度転換したかのように見えるがそうではない。個性の発現という点では少しも変わっていないのである。内面を追求すればするほど、個性的な人格が相貌をあらわしてくる。ひとことで内面の醜さといっても、その醜さ加減は人さまざまなのである。ときには醜さと見えたものがまばゆい光芒を発することもある。

以上わたしは、フィクションとリアルということばでファンタジー物語や伝統的な美意識と自然科学的な視点を対比したり、自然観の変容を取り上げたりした。人間性の直視がやがて個性の発現に至る道筋は日本近代文学史の大きなテーマである。このように近代思想史を導いた大きなながれとして、フィクションからリアルへという方向を考えることが可能だろうと思われる。

とはいえこの章はそれほど大きな問題を扱うものではない。対象をしぼって、明治の芸能におけるフィクションとリアルの関係について考察してみたい。

3　演劇改良運動がめざしたリアル

明治初年の新政府は庶民の文化水準を高めようとしていた。一八七二年三月に、宗教関係を所管する教部省が設置された。四月、その教部省が芸能を管轄することになった。そしてすぐに敬神愛国、天理人道、皇上奉戴をうたった「三カ条の教則」が出された。それは教部省が教導職に示した国民教化の基準であった。教導職は大教宣布のために置かれた職で、神官・神職、僧侶などの宗教家が任命されたが、それればかりでなく落語家なども任命された。和歌俳句であれ、戯作であれ、落語であれ、歌舞伎であれ、およそ文化芸能は国民教化のために貢献するべき役割を与えられたのである。江戸時代には歌舞伎は風紀取り締まりの対象だったのに、明治になると政府は一転してそれを国民教化の道具にしようとしたのである。

さて明治のリアルと関係があるのは、これからの演劇は事実に忠実でなくてはならないとされたことである。東京府は一八七二年二月に猿若町三座の太夫元や河竹新七（のちの黙阿弥）、桜田治助、瀬川如皐の三人の狂言作者を呼び出して、芝居御諭（しばいおさとし）を言いつけた。これからは貴人や外国人も観劇するようになるから、親子がいっしょに見るに堪えないような場面を演じたりしてはならない、何ごとも教訓を旨としなければならないというのである。四月になると第一大区役所が、守田勘弥、河竹黙阿弥、桜田治助の三人を呼び出して、歴史的事実は歴史的事実のままに表現しなければならないと申し渡した。これまでのように織田信長を小田春永としたり、羽柴秀吉を真柴久吉としたりしてはならない、というのである。しかも狂言綺語をやめよとも命じた。虚構や文飾をやめよというのであるから、これでは創作そのものが成り立たない。まったく成り立たないわけではないとしても、大幅に制約されることになる。すでに五七歳になっていた黙阿弥は当惑した。そしてさらに追い打ちをかけるようにして、まもなく政府は脚本の検閲を制度化したのであった(4)。

こうして政府の働きかけによる演劇の改良が緒につく。歌舞伎界では守田座の座元として明治の歌舞伎をリードした守田勘弥や時代考証を重んじる歌舞伎をめざした九代目市川團十郎が演劇改良に熱心で、活歴物や散切物がさかんに書かれるようになるのだが、その評判は必ずしも良くはなかった。散々な不評に終わった作品も少なくなかった。そもそも作者も役者も、当惑したり反発したりするものが少なくなかった。一八八六年には末松謙澄を先頭にして、外山正一ら学者と伊藤博文や渋沢栄一らの政治家・実業家によって演劇改良会が結成されたが、それも二年後には解散している。

4　河竹黙阿弥を悩ませたリアル

政府が庶民文化からフィクションの要素を少なくし、文化の水準を向上させようとしたこと、それが明治のリアルの一面であった。しかしもちろん、そういう性急な方策で、文化がはかばかしく向上するはずもない。幕末の一八六〇年ごろから頭角をあらわした河竹黙阿弥は、明治はじめには押しも押されもしない歌舞伎狂言作者の第一人者になっていた。黙阿弥は忠実に政府の方針に従って散切物や活歴物を数多く書いたが、それが黙阿弥の本意であったとは思われないし、そもそもそれらの新作の多くが不評だった。

河竹黙阿弥は坪内逍遙が「日本のシェイクスピア」と呼んだほどの歌舞伎狂言の大作者だったが、江戸と明治を股にかけて生きた黙阿弥は受難の作家だった。江戸時代にも明治時代にも当局の取り締まりを受けて作劇に制約を受けたのである。しかも江戸時代と明治時代では当局の取り締まりの方向はまったく正反対だった。

安政六（一八五九）年、黙阿弥が書いた『十六夜清心』が市村座で連日大入りをつづけていた。『十六夜清心』は黙阿弥得意の白浪物である。遊女の十六夜と僧の清心は恋の行く末をはかなんで心中をはかるが二人とも別々に助かる。やがて再会した二人は泥棒夫婦となって悪事の限りを尽くす。だが金目当てに大切な人を殺害してしまったことを知り、とうとう自害するという物語である。四代目市川小団次が主役の清心を演じた。『十六夜清心』は大入りをつづけているさなかに突然上演停止となった。作中に登場する大泥棒が実在する江戸城御金蔵破りの主犯をモデルとしていたからだった。

幕府の歌舞伎に対する取り締まりは、きびしくなったり緩んだりしたが、慶応二（一八六六）年には、きびしい締め付けがおこなわれた。介入のきっかけになったのが河竹黙阿弥が書いた『船打込橋間白浪』であった。これは黙阿弥が得意とした小悪党を主人公としての勧善懲悪ものだった。鋳掛け屋の松五郎はいくら働いても浮かぶ瀬のない暮らしぶりを嘆いていた。あるとき商人ふうの男が屋形船で豪遊している姿を見かけて、盗賊の世界に身を投じる。だが松五郎は最後は主人のために腹を切って死ぬという筋である。松五郎は小悪党ではあるが根は善人であった。『船打込橋間白浪』は大入りになったが、それゆえに咎められた。悪者を主人公にするとは何ごとか、風俗を乱すではないかというわけである。

5　歴史的事実の歪曲は禁止。みだらな性的表現も禁止

そのようなわけだったが、新政府が誕生して一八七二年になると、今度はまったく正反対の方針が打ち出された。歴史的事実は曲げてはならない、しかも狂言綺語はまかりならぬというのであるから、文字通りに受けとめれば、およそ芸術的創造をしてはならないというのに近い。実際、たった二年で活動をやめてしまう演劇改良会は狂言の内容にまで介入したが、それは改悪というしかないようなものだった。今日から見ると新政府のこのような政策はまったく馬鹿げているように思われる。

しかし、演劇界に対する働きかけの広い目的と意味は、当時の芸能や庶民の暮らしの様子がわかっていないと正確には理解できない。たとえば『日本近代思想体系18　芸能』（倉田喜弘校注、岩波書店、一九八八年）によって明治初年の風俗取り締まりを見ると、慶応四年八月に大阪府の知府事が発した見世物の取締令に「男女に不限、下体を露し、陰部等を見せものにいたし候儀、已来決て不相成候」とある。

盆踊りも風俗取り締まりの対象になった。男性が女装し女性が男装し、聞くに堪えない猥褻な歌が歌われ、さらには猥褻行為が横行したらしい。香川県は盆踊りの風俗を正すのに四苦八苦したあげく、条約改正をひかえて一八九九年に禁止令を発した。倉田喜弘は解説に「盆踊り一つを廃止するのに、二〇年以上もかかったことになる」と書いている[5]。

状況は全国どこでも似たようなものであった。各地の舞台もいかがわしい芝居が実に多かった。『貧乏物語』で有名な河上肇は一八七九年にいまの岩国市で生まれた。村にはよく興業が来た。祖母は興業が大好きで必ずといっていいほど孫を連れて見物に出かけた。そういうときは母もいっしょだった。父は行かなかった。ときどき錦帯橋の下手の河原で芝居の興行がおこなわれたが、その内容はというと今日では想像もつかないようなものだった。『自叙伝』には次のように書かれている。「まだ風紀上の警察的取り締まりも厳重でなかった頃のこととて、芝居では随分エロチックな場面を見せた。舞台の正面に低い屏風が立てられていて、そこへ若い男女二人が隠れ、女は帯を解いて屏風に掛ける。すると上手から一人の老婆が現れ、屏風の方を見ながら、……[6]」。河上は七つ八つだったので、何のことかわからなかった。一八八六、七年ごろのことである。

6　芸術表現におけるフィクションとリアル——浄瑠璃と漢詩

さてエロティックな芝居はリアルではないのかという疑問がわくかも知れない。リアルと模倣は区別しておこう。幼時の河上肇が見たというエロティックな芝居は模倣である。ロジェ・カイヨワは遊びの要素を四つあげている。アゴーン（競争）、アレア（偶然）、イリンクス（眩暈）とミミクリー（模倣）で

ある。(7)

四コマまんがやパントマイムを見てクスッと笑うのは「ある、ある、そういうことはある」と思うからである。ああ、そういうことはある、といって笑わせたり、舞台に置かれた低い屏風に女が解いた帯を掛けて、観客に羞恥心を起こさせたりするのは、模倣の働きである。

模倣はフィクションとかリアルとかいう以前の段階の表現である。松本喜三郎や安本亀八の生人形のように、あるがままの姿を精確に描き出すのは模倣（模写）である。模倣は写実にとってきわめて重要な要素だが、模倣そのものはリアルとかフィクションとかいう以前の段階である。

リアルとフィクションの違いは模倣に依存しない。リアルとフィクションは制作のモチーフが働くときのふたつの異なる方向性のことである。全山桜が咲いた風景を見て古人が詠んだ歌を思い浮かべさせたり、見わたす限りの雪景色を見てかつてその地を訪れた貴人の事跡を思い浮かべさせたりする。それがフィクションである。これに対してリアルは、全山桜の風景を見て針葉樹林と広葉樹林の違いを思い浮かべさせたり、日本の地理的特徴を宏壮雄大ととらえさせたり湿潤ととらえさせたりする。

芸術表現におけるリアルはいろいろな側面から考えなければならない。たとえば明治初期にリアルが推奨されたことは庶民の文化水準を高める意図を伴っていた。江戸時代には浄瑠璃や歌舞伎は町人のものとされ、フィクションであり、それゆえ価値の低いものと見なされていた。近松門左衛門が登場するまでは義太夫浄瑠璃の作家は名前さえ出されていなかったのである。

漢詩は武士がたしなむもので、事実に即しており、それゆえ価値が高いものとされていた。感情であれ、風景であれ、人事であれ、詩は真実をあらわすべきものであった。頼山陽の漢詩はいま読むとなかなか良いと感じるが、当時は大げさな表現が目立つから価値が低いと評価されたものである。誇張が多い分、真実から離れているというわけである。
ある儒学者は浄瑠璃が大好きだったが、浄瑠璃ごときを机の上で読んではならないとみずからをいましめていた。そこで彼は便所に院本（まるほん。浄瑠璃の台本のこと）を置いていた。彼の便所の滞在時間は相当に長かったと想像される。

7　自由民権運動――リアルの衝撃

明治の中ごろまで、演劇といえば歌舞伎だった。歌舞伎しかなかった。演劇改良運動は天覧を実現して歌舞伎の社会的地位を高めるのに成功した。しかしそれ以外にはかばかしい成果はあげなかった。当然というべき結末だった。演劇改良運動がめざしたリアルは表現の芸術性を損ねたからである。フィクションの要素が薄く、リアルの成分が濃い表現形式は、政府のまったく予期しないところで発展した。そして変革の波は新興の芸能から起こった。それも自由民権運動から、いきいきとしたリアル成分の濃い表現形式が生まれたのである。

自由民権運動は一八八〇年に国会開設をかかげたところから盛り上がった。一八八〇年一〇月、国会開設の詔勅が出され、これに対して国会期成同盟が生まれる。運動が盛り上がる気配を見せると危機感を抱いた政府は集会条例を制定して押さえ込もうとした。ところが一八八一年七月、開拓使官有物払下げが明るみに出て大問題になった。東京では連日のように政談集会が開かれた。とくに八月二五日に新富座で開かれた政談東京演説会では、福地源一郎、沼間守一、肥塚龍ら五人が弁士に立ち、三〇〇〇人をはるかにこえる聴衆が集まった。新富座は当時の東京で最も収容人員が多かったが、それでも三〇〇

○人がやっとだったという。そこに一説によれば四五〇〇人をこえる人が押し寄せたのである[8]。八一年一〇月、自由党が結成された。八二年、政府は運動の高まりに危機感を抱いて集会条例を改正し、さらに弾圧の手を強めた。演説会は頻繁に中止を命じられた。しかし政談演説が禁止されても、人びとはおめおめと引き下がらなかった。禁止されても禁止されても政談演説会は開かれ、弁士の話を聞きに大勢の人が集まった。演説を禁じられた弁士たちは、演説がだめなら講談や歌があるではないかと、講釈師に転じて寄席に姿をあらわした。すると寄席が大入り満員になった。こうなると本職の講釈師たちも安閑としていられなくなり、一八八一年には何とかしなければと話し合いが持たれた。「見て来たような虚言ばかりを叩き出さないで、自分たちも勉強して憲法とか国会、あるいは衛生や経済について論じようではないか、という話し合いがもたれた[9]」。リアルが大いに民衆の耳目を集める時代になったのである。

政談演説会はまさしくリアルそのものである。政治活動であって芸能ではない。だがそれが人びとを引きつける力にはすさまじいものがあった。それを見て既存の芸能の世界でもリアルをどのように取り入れるかについて真剣な模索が始まったのである。講談師の松林伯圓しかり、歌舞伎の守田勘弥、市川左団次しかりであった。

演説から演歌や講談へ、そして演劇へ、このようなながれを主導し、または棹さした人物はいくらもあるが、三人だけあげておこう。土佐では一年間の演説禁止を言い渡されたた坂崎紫瀾が、すぐに講釈師の鑑札をとって馬鹿林鈍翁と名乗り「民権道化馬鹿噺一座」をひきいて興行した。坂崎が『土曜新聞』に連載した『汗血千里駒』は坂本龍馬の伝記である。一八八三年には香川の小西甚之助が滑稽民権家と名乗って「滑稽演説会」を開いた。小西甚之助はのちに国会議員になる。奇行で知られた人物だった。岡山では景山英子（福田英子）が一八八一年、一七歳のときに、「民権大津絵ぶし」に合わせて月琴をひいて歌った。景山英子はのちに大阪事件に連座して投獄され、そのあと数奇な人生を歩んだ。

8　演歌と壮士芝居のリアル

以上のような動きの中から登場したのが演歌である。演歌は自由民権の主張を歌の調べに乗せて発する表現形態だった。演歌は血気さかんな民権活動家が歌ったので壮士節といわれる。自由党の壮士たちはその主張を歌詞にして冊子をつくり、街頭で読売りした。また若い学生が多かったので書生節ともいわれた。

壮士節の代表的なものとしては、加波山事件（一八八四年）のころにつくられたダイナマイト節や、一八九〇年ごろに川上音二郎が壮士芝居の余興に歌ったオッペケペー節がある。

最初の壮士節といわれるダイナマイト節は歌う。

民権論者の　涙の雨で
みがきあげたる大和胆
　コクリ　ミンプク　ゾウシンシテ
　ミンリョクキュウヨウセ
若しも成らなきゃダイナマイトどん⑽

「ミンリョクキュウヨウセ」、つまり「民力休養」は自由党がかかげたスローガンだった。オッペケペー節は「権利幸福きらいな人に、自由湯をば飲ましたい。オツペケペ。オツペケペッポー。ペッポーポー」で始まる。つづけて新時代の世相を次つぎとたたみかけるように風刺し、「オツペケペッポー、ペッポーポー」と締めくくる。かなり長い歌である(11)。

ダイナマイト節やオッペケペー節に接したとき、民衆ははじめて、それまでのデロレン祭文やちょぼくれちょんがれや阿呆陀羅経にはないリアルを体感した。リアルは模倣ではない。日常生活で起こるできごとのことではない。衣食住とか、近隣付き合いとか、生老病死のことではない。自分の身には直接関係ないが、社会のどこか遠いところで、実際に起こっていることである。民力休養は税金を負けろということだが、地租を支払っていない都市民衆にはそもそも無縁である。ダイナマイト節は、民衆に対してそれを切実な問題として受け止めるように促す。そのように日常生活に関係ない遠くのことを、力ずくで聴衆の目の前に引きずり出す。それがリアルの力である。

では、リアルはどのような状況の中で演出されたのだろうか。まさか書斎で沈思黙考する人の耳にリアルが届いたわけではないだろう。自由民権運動で世論が沸騰するという政治状況があったゆえだったことはいうまでもない。一八八二年四月、自由党党首の板垣退助が遊説先の岐阜で刺客に襲われた。板垣は数カ所の傷を負ったが命に別状はなかった。「板垣死すとも自由は死せず」という有名なせりふが吐かれたのはこのときであった。このときかねて自由民権運動を快く思っていなかった岐阜県令は一度も見舞いに顔を出さなかった。ところが板垣遭難の報を受けた政府はただちに天皇の勅使を板垣のもとに派遣することを決めた。岐阜県令は天皇の勅使が到着するとあわてて板垣の元に走った。岐阜には自由党員が続々と集まり一時は騒然としたが、勅使が到着するとそれもおさまった。板垣は犯人について赦免してほしいと語り、のちに犯人は悔悟して板垣に罪を謝したという。

この事件はのちに演説会や演歌や演劇の格好の題材となって、多くの人びとに繰り返し取り上げられた。リアルの力である。一八九一年、川上音二郎が壮士芝居一座をひきいてはじめて東京で公演を打ったときの狂言も『板垣君遭難実記』その他であった。このときの芝居は歌舞伎役者の市川團十郎や、演劇改良運動に一役買っていた福地桜痴なども観に来た。彼らは様式化されないリアルな所作や言い回しを目の当たりに見て、深く学ぶところがあった(12)。

壮士芝居は現実に起こったできごとを数多く取り上げた。幕末の志士平野国臣を描いた「平野次郎」(次郎は国臣の通称)、江藤新平の佐賀の乱を扱った「佐賀暴動記」、南北朝時代後醍醐天皇に忠勤を励んだ児島高徳を描いた「備後三郎」(備後三郎は児島高徳の別称)、相馬事件に取材した「意外」など数えれば限りがない。これらの芝居は模倣ではない。リアルである。現実に起こったできごとに取材し、自由民権(あるいは尊王)という理念からテーマを立てる。それは人びとに日常生活から離れた娯楽ではなく、切実な感興を呼び起こすのだ。

思わず筆が先走ってしまった。右に書いたことからも演説から演劇(壮士芝居)へというながれがうかがい知れると思うが、一八八〇年代の政談演説から、一八九〇年代の壮士芝居へ、表現形態が発展したことの背景には、自由民権運動がたんなる反政府運動ではなく、その指導者に天皇が勅使を送るような「陛下の反対派」であることが広く認容され、であるからきびしい検閲のもとでも自由民権の系譜をひく芝居の上演が認められたことがあった。

しかしそれだけではあるまい。気になるのは民権家の演説はそもそも聴衆に理解されたのかということである。一八八二年、板垣退助が遊説先の岐阜で刺客に襲われたとき、犯人を投げ飛ばして板垣を守った内藤魯一は自由民権運動について次のように語っている。「その頃の自由民権というのは、幕末の尊王攘夷の浪人気分に、佐倉惣五郎の百姓一揆の直訴気分を加味した反政府の運動であって、自由民権を旗印としていても、その言葉の内容はホントウに理解されていなかったし、またドウデモよかったのである。ただ権威に反抗して悲憤慷慨し、大言壮語して反政府の気勢をあおるのを快とする、剣舞でもするようなツモリの政治運動であったのだ」[13]。ちなみに内藤魯一は当時板垣退助の秘書で、のちに衆議院議員になっている。

自由民権運動が「ただ権威に反抗して悲憤慷慨し、大言壮語して反政府の気勢をあおるのを快とする、剣舞でもするようなツモリ」の人びとに支えられたというのは言い過ぎだろう。しかしおそらくはそういう心情が聴衆に感染して、リアルの受け皿となったのである。自分の生活には直接関係のないことを通じて、相互に縁のない聴衆がいっきょに結ばれる。民衆はリアルによって結びつけられ、国民（nation）をかたちづくる。

そうなると疑問がわく。ただ権威に反抗して、剣舞でもするようなツモリの聴衆が、はたして民権家の演説を理解できたのかどうか。明治一五年ごろには聴衆を陶然とさせる名演説家が輩出したという説と、いや人びとはみな、ついこの間まで演説など知りもしなかったのだから、演説は理解されなかったのだという説がある。稲田雅洋は前者である。名演説家が輩出したと見る。一方、芳賀綏は「かれら（明治の民衆）は聞くための訓練など出来ておらず、そこへもってきて〝演説使い〟たちの話が難しいとあっては、内容の理解などおぼつかないものだった」と書いている[14]。どちらが正しいのか、わたしには判断する術がないが、どちらにせよ、芳賀がその少しあとのページで新講談や壮士芝居に言及していることはたいへん重要であると思われる。

「わずかに伝えられるのは、明治二十年ごろから、長い演説でわからせるより演芸や歌や芝居で、という着想から、あるいは新講談（政治講談）の形を借り、あるいは壮士芝居（新派の源流）に託し、さらには…（中略）…などの壮士節（演歌）で大衆に呼びかけるといった工夫が始まったことなどである[15]」。

リアルは芸能のかたちに焼き直されたときにこそ、まぎれもなく強い力を発揮したのである。

街角で壮士節を聞いた若者は、少し前に学校で、蒸気や温気が膨張することを教えられたかも知れない。小学校で科学主義や実証主義の一端に少しでもふれていたはずである。もっとも国木田独歩の小説は読んではいなかっただろうが。小学校で教わることと、街頭の壮士節や演歌をいきなりいっしょくたにすることはできない。しかし両者の間には何らかの共通の要素がないだろうか、と思う。ここではそのことはおいておこう。人びとが十分に書き言葉を読みこなすことができない状況で、演説が、そして演説が禁止されたら演歌が、壮士芝居が、新聞よりずっと多くのリアルを人びとに届けただろう。こうして人びとはさまざまの場面でリアルの洗礼を受ける。リアルは「尊王攘夷の浪人気分」や「百姓一揆の直訴気分」と似通った祝祭的な興奮で迎えられる。ホントウにには理解されていなくても、とにもかくにも自分たちの身に関係することとして迎えられる。国民の形成はこのような過程を経て進んでいくのである。

9　川上音二郎

川上音二郎と添田唖蝉坊は近代芸能の世界におけるリアルの申し子だった。

川上音二郎は一八六四年に、いまの福岡市で生まれた。一八七七年、出奔して東京で慶應義塾の塾僕になった。やがて自由民権運動のうねりが大きく高まったころから政談演説会に弁士として姿をあらわす。

倉田喜弘『近代劇のあけぼの　~川上音二郎とその周辺~』は地方新聞をよく渉猟し、川上音二郎の足跡を実にたんねんにあとづけているが、それによれば一八八二年に名古屋の繁華街にある花笑亭で催された政談演説会に川上音二郎の名が見えるという。一八八三年、川上音二郎は自由童子の芸名で京都南座の政談演説会にあらわれた。このとき川上は演説のあとで「ひとつとせ節」を歌った。自由民権運動が各地で激化事件を起こした真っただ中だったこともあり、このころの川上は官憲から繰り返し演説禁止を申し渡されている。

一八八二年から八六年にかけて各地で起こった激化事件が終息したあと、国会開設に向けて運動の再結集が進んだ。一八八七年ごろから自由党は地方有権者を開拓しようとしていた。一八九〇年に川上は京都にあらわれた。そして京都で川上の歌うオッペケペー節が大流行した。同年、川上は壮士芝居をひっさげて東京に進出した。狂言は『板垣君遭難実記』などだった。同郷の金子堅太郎のあっせんで、大臣華族など貴顕も観劇にやって来た。そしてオッペケペー節は東京をも席巻した。大流行した歌といえば一九一四年に発表された松井須磨子の「カチューシャの唄」（作詞／島村抱月・相馬御風、作曲／中山晋平）が有名である。一九一〇年に初の国産蓄音機が発売され、「カチューシャの唄」はレコードに録音されて一世を風靡した。オッペケペー節は蓄音機以前の歌であるが、それでも「カチューシャの唄」以上に大流行したという岡本綺堂の回想がある。[16]

板垣退助の遭難がかつて何度も演説を禁止された男によって演劇になり、それをかつて板垣に敵対した藩閥政府の大臣たちが観に来る。やがて板垣は大隈重信とともに内閣を組織することになるし、川上音二郎は演劇改良の担い手として注目されるようになる。このあと川上音二郎は、妻の貞奴とともに、三度にわたる海外公演を敢行し、東京大阪に劇場を建設し、茶屋制度の改革に着手し、日本初の女優養成所をつくりと八面六臂の活躍をする。そしてそのさなか一九一一年、四八歳で他界する。川上音二郎は数ある新派劇団の中にあって、その渦巻きの中心にあった。

10　添田唖蝉坊

添田平吉、すなわちのちに演歌の第一人者となる添田唖蝉坊は、一八九〇年に壮士節と出会った。一九歳だった。一八七二年生まれであるから、川上音二郎より八歳年下である。そのころ唖蝉坊は横須賀で人夫をしていたが、ある日道を歩いていると人だかりがしていた。そのほうを見やると、編み笠をかぶり、白い兵児帯をした三人の若者が、手に手にステッキを持って、代わる代わる歌ったりしゃべったりしていた。三人は英仏独露の諸国がアジアを次つぎに植民地にしているとし、日本はそれに対抗せよ、大いに国権をはるべしと訴えていた。唖蝉坊はいっぺんに魅せられてしまった。唖蝉坊の心をわしづかみにしたのは次のような歌だった。

悲憤慷慨亜細亜の前途を観察すれば
文運月に進み行き　武運盛んな日本も
治外法権撤去せず　税権回復まだならず
跋扈無礼の赤髯奴　一葦隔てし朝鮮は

ちゃんちゃん坊主に膝を折り　鷲の威勢に恐怖して
……[17]

街頭でのパフォーマンスは江戸時代以前からもあったし、決して近代に特有のものではない。デロレン祭文や阿呆陀羅経など、リズミカルな詞章にのせて、おもしろおかしく世相を風刺した。しかし条約改正のような現実の政治課題を取り上げて白昼堂々と街頭で人びとに訴える種類のことは、江戸時代にあったことではない。自由民権運動から始まったのである。

やがて添田唖蝉坊は演歌師となって、各地をながすようになった。当時の演歌師たちは歌詞を印刷した冊子を持って、それを聴衆に売りさばいて生計を立てていたのである。

一八九四年、添田唖蝉坊は北陸路を回っていた。演歌師になって四年、唖蝉坊は二二歳だった。ときあたかも日清開戦前夜であり、清国何するものぞと好戦的気分が高まっていた。福井に入ったとき、唖蝉坊の心胆を寒からしめる事件が起こった。唖蝉坊は久田鬼石作の「干城」など数曲を歌った。[18]

……
条規正しき軍律の　下に集へる武士(もののふ)が
冬は撲たれて雪に泣き　夏は撲たれて汗に悩む
故園にましまず両親は　いかに過ごさせ玉ふらん
……
我が大君の御為に　捨つる命は惜むべき

日本刀に村田銃　鍛へに鍛へし五尺の男児
連隊旗をば前に立ち　降り来る弾丸飛び越えて
清国兵を斬り倒し　四百余州を蹂躙り
……

すると群衆の中に「支那は弱い、日本人一人で十人くらい蹴飛ばせる」と叫んだものがあった。唖蝉坊は「弱敵といってても侮ってはいけない」と言い返した。すると人びとは支那の味方をするとは何ごとだと騒ぎ始めた。袋だたきにされそうになったところへ警官が割って入り、かろうじて警察署で保護されたが、激高した群衆はなおぞろぞろついて来た。

演歌は大衆芸能であるが、お世辞にも芸術的香気が高いとはいわれない。しかし人の心をつかむことにかけては他の表現形式にまさるとも劣らない。演歌の何が人の心をわしづかみにするのかといえば、できごとに対してコミットを促すメッセージがである。それが人の心を動かし行動に駆り立てるのである。そのできごとは決して架空のできごとではない。現に日清間に起こっている紛争という事実である。

国と国の争いは庶民にとってたいへん縁遠いできごとである。庶民は自分が外交交渉をするわけではない。清国人とことばを交わしたことのあるものさえほとんどいないだろう。民衆はかつての唖蝉坊のように、日々苦役に耐え、仕事帰りに街頭でささやかな娯楽を求めるだけである。演歌はその遠いできごとを一気に人びとの体の中に押し込むのである。

どういうふうにしてか。若い唖蝉坊が聞いた久田鬼石の「干城」は、戦地にいて故郷の両親を思う兵士を取り上げる。そしてその兵士は命を的にして大君のためにたたかうのだと歌う。するとそれを聞いた街頭の聴衆は自分を兵士に重ねる。そして絵空事ではないと思う。兵士として出征することは、いつでも人びとの身に起こり得るリアルな事態だと感じる。こうして聴衆は兵士の身の上を思いやり、わがことのように感じる。

事実とは何か。庶民たちとは直接のかかわりのないところで起こるできごとである。そのできごとが近松門左衛門の『国性爺合戦』のようなフィクションであれば、人びとを慰撫し楽しませる。つくりごとであるから、人びとの実生活は少しも揺るがない。翌日にはまたいつもの日常が始まるのである。ところが条約改正とか日清外交交渉といった事実である場合は、聴衆はわがこととしてのっぴきならない危機感を抱いたり憤激したりする。

このような構造と機能を持つことばの組織は明治以前には庶民の上に働かなかった。同じ中国を舞台とした文学でも、『国性爺合戦』はまったくのフィクションである。歴史的事実は完全無視で、観客はいささかもわが身を不安に思うことなどなく、安んじて物語を楽しんだのである。

11　リアルがおし進めた国民の形成

日清戦争前後のころはナショナリズムの高揚に棹さした唖蝉坊であったが、やがて堺利彦と知り合うと、たちまち社会主義に宗旨がえした。一九〇七年には前年結成された日本社会党の評議員になっている。それから数年、唖蝉坊は社会主義宣伝のため、同志といっしょに全国を回って遊説し歌った。このとき唖蝉坊は一転して貧しい人びとを取り上げ、社会矛盾を取り上げて歌った。

あゝわからないわからない　義理も人情もわからない
私欲に眼がくらんだか　どいつもこいつもわからない
なんぼお金の世じゃとても　あかの他人はいふもさら
親類縁者の間でも　金と一言聞くときは
忽ちエビスも鬼となり　鵰眼（くまたかまなこ）をむき出して
喧嘩口論訴訟沙汰　これが開化か文明か
（わからない節[19]）

大正時代になると、世相ががらりと変わった。「明治と大正は、世相の上にハッキリした相違が現れた」と唖蝉坊は書いている。「ジゴマの活動が流行った。生さぬ仲が流行した。それらの世潮は流行歌の上に現れた。浪花節が流行して、それを映す流行歌に、どんどん節や奈良丸くずしがあった[20]」。ジゴマは映画『ジゴマ』のことである。一九一一年に封切られ、怪盗ジゴマはたいへんな評判になった。『生さぬ（な）仲』は一九一二年、「大阪毎日新聞」に連載された。作者は柳川春葉である。こちらは関西で大ヒットし、その後繰り返し舞台化、映画化された。吉田奈良丸（二代目）は浪曲師である。浪曲は一九一〇年ごろには大流行し、芸能文化関係の高額所得者はのきなみ浪曲師が占めるようになっていく。吉田奈良丸が得意としたのは赤穂浪士を読んだ義士ものであった。その読みようを真似た歌が「奈良丸くずし」である。

さて、ここまでフィクションとリアルという概念を立てて論じてきたが、フィクションとリアルの関係といっても、三カ条の教則から演劇改良運動に向かう政府のリアルと、自由民権運動が生み出した壮士節にふくまれるリアルとは、もちろん同列に並べることができるものではない。しかしさまざまな「リアル」の波が民衆の世界に複合的な大波となって押し寄せる様子を見てとることは不可能ではないだろう。いまや民衆は身近な世界に閉じ込められているのではなく、大きな世界の「リアル」に接するようになったのである。これがすなわち「国民の形成」である。

それにしてもリアルはどのようなときに力を持つのか。政治がそれを媒介するときである。政治状況が盛り上がり民衆に浸透していくとき、政治運動が民衆の支持を獲得しようとするポリティカル・ダイナミクスの中で、文化は新しいジャンルを開き進化する。大正デモクラシーの時代もそうであったし、戦後民主主義の時代もそうであった。そして一九六〇年代後半から七〇年代前半にかけての時代もやはりそうであった。それにしても一八八〇年代から九〇年代にかけての時代においては、この三つの時代とくらべてみても、文化変容の波はくらべものにならないほど大きかったのである。

12　政治運動が文化変容をもたらした時代――自由民権運動・大正デモクラシー・戦後民主主義

これまでフィクションとリアルという図式で明治の文化変容を見たとき、それをもたらした最も大きな力が自由民権運動であったことを見てきた。以下では自由民権運動の側からもう少し考えてみよう。自由民権運動は公然たる反対派として政治システムを変えるとともに、きわめて深甚な文化変容をもたらした。非常に広い範囲にわたって地殻変動のような文化変容を引き起こしたのである。見方によっては、自由民権運動は、明治最大のいや近代日本最大の文化運動だった。

文化変容との関係を、自由民権運動と対比するとすれば、思い浮かぶのは大正デモクラシーと戦後民主主義だろう。三つとも、政治運動と文化変容の間に深甚な影響関係があった。また三つとも、かたちこそ違え、欧米の政治や文化から強い影響を受けた。自由民権期の日本は官民あげて欧化に乗り出していた時期だった。大正デモクラシー期は第一次大戦後の欧米文化がながれ込んできた時期だった。戦後民主主義の時代は戦勝国アメリカの強い影響が及んだ時期だった。だから欧米の政治や文化の影響はきわめて大きかったのであるが、この三つの時期の政治運動と文化変容の関係は非常に異なっている。

自由民権運動期の場合は、政治運動が直接に新しい文化を生み出した。演説はもちろん、小説も新派劇も演歌も、みな自由民権運動から生まれたのである。文明開化ということばがあるように、政府も文化の改革には熱心だったが、自由民権運動の影響の大きさにくらべたら、口語体だの新体詩だの演劇改良運動だのの成果はくらべものにならないほど小さかった。飛躍するように思われるかも知れないが、だからこそ一八九〇年の第一回総選挙で民党は圧勝したのである。

大正デモクラシー期は、政治運動が文化変容を引き起こしたという直接の関係は認められない。政治史研究者の間では、政党政治がおこなわれたのは一九二四（大正一三）年六月から一九三二（昭和七）年五月までで、そのほとんどが昭和期に当たるとして、大正デモクラシーということばはふさわしくないという説があるが、それは右のことを踏まえての意見である。しかし第一次大戦後から満州事変までの時期に起こった文化変容は、哲学や政治思想から、絵画、音楽、演劇、大衆小説まで、さらには自由教育運動から労働運動まで、まさしく大正デモクラシーということばがピッタリするものだった。文化変容と政治の変化は密接な関係があった。前者が後者をもたらしたと考えてもいいかも知れないほどであった。

それを最もよく象徴するのが、これも唐突に思われるだろうが、与謝野晶子である。与謝野晶子は歌人であるとともに、女性の解放を訴え、新教育運動に一肌脱ぎ、協同組合活動に参加した。そのうえ数多くの政治評論を書いた。吉野作造が阿部次郎の人格主義を高く評価していたことは知られているが、与謝野晶子もまた、人格主義の思想を政治評論の根底にすえていた。吉野作造が民本主義の主唱者として政治の動向に大きな影響を与えたとすれば、与謝野晶子はその外側で、人間や社会についての考えを吉野と共有する立場から、大正デモクラシーの基盤を広げたのである。[21]

戦後民主主義の時代は、新憲法制定、財閥解体、農地解放、労働組合の育成など、全面的な大変革の時代だったから、政治変動と文化変容が同時に密接な関連のもとで起こった。戦後改革は占領下でおこなわれたし、戦後日本は東西冷戦のもとに置かれ、国内でも激しいイデオロギー対立が生じた。

イデオロギーは信仰に似ている。それを信奉するものにとっては、明々白々たる真理である。なぜそのイデオロギーが正しいのかを逐一説明する必要はないほどである。ところがそれに反対するものにとっては、人心を惑わすまがまがしい虚偽である。イデオロギー対立がしばしばすさまじい殺し合いにエスカレートするのはそれゆえである。日本でも戦争責任をめぐる政治的対立にイデオロギー対立が重なって、殺伐とした状況になった。一時期日本共産党が武装革命路線に走り山村工作隊を組織したこともあった。しかし暴力対立がとめどなく広がることはなかった。

その最大の理由は、一九三七年に日中戦争が全面化して以来、一九四五年に太平洋戦争が終結するまで、おびただしい数の国民が殺されたからである。戦後、思想対立の前線に登場した人たちの中には、戦時中政府に協力した人もいれば、消極的に抵抗した人も、沈黙した人も、獄中にいた人もいた。しかし思想的立場は違っても跋扈する軍人と軍国主義に強い批判を抱いていたことでは同じであった。丸山眞男は「悔恨共同体[22]」ということばをつかっているが、悔恨共同体は丸山眞男が念頭に置いていたであろう人びとをこえたかも知れない大きな広がりをもっていた。

そこで戦後民主主義の時代には、政治思想を語る思想家たちは、口々に自己の基礎体験を語り始めた。荒正人の『第二の青春』はその代表格ともいうべき文書であった。『近代文学』の同人であった荒正人は進歩派であったが、保守派の竹山道雄も感情豊かなエッセイで自己の基礎体験を語った。そのような思想のあり方は、戦前では三木清ほかわずかな人びとにしかなかったのだった。

三つの時期における政治運動と文化変容の関係は以上述べたようにそれぞれに違うのである。

13 幕末維新期に解放されたエネルギー

さて自由民権運動は「公然たる反対派」としてあらわれ、政治の多元化をもたらした。藩閥官僚に向かって、あなたたちは間違っているから政権をわれわれに渡せと迫り、そのための手段として国会開設をとなえた。自由民権運動は「公然たる反対派」であって、「反体制派」でも「革命勢力」でも「敵」でもなかった。どんな汚い手段を使ってでも、殺し合いをしてでも権力を奪おうとしたのではなかったのである。こうして政治上の意見の異なる政治集団が権力をめぐって競い合うというダイナミクスが始まった。それは政治的多元化の第一歩だった。そして、そのことによって、戊辰戦争で解放されたエネルギーに一定の方向性と秩序を与えた。

ペリーが来航した幕末から西南戦争が起こった一八七七（明治一〇）年ごろに至る時期は歴史学で幕末維新期といわれる。幕末維新期は暗殺が横行した物騒な時代だった。血なまぐさい殺し合いが起こった。とくに京都は暗殺が繰り返され殺気だっていた。徳川慶喜が大政奉還をおこなっても、倒幕派はあえて武力倒幕に踏み切り、鳥羽伏見のたたかいから箱館戦争に至る戊辰戦争を経て新政府の権力は武力で樹立されるというかたちをとった。そのたたかいに参加したのは、正規の藩兵ばかりではなかった。腕に覚えのある大勢の荒くれ男たちが募兵に応じた。そこには少なからぬ博徒もいた。いわゆる草莽隊もいた。博徒の黒駒勝蔵が、相楽総三のひきいる赤報隊に参加したことはよく知られている。

こうして各地で血気さかんな人びとが気勢をあげた。だから戊辰戦争が終結してもいったんはけ口を見つけたエネルギーはかんたんにはおさまらなかった。いきおいそのエネルギーは新政府にも向かった。維新期に新政府が民衆に対してとった態度は血も涙もなく、幕府にくらべてはるかに峻厳なもので、一揆の参加者などは大量に処刑されたものだったが、その理由のひとつは戊辰戦争の余波で世情が不安になっていたことだった。そのエネルギーは西南戦争が起こった一八七七年ごろまで渦巻いていた。

西南戦争は自由民権運動にとっても痛手になった。その後しばらく運動は停滞する。それが再び盛り上がるきっかけをつくったのが一八七九年に発表された福沢諭吉の『国会論』だった。これによって国会開設という明確な目標を手にした自由民権運動はにわかに活気だっていった。こうして自由民権運動は、戊辰戦争で覚醒した士族や豪農たちの動きに秩序と方向を与えることになるのである。

14　政治小説——矢野龍渓の『経国美談』

少しばかり時計の針を戻そう。

一八七四年に板垣退助らが民撰議院設立建白書を左院に提出した。建白書は有司専制を批判し天下の公論にもとづく政治を実現するため国会開設を求めた。これに対して政府は漸進的に立憲政治に移行するとして一八七五年に漸次立憲政体樹立の詔を発するとともに、反政府派の運動を封じ込めにかかった。七五年に讒謗律や新聞紙条例を、八〇年には集会条例を制定してきびしく取り締まった。

政治的主張を訴え、大勢の支持者を獲得するためには、言論によるほかないが、主張を表現する方法やそれを伝える方法を考えると、自由民権運動が必然的に巨大な文化運動でなければならなかった理由がわかる。政治的主張は新聞や集会で伝えられる。それを表現する形態は、まずは論説であり演説である。しかしそれに尽きない。スローガン、歌、演劇、詩、小説など実に多様である。集会が禁止されれば、街頭で演説し、街頭での演説が禁止されれば、コントや芝居で訴える。そのようにして文化の表現は多様化し、それに接触する人たちはまたたくまにふえていく。自由民権運動は、そういうかたちで日本の文化を変革し、近代文化の形成に非常に大きな役割を果たしたのである。

その様子を具体的に見てみよう。

日本近代文学史の最初のページは自由民権運動系の新聞に連載された政治小説から始まった。数多くの政治小説が書かれたが、中でも矢野龍渓の『経国美談』は政治小説の最高傑作であった。いや明治時代に書かれた小説の最高傑作のひとつであった。『経国美談』は古代ギリシア史から素材をとった歴史小説で、読者はそこから民主政治の力を読み取った。『経国美談』は一八八三年に前編が、翌八四年に後編が、矢野自身社長を務めた報知社から刊行されてベストセラーになった。矢野は福沢諭吉の高弟のひとりであり、改進党の幹部であり、交詢社の憲法案を書いた知識人であり、『郵便報知新聞』を出していた報知社の経営者であり、小説家であった。このような矢野の活動分野の広さと深さそのものが自由民権運動の広がりと深さを示しているといっていいだろう。

政治小説は当面の政治問題を直接論じるのではなく、西洋史や同時代の世界を舞台にとって民権を訴えた。たとえば東海散士の『佳人之奇遇』は一九世紀後半の国際政治のエピソードをたくみに拾い上げて物語を進めている。読者は胸を高鳴らせて政治小説をむさぼり読んだ。そして政治とは何か、政治が社会の何を変えるのかに、思いを馳せた。とくに若い読者は血湧き肉躍る思いで、わが身に密接な関係のあることとして読んだのである。国木田独歩や徳冨蘆花など一八八〇年代に成人した世代の多くの人がそれを証言している。それまで小説といえば娯楽の対象であり絵空事だった。滝沢馬琴の『南総里見八犬伝』は勧善懲悪をとなえたが、それを読んだ読者はふるい立って行動を起こしたわけではない。歌舞伎の観衆もわが身に密接な関係があるものとして舞台を凝視したわけではない。人びとは安全地帯にいて楽しんだ。ところがいまや小説は、めざすべき天下国家のイメージを具体的に表現するための重要な手段に変わったのである。

15 新体詩——植木枝盛の「民権数え歌」

日本近代詩の幕開けを告げる『新体詩抄』があらわれたのが一八八二年である。それは自由民権運動が最高潮に達した年だった。そのうえ新体詩が発表された舞台裏には自由民権運動の人脈が見え隠れする。なるほど『新体詩抄』に自由民権の詩は見えない。しかしよく読まれた『新体詩歌』は『新体詩抄』が出た二ヶ月後に出版されていて、その『新体詩歌』には、板垣退助の遭難事件を取り上げた詩や自由党幹部だった小室屈山の詩など、自由民権をうたう詩が数編収録されている。小室屈山の本名は小室重弘、自由民権運動のリーダーのひとりで、一八八九年、『新愛知』(今日の『中日新聞』)の主筆となり、九四年には衆議院議員になっている。新体詩は、自由民権運動のエネルギーと、明六社的な啓蒙の力と、文明開化をめざす動きと、そういういくつもの力が作用反作用を繰り広げる中で生み出されたのである。

矢野龍渓は改進党系だったが、自由党には植木枝盛がいた。植木は天賦人権論の論説を書き、憲法草案をつくった。そして数え歌をつくり新体詩を書いた。一八七八年に流行した「民権数え歌」は植木枝盛の作詞と伝えられている歌である。歌詞の始まりは次のようである。

一ツトセー
人の上には人ぞなき
権利にかわりがないからは
コノ人じゃもの

二ツトセー
二つはない我が命
すてても自由のためならば
コノいとやせぬ

人はみな平等、同じ権利を持つ、自由をたたかいとるために命をかける、と「民権数え歌」は短く言い切る。維新から一〇年そこそこ、まだ大多数の日本人が平等も権利も自由もろくろく理解していなかったころに、植木たちは民衆に語りかけた。何ときっぱりと政治の理想を叫んだものだろうか。

植木枝盛には『自由詞林』という詩集がある。一八八七年に刊行された。ここに収録された詩はいずれも形式的には七五調の新体詩で、内容的には自由民権をうたう政治詩である。漢詩でいう詠史に当たる。こころみに「自由の歌其の二」の一節を引いておこう。

さればパトリク　ヘンリーは
天に誓いて　我われに
自由を与えよ　しからずば
死を授けよと　叫びけり
（＊表記は現代表記に改めた）

自由と民主主義のたたかいの故事を西洋史から選び出して、それを詩にうたったのであるから、発想は漢詩の詠史とまったく同じである。欲をいえば日本史から佐倉惣五郎だの高野長英だのも引っ張り出してほしかったが、自由と民権を主張するには西欧の事跡を引くしかなかったということが、良くも悪くも明治人の宿命だった。

「自由の歌其の二」と「民権数え歌」を並べると、「民権数え歌」のほうに溌剌とした気概を感じるのはわたしだけだろうか。しかし「自由の歌其の二」も、『新体詩抄』におさめられた外山正一の「抜刀隊の詩」などとはくらべものにならないほど思想の香りが高い。とはいえ外山も、自由民権に共鳴していたのである。ついでに小室屈山の「自由の歌」もその出だしの三行を紹介しておこう。

天には自由の鬼となり。　地には自由の人たらん

自由よ自由やよ自由。汝と我れがその中は
天地自然の約束ぞ。千代も八千代も末かけて

日本近代詩の誕生も自由民権運動の影響を受けていた。と言い切ってしまうと言い過ぎだが、あながち間違いともいえない。詩人の蒲原有明は一八八〇年代をふりかえって、フランス革命やルソーの影響は大きく、自由はその時代の「最高感情」だったと回想している。

16　明治一四年の政変と板垣退助遭難事件

明治政府は演劇改良に努めたが、その努力の大なるにかかわらず、実際に演劇改良の実をあげたのは政府筋とは関係のないところから起こった新派だった。新派を代表する存在といえば川上音二郎であるが、川上は自由民権運動の一翼に参加し政府批判を繰り広げた。オッペケペー節が有名である。それによって川上は何度も公演禁止を申し渡されたのだった。一八九一年、川上は堺市で新しい演劇を始めた。舞台に立ったのは書生や壮士といった人びとだったので、書生芝居、壮士芝居と呼ばれた。もちろん歌舞伎の所作などとは無縁の素人演技だった。しかしそれが演劇改良運動のめざす西洋劇のリアリズムに合致するものと見なされたのである。現実の政治運動はもちろんリアリズムに徹しているわけであるが、そのリアリズムが壮士芝居のリアリズムを生んだというのは興味深いことである。たしかに歌舞伎の所作やせりふ回しでは、とても政府批判の迫力はつくり出せなかっただろう。

一八八〇年に国会期成同盟が結成され、運動は国会開設という具体的な目標を得て大きく高揚した。

政府は一八八一年に、国会早期開設をとなえた大隈重信を追放するとともに、一〇年後を期して憲法を制定すると約束した（明治一四年の政変）。一方自由民権運動の側では、多くの私擬憲法案がつくられ、自由党が結成され、板垣退助が総理（党首）になった。国会の位置づけについては、国会を開いてそこで憲法を制定するのか、政府に憲法発布を迫って議会開設を実現するのかという論争があった。天賦人権と人民主権の原理からいえば、当然、前者の道を選ぶべきであるが、現実問題としてそれは期待できなかった。政府から追放された大隈重信も改進党を結成して自らその党首におさまった。

『新体詩抄』が出る半年ほど前、八二年四月に板垣退助が岐阜で暴漢に襲われるという事件が起きた。岐阜事件である。このとき負傷した板垣のもとに天皇の勅使がつかわされた。これは政府反対派も「陛下の反対派」であるということを内外に闡明した象徴的なできごとだった。自由民権運動は藩閥官僚と激しく争ったが、それは権力闘争であって革命運動ではなかった。そのことで政治的多元化が進んだのである。

板垣が遭難したその年のうちに、早くも「東洋自由曙」という芝居が高知の堀詰座で上演されている。演じたのは鶴五郎錦蔵一座。六月であったからわずか二ヶ月後である。さらに七月には「花吹雪伊奈波黄昏」が岐阜末広座で、八月には名古屋の宝生座で演じられた。こちらは両方とも中村七賀十郎一座が演じた。[23]

これらはいわゆる壮士芝居であるが、やがてそこから新派が姿をあらわしてくる。川上音二郎が堺で川上書生芝居を旗揚げしたのは九一年のことであった。同年、川上は上京し、『板垣君遭難実記』などの芝居を上演した。陣羽織に鉢巻、手には日の丸の軍扇といういで立ちでオッペケペー節を歌い一大旋風を巻き起こした。それまで芝居といえば歌舞伎しかなかったから、やがて歌舞伎の旧派に対して川上らの芝居は新派と呼ばれるようになる。

17　政談演説会

自由民権運動はさかんに演説会を開いた。そして演説会が開かれると、非常に多くの聴衆が会場に足を運んだ。ちなみに演説会は有料だった。政府の取り締まりはきびしく、弁士の演説が政府批判に及ぶと、会場で立ち会っていた巡査が「弁士中止」を叫んで演説会を解散させた。「上に政策あれば下に対策あり」で、もちろんこんなことで活動家たちはおめおめと引きさがることはなかった。演説がだめなら街頭で節をつけて歌おうと、演歌（壮士節・書生節）が誕生した。彼らは「ダイナマイト節」などを歌いながら、聴衆に歌詞冊子を販売したのである。有名なのが添田唖蝉坊である。書生芝居（壮士芝居）と演歌はほぼときを同じくして、自由民権運動から生まれたのである。

以上のように書いただけでも、民衆の熱気が伝わってくるではないか。実は自由民権運動の演説会が大いに人を集めたのに危機感を抱いたのが、講談師たちであった。彼らはつくりごとばかりでなく、政治の実話に取材した新しい講談をつくらなければ商売が成り立たなくなるとして、実際に、試行錯誤するのである。歌舞伎界も同様の危機感に悩んだ。役者たちは川上一座の芝居を観にいったりして、歌舞伎の改良方を模索したのである。

もう少し運動の中心に近づいてみよう。見えてくるのが、小説であり詩である。政治はことばである。政治的主張をさまざまなかたちでメッセージとして発信する。論説があり、演説があり、小説があり、詩があり、演劇がある。さらには運動会まで。自由民権運動発祥の地であった高知では、いまでいう運動会が開かれた。地域の人たちが大勢集まって武道訓練をおこなったのである。

ジャーナリズムは明治になって起こったといって過言ではないが、明治初期から中期にかけての新聞は反政府系が優勢だった。自由党系や改進党系の新聞には国会論や天賦人権論が掲載され、中江兆民や植木枝盛らの論客が健筆をふるった。また政治小説が連載された。江戸時代には小説は「女子ども」が読むものとされていたが、政治小説に読みふけったのは徳冨蘆花や国木田独歩などの書生たちだった。こうして小説は、それが描く内容においても、それを読む人びとの属性においても、面目を一新した。『経国美談』は日本近代文学史上に輝く政治小説の名作である。著者は矢野龍渓。大隈重信の片腕であった。憲法草案を書いたりした。政治小説は坪内逍遙の『小説神髄』や『当世書生気質』などより、よほど大きな影響があった。

政治が盛り上がるとき、詩心がおどるのである。そして詩が生まれる。わたしは日本近代詩で第一にあげるべきは板垣退助のことばではないかといいたい誘惑に駆られることがある。

「板垣死すとも自由は死せず」

実際にはこのことばは、事件のとき板垣のそばにいた内藤魯一のことばではないかという説もあるが、いまとなっては確かめようがない。

民衆の詩心をあおるのは、むしろ戦争のほうかも知れない。実際、日清戦争談を読んだ美當一調の軍事講談や、武士道鼓吹をひっさげて登場した桃中軒雲右衛門の浪花節はたいへんな人気になった。とくに浪花節は二〇世紀前半の半世紀にわたって日本の芸能の中で最も楽しまれたのである。浪花節は叙事詩というべきであるが、浪曲師が読んだ主題はもっぱら義理人情や仁義忠孝であり、デモクラシーの対極にあった。そして対外戦争の繰り返しの中で、『板垣君遭難実記』はいつの間にか民衆の記憶の底に沈んでいくのだった。

註

（1）福沢諭吉の子ども向け読み物については、桑原三郎『児童文学の故郷』岩波書店、一九九九年。
（2）志賀は述べている。桜が日本人の心をあらわすというが、桜の花は咲いたと思うと散ってしまう。雨にも風にも弱い。だから日本人の心をあらわすのにふさわしくない。松柏は日本全土に生えている。堂々と高く伸び、常緑で、「孤高烈風を凌ぎて扶持自ら守り、……誰か品望の高雅なるを嘆ぜざらんや」と（『明治文学全集37　政教社文学集』筑摩書房、一九八〇年、七ページ）。
（3）「武蔵野」には二葉亭四迷の文章を引用したあとにつづけて次のような記述が見える。「即ちこれはツルゲーネフの書たるものを二葉亭が譯して『あいびき』と題した短編の冒頭にある一節であつて、自分がかゝる落葉林の趣きを解するに至つたのは此微妙な叙景の筆の力が多い」。『明治文学全集66　國木田獨歩集』筑摩書房、一九七四年、五ページ。
（4）以上、黙阿弥についての記述は、河竹登志夫『黙阿弥』文藝春秋社、一九九三年、一三九ページ〜一四〇ページ。
（5）『日本近代思想大系18　芸能』倉田喜弘校注、岩波書店、一九八九年、三八五ページ。
（6）『河上肇自叙伝』（1）、岩波文庫、一九九六年、二八ページ。
（7）アゴーンはかけっこなど、アレアはくじなど、イリンクスはジェットコースター遊びなど、ミミクリーはおままごとなどを意味している（ロジェ・カイヨワ『遊びと人間』清水幾太郎・霧生和夫訳、岩波書店、一九七〇年）。
（8）稲田雅洋『自由民権の文化史　新しい政治文化の誕生』筑摩書房、二〇〇〇年、三二〇〜三二一ページ。
（9）倉田喜弘『近代劇のあけぼの　川上音二郎とその周辺』毎日新聞社、一九八一年、一四ページ。
（10）歌詞は古茂田信男・島田芳文・矢沢寛・横沢千秋編『新版　日本流行歌史』（上）、社会思想社、一九九四年、一五〇ページ。
（11）同右、一五五ページ。
（12）井上精三『川上音二郎の生涯』葦書房、一九八五年、三七ページ。
（13）松永伍一『川上音二郎　近代劇・破天荒な夜明け』朝日選書、一九八八年、三五ページ。なお引用元は未見。
（14）芳賀綏『言論と日本人』講談社学術文庫、一九九九年、三六ページ。
（15）同右、四一〜四二ページ。
（16）岡本綺堂『ランプの下にて　明治劇談』青蛙房、一九六五年。
（17）添田唖蝉坊『唖蝉坊流生記』刀水書房、一八八二年、二五ページ。

（18）以下の記述は、『唖蝉坊流生記』六一～六三ページによる。
（19）同右、一五一ページ。
（20）同右、二三一ページ。
（21）与謝野晶子の評価については広岡守穂『ジェンダーと自己実現』有信堂、二〇一五年にくわしく書いておいたので参照していただきたい。
（22）悔恨共同体ということばについては、たとえば『丸山眞男集』第10巻、岩波書店、二〇〇三年、二五四ページ～。
（23）板垣退助遭難事件が舞台化された詳細については土屋桃子「板垣退助遭難の芝居：明治一五年の作品を中心に」『岐阜大学国語国文学』第38号、二〇一二年、による。

第三章

中江兆民——自由と浩然の気

アダム・スミスが利己心と利他心をくらべて利己心のほうが利他心よりはるかに強いと述べたように、またトマス・ホッブスの社会契約説が自己保存を出発点にしたように、西洋の政治思想は政治経済理論を組み立てるときに自己利益から出発する。しかし東アジアでは儒教の影響のもとで、献身や自己犠牲が倫理のかなめであった。儒教が最も重んじた孝は親に対して子が献身的に尽くすことである。『孝経』は短いもので庶民にも広く読まれた文献であるが、そこでは孝は宇宙の構成原理のような位置づけになっている。

明治維新以後、日本人は天賦人権論や社会契約説をはじめて知ることになるが、自己保存から出発する思想に、少なからぬ日本人は反発や抵抗を感じた。天賦人権論を受け入れた人たちさえ、自由のために死ぬことを高らかにうたうなど、自己犠牲のヒロイズムを肯定していた。

そういう中で「東洋のルソー」とうたわれた中江兆民の思想は、たいへん興味深いものがある。兆民はルソーのピティエ（憐憫）を孟子のいう惻隠の情に当たるものとしてとらえ、社会変革を起こす権利としての自由を孟子のいう浩然の気に当たるものとしてとらえたのであった。

1　自由

明治初期の人びとにとって自由ということばには魔術的な力があった。いまの福島県三春町の裕福な郷士の家に生まれた河野広中は、戊辰戦争のときに兄とともに三春藩の新政府への帰順を進め、板垣退助の知遇を得た。河野は一八七〇年になっても漢学と国学しか知らなかった。ところが中村正直の『自由乃理』（一八七二年）を読んで一朝にして思想に大革命を起こした。そして河野はたちまち自由民権運動に身を投じたのだった。のちに河野広中は、自由と権利がいかに大切かを痛切に感じたと回想している。

自由ということばは強烈な魅力を発した。人びとは自由にふるい立ち自由のために行動した。それまで忠とか義とか奉公とか面子といったことばでしかたたかうことを知らなかった人たちにとって、自由のためにたたかうのはまったく新しい思想体験であり感情体験であった。主君のご恩に報いるために軍役に服するのでも、戦功を立てて恩賞にあずかるのでもない。敵に恨みをはらすという復讐感情に動かされるのでもない。もっと大きくて抽象的な価値のためにたたかう。それによって自分にどんな見返りがあるかは問題ではなく、すべての人びとが目に見えない価値によって裨益する。それが自由のためのたたかいだった。

とはいえ自由は必ずしも人民主権論に結びついていたわけではない。自由民権運動の指導者たちがとなえたのはせいぜい「君民共治」であって、それは藩閥官僚とそれほど違うものではなかった。自由民権の活動家が口ずさんだ「よしや節」は「よしやシビルは不自由でもポリチカルさえ自由なら」と歌ったが、シビル（市民生活）が不自由でもポリチカル（政治）が自由であればいいというのは、考えてみるとまことに倒錯している。しかし人びとはそれが倒錯だとも矛盾だとも感じなかった。ついこの間まで忠義一本槍だった士族たちにとって、自由は新しい使命感によるたたかいのモラルだったのである。

自由は西洋わたりの概念だった。とくにジョン・スチュアート・ミルとハーバート・スペンサーの影響は絶大だった。ミルの『自由論』は一八五九年に出版された。それが中村正直によって翻訳され『自由乃理』として日本人の前にあらわれたのは一八七二年のことであった。スペンサーの『社会静学』は一八五一年に公刊されたが、それが松島剛の翻訳で『社会平権論』として出たのは一八八一年である。だいたい三〇年ほどの時間のずれがある。

自由民権の思想的指導者たちは、植木枝盛にせよ、中江兆民にせよ、馬場辰猪にせよ、大井憲太郎にせよ、みな熱心に自由を論じた。それは「自由」という見慣れない概念に説明が必要だったからというよりも、国権と民権をつなぐキー概念とされたからである。自由民権運動は国家の独立をめざして国権の拡充をとなえ、そのためにも民権の充実を求めた。ナショナリズムの色の濃い運動だった。

たとえば大井憲太郎は『自由略論』で自由政体が最もすぐれている、何となれば「政治自由ニシテ…」として、その理由をいくつも並べている。いわく「始テ天理ニ適シ、人性ニ合フヲ得ベシ」。政治が自由であることは天理にも人性にも合致している。さらにつづけて「民安ク国治マリ」、そしてまた「社会各人其国ヲ愛スルノ情アリテ」「其国ニ力ヲ尽シ」とそのリストは長い。「政権一様ニ享受シテ。壟断ノ弊ナク」「民権世ニ行ハレテ。人屈辱ヲ免レ」「賢能進ンデ其職ニ居リ。不肖者党援ヲ儌倖スル所無ク」「言論集会宗教亦自由ナリ。故ニ教化行ハレ民福増ス」と。リストはまだつづくのであるが、最後は「民産豊カニシテ。邦国自カラ富ム」。政治が自由なら国が豊かになるというのである。自由はあたかも万能薬のごとしであった。[1]

大井憲太郎は一八八五年の大阪事件の首謀者として逮捕されたことで知られている。そのとき景山英子もいっしょに逮捕された。大阪事件は自由民権運動の激化事件のひとつである。大井は自由民権運動と朝鮮人民のたたかいを結びつけようとした。こういう事件であったし、その生涯はよくわからないところもあるため、直接行動も辞さぬ自由党の急進左派と考えられているが、もともと大井憲太郎は箕作麟祥のもとでフランス学を学び、明治政府にも出仕したことのある知識人だった。獄中で書いた『自由略論』は理路整然とした大きな論作である。

植木枝盛は、民権と国権の関係について、一八七九年に「民権を張らざれバ国権を張り独立を保つ事も出来ず専制の政治ハ竟に国を売るに至るものであります[2]」と述べ、言論の自由について、その翌年、国家の国家たるゆえんは人民がお互いに談論風発して意見を通じ、そのことによって「一致結合スル」がためであると論じている。[3]自由民権運動のナショナリズムは、民族の歴史と伝統だの民族の特殊性だのを根拠とするのではなく、どの国にでも通用する普遍的な理念にもとづくナショナリズムだった。

それにしてもここに紹介した自由は、どことなく競争と市場メカニズムのにおいがしないだろうか。人びとが自由になれば人材登用が進み、国富が増すというのだから、どうしても自由競争を思い浮かべる。民権を張らなければ国権は栄えない。ミルは功利主義に則った哲学的急進主義の旗頭だったし、スペンサーは適者生存を信奉する社会学者だった。そこまではわかる。しかし、である。そこから秩序建設のエネルギーは生まれるのだろうか。つまり封建社会とたたかって自由な社会をつくろうとする勇気は、功利主義から生まれるのだろうか。もしも自由がない社会で権力者が横暴だったら、自己保存の本能に従って生きている人は革命に立ち上がるだろうか。専制政治のもとで自由を主張するのは命がけである。勇気がいる。快楽を最大に、苦痛を最小にすることを金科玉条に生きる功利主義者が、自分の命を的にしてまで声を上げるだろうか。

2 ルソーと兆民

東洋のルソーといわれたのが、自由民権運動の理論家であり自由党のリーダーのひとりであった中江兆民である。たしかにルソーと兆民には似たところがある。ふたりとも奇矯な言動が目立つとともに卓越した文筆家（エクリヴァン）だった。

ジャン＝ジャック・ルソーは社会契約論をとなえコルシカ憲法草案を書くなど、政治思想家として民主政治の巨大な礎石を置いた人だが、同時に教育論を書き恋愛論を書いた。『孤独な散歩者の夢想』では自然に対するいきいきした感受性をあらわしたし、『告白』では告白という手法の文学的可能性を見せつけた。

兆民は明治初期において最も人民主権論をよく理解していた人物のひとりであった。明治憲法が発布されるとき、その条文を逐一議会で吟味するべきであるとして「憲法の点閲」をとなえた。国民の代表が逐条審議しておかしいところは修正するべきだというのだから、堂々たる正論というべきである。そして第一回衆議院議員選挙に立候補して当選した。民党は議席の多数を占めたが、自由党は予算案に賛成するか反対するかで割れた。結局いわゆる土佐派の裏切りで予算案は可決された。すると兆民はすこぶる怒って、議会は「無血虫の陳列場」だという激しいことばを残して議員を辞した。

ルソーと兆民はともに人格円満の対極にいた存在だが、その人格は実に鮮やかだった。ルソーは自然体験の感動を発信するに値することと考え、自分自身は子どもを孤児院にあずけたくせに教育論をつきつめて考えた。中江兆民は義太夫に熱中したことを広く知らしめる値打ちがあると考えた。江戸時代には歌舞伎や義太夫は町人の文化だった。政治をつかさどる武士には好ましからざるものだった。だから明治になると政府のお声がかりで演劇改良運動が始まり、歌舞伎関係者は大いに困惑したのだった。義太夫はもっと庶民的な芸能である。そういう文化を愛好することを兆民は堂々と語ったのである。そうかと思うと死を目前にひかえて無神論を発表したりした。喉頭がんをわずらい余命一年半と宣告されると兆民は『一年有半』を書いた。『一年有半』は兆民の「告白」ともいうべき書だった。痛快な人物月旦がのっているが兆民の人物評は実におもしろい。『一年有半』がベストセラーになると書肆は息絶え絶えの兆民に続編を書くよう懇請した。兆民は病魔とたたかいながら『続一年有半』を書き上げた。こちらは打って変わって唯物論を展開した思想書だった。ルソーも兆民も、言行不一致というべきか、強烈な自己顕示欲というべきか、どちらでもかまわないが、その強烈な個性がヨーロッパ人の自然観に大きな影響を与えたり、日本の文化変容に多大な影響を与えたりしたのである。なお付け加えておかなければならないが、兆民は政治経済の理論雑誌を刊行し仏学塾を営んだ。社会主義者になった幸徳秋水は兆民の高弟である。

さて『民約訳解』などで兆民のルソーを読むと、兆民が儒学を介してルソーを理解したことがよくわかる。たとえばルソーのピティエについて中江兆民はそれを孟子の「惻隠の情」に当たるものと解した。ピティエは憐憫の情のことである。困っている人に同情する感情である。人はピティエを感じたときにはじめて道徳意識に目覚める。そして人と人はピティエによって結ばれる。ルソーはピティエを起点として、そこから「一般意志」へ飛び移っていく。「一般意志」は人民主権にもとづく統治の原理体系を構想する根拠となる概念だった。

これに対して兆民も惻隠の情に社会変革のエネルギーを求めている。良き社会をつくるためには惻隠の情にもとづかなければならないというのだ。そのためには、我欲を抑えなければならない。その我欲を抑える力が孟子のいう「浩然の気」であるとした。浩然の気とは、道徳的な当為を実践するために必要な勇気のことである。だから社会正義を実現するのは浩然の気を養った人物なのだという。そしてそれが「自由」なのであった。兆民はフランス語のリベルテをそのようなものと解した。

3　自由・平等・友愛

「自由・平等・友愛」はフランス革命がかかげた標語である。そのうち自由と平等については、これまで数限りない研究が蓄積されてきた。自由と平等はトレードオフの関係にあることが明らかにされ、機会の平等と結果の平等といったことばがつかわれる。機会を平等にしようとすれば、結果は不平等にならざるを得ず、結果を平等にしようとすれば機会を不平等にせざるを得ないといわれる。その通りであろう。わたし自身は自由と平等について「自由な自己実現のための平等な機会」というかたちで定義したらどうかと考え、それについてこれまで何度か考察したことがある。

それはともかく、いずれにしてもフランス革命がかかげた「友愛」についての研究はそれほど多くない。というか、友愛は自由平等にくらべて政治原理として補助的な、あるいは二次的な原理と見なされてきた。

それは理由のないことではないだろう。なぜなら友愛は共同社会が意思決定に到達するための制度を導き出す原理としてはいかにも不十分だからである。何といってもわかりやすいのは、共同社会のすべての構成員が、自由かつ平等な存在として共同社会の意思決定にかかわるべきだという考え方である。共同社会にはさまざまな問題がある。このとき多くの問題について多数意見と少数意見が分かれるだろう。こういう場合、共同社会の意思は多数者の意思によるべきである。しかしだからといって少数者の権利を侵害してはならない。以上が民主主義の原理である。

以上のような論理構成の中で友愛が占める位置はどこにあるのだろうか。多数決制や代表制を導く原理は自由と平等だけで十分である。人はみな侵すことのできない基本的な権利を持つというところに友愛が意味を持つのだろうか。そうだともいえ、そうでないともいえる。ともあれ基本的人権は友愛によって導かれるというより、あべこべに、自由と平等とそして友愛のすべてを基礎づける原理だというほうが筋道が通っているし、わかりやすい。そうなると友愛の占めるべき位置は小さくなるように見える。

わたしは友愛とは家族を構成する原理としてとらえるべきだと考えている。そしてそれが集団や組織をつくる原理に拡張されるとき友愛が完成した姿をあらわすと考えている。フランス革命の時代は男性優位だったから、友愛はホモソーシャルな平等をあらわしているといわれる。つまり男たちの平等である。それはその通りだが、もうひとつ踏み込んで考えると、それは男きょうだいの平等である。家父長制的な父子関係から、対等な男きょうだいの関係へ、家族を構成する原理の転換を意味しているのだ。家族は愛し合う男女が自発的に結合してつくるものであって、夫婦のつながりが最も重い。家代々のつながりより夫婦のつながりのほうが重いのである。そのことを革命の成果として表現したのがナポレオン法典、すなわちフランス民法だった。

家族は社会の最小の単位であるから、それを敷衍すればおよそ社会組織は自発的につくられるべきだということになる。それが社会契約説の基本原理であるし、多元主義思想の基礎である。

4 ピティエ（憐憫の情）と社会契約

もう一度ルソーのピティエに戻ろう。友愛という概念について考えるとき、真っ先に思い浮かべるのがフランス革命に巨大な影響を与えたルソーのピティエ（憐憫の情）である。ルソーは人間の持つピティエを非常に重要視し、人間が社会をつくる根底にはそういう感情が存在するのだと考えた。憐憫の情について、ルソーは次のように書いている。

「憐れみが一つの自然的感情であることは確実であり、それは各個人における自己愛の活動を調節し、種全体の相互保存に協力する。他人が苦しんでいるのを見てわれわれが、なんの反省もなく助けにゆくのは、この憐れみのためである。また、自然状態において、法律、習俗、美徳の代わりをするものはこれであり、しかもその優しい声にはだれも逆らおうとしないという長所がある。すべての丈夫な未開人に、どこかほかで自分の生活物資が見つけられるという希望があれば、か弱い子供や老人が苦労して手に入れた生活物資を取り上げる気をおこさせないのは、この憐れみの情である。……」(4)

ルソーは弱者に対する憐憫の情が社会的紐帯の基礎なのだと考えている。この点は同じく社会契約説をとなえたトマス・ホッブスやジョン・ロックとくらべてはなはだしく異なる点である。ホッブスは人間は自己保存の欲求に導かれて国家をつくるのだと考えた。ロックは所有権を守るために政府をつくるのだと考えた。どちらも社会をつくる動機は利己心である。すなわち自分を危険から守るために社会契約を結ぶのである。これに対してルソーの考えでは、人間は他者をたすけるために社会をつくるのである。ルソーは利己的な動機だけでは安定した社会はつくることができないと考えた。だからわざわざ、人は憐憫を感じるまでは道徳的に無記なのだと書いている。一見社会状態のように見えても、人びとが憐憫の情を経験する以前にはそれは真の社会状態ではない。つまりホッブスやロックの論理では真の意味の社会を導くことはできないのだというわけである。ルソーによれば、ピティエ、すなわち憐憫の情が備わっているからこそ、人間は真に安定した社会をつくることができるのである[5]。

ピティエは友愛の根底にある。そう考えるとピティエは人びとを革命に立ち上がらせる勇気を生み出す感情であり、友愛とはそもそも社会をつくるエネルギーのことなのである。

5　利己心と利他心――アダム・スミスの場合

さて自由民権家がこぞって読んだミルとスペンサーは功利主義にもとづいていた。つまりさかのぼればアダム・スミスの徒だった。

利己心と利他心を比較して、利己心のほうが利他心より、くらべものにならないほど強いのだと論じたのがアダム・スミスであった。スミスはそこから出発して、人間は所詮利己心を抑制することはできないのだから、道徳によって利己心を抑えることには限界がある。人間性を変革しようとするのは無理である。だから社会を良くするためには、道徳によって人間性を向上させるのではなく、社会のルールを変えるほうが良い。社会のルールを変えて、もし利己心を満たしたかったら、否が応でも社会のためになるような行動をしなければならないようにすればいい。スミスはそう考えた。

ここから出てくるのが自由競争であり自由市場である。問題は自由競争のもとで、はたして人間は道徳的に向上するのかということであるが、スミスは向上すると考えた。自由競争が実現しているところでは、真面目で実直な人なら必ず社会の中の上まではいくことができると、スミスは断言している。なぜなら自由競争に勝ち抜くためには、より良き商品やサービスをより安く提供しようとする創意工夫、勤勉さ、約束を守る誠実さなどの美徳が要求されるからである。人間が利己心に駆られて行動していても、社会のルールしだいでは、道徳的にすぐれた人が成功するというのだから、これはたいへん印象的なことばである。

スミス以後、功利主義的な人間観が経済学において重要な根底をなすようになっていった。いや経済学ばかりでなく政治学でも重要な柱になった。どうしてそうなったかというと、功利主義的な人間は数学的な処理に馴染みやすいからである。そして功利主義的な人間観では、共感だの同情だの憐憫の情だのは、どうしても二次的な位置しか占めなくなる。利己心が利他心よりずっと強いとするならば、利他心にもとづいてどんな理論をこしらえても、たちまち利己心によってくずされてしまうだろう。だが社会の構造はどうあれ、社会のルールをどうつくろうが、人間に利他心がなくてもいいというわけでは決してない。スミスは利己心と利他心を比較したら利己心のほうがずっと強いと論じたのだが、中には利他心そのものをも利己心によって説明しようとするものもいる。どういう理屈かというと、たとえば、かわいそうな人に同情するのは自分がその人より優位にあると感じているからだ。そういう優越意識がある以上、同情心から行動するのは利己心を満足させるためだという主張である。詭弁である。優越意識があろうがなかろうが、かわいそうだという感情は自然に生まれてくる。その自然の感情を押し殺すのは正直でない。まして自然の感情を批判するのは間違っている。

6　社会のルールをつくるのはだれか？

ここでひとつの重大な疑問が生じる。それは、だれがどのようにしてルールを変えるのか、という問題である。

社会は富や権力をはじめ、さまざまな価値が不平等に配分されているシステムである。大きな価値を受け取っている人もいれば、小さな価値を受け取っている人もいる。獅子の分け前を得ている人はなまなかなことではルールの変改には応じないだろう。もしもその人たちの価値が既得権によって守られているとしたら、ルールは容易なことでは変えられないだろう。フランス革命はルールの変革を成しとげた最も劇的な歴史的事件のひとつであったが、一七八九年から第一帝政までの一〇年間には血みどろの殺し合いが起こったのである。

スミスは『道徳情操論』で、人間が社会秩序の中で安心して生きることができるのは同感（sympathy）の感情があるからだと主張している。同感は他者の評価を気にする感情である。スミスによれば、同感も利己的な感情である。そうなると疑問はますます重大になる。同感の感情によって他者の評価を気にしながら生きているような人間に、不正なルールをなくすために立ち上がるほどの勇気があるだろうか。社会秩序の変改を求めて権力に立ち向かう人がいなければ、ルールはおいそれと変えられまい。ルールの変改を求めて声を上げれば、それだけで弾圧され殺される危険が大いにある。政治は多かれ少なかれ、命を的にする営みである。命をかけたたたかいは、同感だの利己心だのといった感情だけではとても支え切れるものではないのではないだろうか。

スミスが書いた本は『道徳情操論』（一七五九年）と『国富論』（一七七六年）の二冊だった。いずれもアメリカ独立やフランス革命以前に書かれたものである。イギリスでは名誉革命を経ていたが、フランスを支配していたのは絶対王政だった。ドイツやイタリアは統一さえまだずっと先のことである。ヨーロッパのブルジョア階級はようやく勃興期を迎えたばかりだった。

だれがどのようにしてルールを変えるのか。これはすこぶる重大な問題であるが、すぐに答えようとするのはやめよう。その前に、孟子と中江兆民の思想を見ておきたい。中江兆民は東洋のルソーといわれるほど、ルソーから大きな影響を受けた人物である。そして兆民は孟子を媒介にしてルソーを受容したのであった。

7 惻隠の情と孝

さてピティエは孟子のいう惻隠の情にたいへんよく似ている。似ているというより同質の感情である。孟子は性善説をとなえた。孟子の性善説とは次のような思想であった。人間には惻隠の心があり、羞恥（羞悪）の心があり、謙遜（「辞譲」）の心があり、是非の心がある。そして惻隠の心は仁の端であり、羞恥（羞悪）の心は義の端であり、謙遜（「辞譲」）の心は礼の端であり、是非の心は智の端である。これが有名な四端の説である。人間に四端あるがゆえに、人間は良き社会秩序をつくることができるのだというわけである。

ただ孟子は、人間の本性には四端があるから、だから何の努力もなしに良き社会秩序ができるのだとは考えなかった。その四端から大きな力を解放して悪を押さえ込まなければ社会は良くならない。そのためには「浩然の気」を養わなければならないと考えた。

孟子のいう四端はいずれも利己心を克服するために人間の心に生まれつき備わっている感情である。孟子がとなえた性善説そのものは儒学者たちに広く受け入れられたわけではなかった。むしろ長い間少数意見だったというべきだろう。しかし中国では利己心の克服が道徳の中心課題であったことは疑いを入れない。

何のための利己心の克服なのかというと、それは孝のためであった。中国では親に対する孝が道徳項目の中心に置かれた。『孝経』は孝を道徳の根源であり社会を支える基本原理であるとした。宇宙の根本原理とさえいっている。『孝経』は『論語』とともに、家庭で子女の教育のために広くもちいられた。

日本では孝は中国ほど重視されなかったが、日本で孝を体現した儒学者といえば中江藤樹（一六〇八～一六四八）が代表格である。藤樹もまた『孝経』を重んじ孝は「万事万物の道理」だと考えた。忠は支配階級である武士にのみ妥当する徳目である。これに対して孝は武士も庶民も、すべての人間に普遍的に当てはまる徳目である。このことに藤樹は人間平等の視点を見出したのである。中江藤樹は江戸時代初期の陽明学者である。祖父は武士だったが父は農民として近江に住んでいた。やがて祖父に伴われて仕官するが、父が死ぬと故郷に置いてきた母親の身を案じて母親に尽くすために脱藩して帰郷する。藤樹は「近江聖人」といわれるほど、故郷の人びとに慕われた。

孝は親という他者につかえることである。利己心の克服であり自主性の抑制が要求されるわけであるが、それは無制限ではないにせよ、自己実現の放棄、対象に対する献身への集中を促すだろう。親のあとを継いだり、親の言いつけを守ったりするためには、しばしば自己実現を断念しなければならなくなるだろう。職業も結婚相手さえも、自由には選べなくなる。

孝とはそういう道徳箇条である。スミスやロックのような人間観とは相容れない。スミスは利己心から出発し、ロックは所有権の擁護から出発するのだから、『孝経』が説く献身や自己犠牲の道徳とは水と油ほどにも違う。これに対して孝の道徳箇条には、必ずしも直結するわけでないとはいえ、ルソーに通うものが内在している。それはルソーのピティエと孟子の惻隠の共通性によくあらわれている。ピティエも惻隠もともに、あるべき社会秩序を築くために欠かすことのできない要素として位置づけられているのである。

8 中江兆民

東洋のルソーと称された中江兆民はルソーの社会契約論を翻訳した。『民約訳解』がそれであるが、兆民はしばしばルソーの概念を、儒学とくに孟子の概念に当てはめて理解している。中でも印象的なのは「リベルテー・モラル」を「浩然の気」と解したことである。兆民は自由を「リベルテー・モラル（精神心思の自由）」と「リベルテー・ポリチック（行為の自由）」のふたつに分け、リベルテー・モラルをリベルテー・ポリチックの基礎に置いた。そしてリベルテー・モラルについて兆民は、それは「浩然の気」と同じものだと論じている。「浩然の気」というのは孟子のことばで、人間が道徳心に目覚めて道徳に則った行動をしようと決心したときに、心の中に生まれる「おおらかな力強い気分」のことである。孟子はこの浩然の気を養い育てていくことが大切だと論じた。孟子は性善説をとなえたが、だからといってただちに良き社会ができるわけではないと考えた。良き社会を打ち立てるためには強靱な意志を持たなければならないとした。その強靱な意志力を養うのが「浩然の気」なのであった。「浩然の気」

は義と密接につながっている。義を実現する原動力であるが、義がおこなわれないと「浩然の気」は萎縮してしまうと孟子は論じている。兆民はルソーの自由の概念を孟子の浩然の気の概念に当てはめて理解したのである。

兆民は「民権是れ至理也、自由平等是れ大義也、是等理義に反する者は竟に之が罰を受けざる能はず、百の帝国主義有りと雖も此理義を滅没することは終に得可らず[6]」、と述べている。有名なことばである。民権は理、自由平等は義である。理義に反するものは最後には必ず滅びると述べているわけだが、この文章の少し後に、利に従うものは理義を実現することはできないとして、次のように述べている。

「我邦人は利害に明にして理義に暗らし、事に従ふことを好みて考ふることを好まず、夫れ唯考ふることを好まず、故に天下の最明白なる道理にして、之を放過して曾て怪まず、永年封建制度を甘受し士人の跋扈に任じて、所謂切棄御免の暴に遭ふも曾て抗争することを為さゞりし所以の者、正に其考ふること無きに坐するのみ[7]」。

目先の利にとらわれている人間は理義を正すことができないというのであるが、明らかにこれは、自己保存の本能から出発したり（ホッブス）、所有権の擁護から出発したり（ロック）するのとは違う思想である。兆民の立場に立てば、自己保存の欲求や所有権の保存にしがみついている人間は、社会の不正に立ち向かうことはできない。そういう人間は保身のために汲々としているだけである。不正をただし社会を改善するためには、勇気が必要である。その勇気を養うのが「浩然の気」である。

兆民は一八九〇年、第一回衆議院議員選挙に大阪四区から立候補して当選した。議員になった兆民は立憲自由党の結成に奔走し、『立憲自由新聞』の主筆になった。だがいわゆる「土佐派の裏切り」によって政府予算案が成立したことに怒って辞職した。在職期間はわずか八ヶ月だった。民党の大同団結にだれよりも熱心だった兆民だけに、絶望も深かったに違いない。のち時間が経つにつれて、兆民は自由党系政治家に対する批判をつのらせていく。

「政友会の主なる部分を為せる自由党は、歴史古く地盤固く、且つ彼輩深くベンタム的利己学の実験に得る所有りて、唯だ利禄是れ図りて、復た人間羞恥の事有るを知らず[8]」。

この文章に顔をのぞかせているのは、利害と理義は異なる原理だという考えである。功利主義的な人間は、自分の利益ばかり考えて行動する。だから無理難題をふっかけられたり言いがかりをつけられたりしても、わが身が危ないとなれば、恥も外聞もなく唯々諾々と従うばかりである。他方、理義はそういうものではない。理とは民権であり、義とは自由平等である。最後の最後には必ず理義が勝つ。しかし理義を実現させるためには暴政とたたかわなければならないし、それを支えるのは「人間羞恥の事」である。「人間羞恥の事」は孟子の四端でいうと義の端である。スミスの「共感」とよく似た概念である。ただし利己心との関係がまったく反対になっている。利己心にとらわれていたら、理義のために危難をものともせずに雄々しく立ち上がることはできない。ベンサム的功利主義からは政治秩序をつくり出そうとするエネルギーは生まれない。これが兆民の考え方であった。

9 勇　民

中江兆民は儒教の教えから理と義を取り上げ、理義を大切にする人間でなければ新しい秩序を建設することはできないと考えた。利に従う人間は自己保身に汲々としており理義のために立ち上がる勇気など持たないからである。兆民がロックやホッブスでなくルソーの徒でなければならなかった理由はここにある。

わたしは先にスミスの自由競争にふれたところで、問題はだれがどのようにしてルールを変えるのかだと書いたが、この点について兆民は「良、乱、勇、惰、四民の分析」と題した興味深い文章を書き、「勇民」がそれを実行するのだと述べている。兆民は人間を、「良民」「勇民」「乱民」「惰民」の四種類に分けた。良民は日々の勤労にはげんでいる。良民とは農民であり、職人であり、商人である。しかし良民だけでは公正な社会秩序を守ることはできない。社会公共のために、一身の利害を度外視して、雄々しく不正に立ち向かう人たちがいなければ正義は実現できない。それが勇民である。これに対して乱民はただ「乱擾無紀」を好み、世の中が乱れることに快哉を叫ぶものであり、惰民とは親が残した財産に徒食して「飽食暖衣」するばかりの無為な人たちのことである。そして兆民は勇民と乱民を混同してはならないといい、惰民をもてはやしてはいけないとして論説をしめくくっている。

「ああ世の一種の論者はややもすれば彼の勇民の活発果敢の行為を認めてこれを乱民中に列し、口を極めてこれを詆毀し、彼の惰民が峨冠博套揚々市上に往来して脳中一物なく、唯他人の賜に由りて豚痴雞呆の生涯を閑過するを見て、これを憎むを知らずしてかへつてこれを羨むがごときは彼れ誠に何の心ぞや」(9)。

「良、乱、勇、惰、四民の分析」は、一八八八年三月、『東雲新聞』に連載された。これは徳富蘇峰が『国民之友』誌上で、士族の終焉を説き壮士無用論をとなえたのに対する反論として書かれたものである。

スペンサーの社会学に大きな影響を受け、一九世紀の社会は武備機関中心から生産機関中心に移りつつあると考えていた蘇峰からすれば、士族はまさしく武備機関の末裔であり、当然滅びゆくべき存在であった。一八八六年に書かれた『将来之日本』の中で、蘇峰は武備機関中心の社会では軍隊組織が社会組織のモデルになっており、人間と人間の結合は「強迫ノ結合」によってつくられている。人民は国家のための存在とされ、国家と国家は対外的に争っていると述べ、これに対して生産機関中心の社会では「自由ノ結合」が人間関係をつくっており、政権は多数の手に握られ、国家が人民のためのものとされ、対外的には平和になると述べている。こうして蘇峰は平民主義をとなえたのである。

「武備機関ノ発達シタル社会ハ唯不平等主義ノ支配スル所ナリ。生産機関ノ発達シタル社会ハ唯平等主義ノ支配スル所ナリ。故ニ武備社会ノ現象ハ悉ク貴族的ノ現象ナリ。生産社会ノ現象ハ悉ク平民的ノ現象ナリ。ソレ一国ノ生活ヲ保ツハ唯此ノ二機関ニアリ。而シテ二機関ノ両立スル能ハサルコト此ノ如ク其一国ノ政治。経済。知識。文学。社交。即チ一国ノ性質品格ニ各一種特別ノ感化ヲ及ホスコト此ノ如シ(10)」。

一方兆民は、一八七一年に、欧米に派遣された岩倉使節団に随行した四三名の政府留学生の一人であった。翌年、兆民がパリに到着したとき、パリは混乱のきわみであった。一八七〇年に普仏戦争が勃発し、二ヶ月もせぬうちにフランスは敗北した。ナポレオン三世がプロイセンに降伏すると、パリで暴動が起き第三共和制が宣言された。七一年、ベルサイユで休戦条約が結ばれたが、パリでは民衆が蜂起して三月パリ・コンミューン政府が成立した。世界最初の労働者の政府であった。しかし五月にコンミューン政権は崩壊する。このようにフランスの政情はまことに不安定だった。フランスがこの政情不安から立ちなおろうとしているところに兆民は到着したのである。

兆民はフランス政情から学ぶところが多かったに違いない。第三共和制下のフランスでは、王制か共和制かの体制選択の議論が激しくたたかわされていた。第三共和制は「共和派なき共和制」といわれることがあるように、共和制の基盤は確固たるものではなかった。兆民が滞在していたときの大統領はティエールで、彼は王党派とたたかっていた。兆民はティエールに「大政治家」の俤（おもかげ）を認めた。また共和派左派のガンベッタを高く評価した。第三共和制はやがてじょじょに定着していくが、その初期の苦難に満ちた姿を、兆民は自分の目で見たのである。

このときの経験から、兆民は王政だろうが共和制だろうがたいした違いはない、問題は政治の実質だという「君民共治論」の視点を獲得したのだし、新しい秩序を最初から建設するには一身の利害を度外視して天下国家のために献身できる人間が欠かせないのだという「勇民論」の視点を獲得したのである。この後者の視点は、徳富蘇峰とも、また福沢諭吉とも、決定的に違うところであった。

蘇峰と諭吉はともにめざすべき産業社会、あるいはめざすべき市民社会の社会像をみごとに描き出した。しかしふたりとも、めざす社会への移行が、だれによって、どのようにして実現されるか、そこにはどんな障害が待ち構えているかについては、無関心だった。まったく無関心であったわけではないにしても、比較的無関心だった。

兆民が「良、乱、勇、惰、四民の分析」を発表した一八八八年三月は、激化事件のためにいったんは解党した自由党が、きたるべき憲法発布、国会議員選挙に向けて、体制を立てなおしているさなかであった。自由民権運動に集まった壮士たちの中には、蘇峰が嫌悪し、兆民が乱民と名づけたタイプのものも少なからず混じっていた。幕末の尊王攘夷の浪人を気どり、自由民権の意味もろくに解せず、ただ大言壮語して反政府の気勢をあげる乱暴者も少なからずいた。戊辰戦争に動員されたならずもののような人士が混じっていてもおかしくなかった。政治変革はそのようなはみ出しもののエネルギーを巻き込んで進行するものであることを、兆民は認識していたのである。

10　孝と利他心

ルソーの人間観と孟子の人間観には通じるものがある。両者に共通するのは人間には利他心が備わっているということである。それを媒介にして中江兆民はルソーを受容した。兆民は好んで儒教のことばをつかっているが、儒教の徳目の中で兆民が重要視したのは理と義であった。

利他心の強調はまさしく儒教道徳の本質である。しかし考えてみると、利他心は真っ先に理義において発現したわけではなかった。もちろん理も義も重視されたが、仁や礼も重んじられた。いや何より孝が最も重要な徳目だったのである。親に尽くす。それこそ利他心の最高の道徳箇条であった。中国で庶民にも読まれた『孝経』は短いものだが、孝を宇宙の原理として位置づけているほどである。

儒教は人間関係を具体的な関係にそって考えた。人間関係には親疎があり、親密な関係の人を疎遠な人より大切にするのは自然の情であると考えた。たとえば見知らぬ他人より知人を知人より家族を大切にするのは人間の情だというわけである。その自然の情を大切にするのが道徳だとした。孔子は「孝悌」すなわち親や年長者に対する尊敬の念が秩序形成の基礎だとし、孟子はその孝悌にもとづいて、父子の親、君臣の義、夫婦の別、長幼の序、朋友の信という五倫をとなえた。この五倫によって社会秩序が保たれるのだとしたのである。父子・君臣・夫婦・長幼・朋友は朋友を除いて上下関係であり、いずれも孝悌にもとづくのであるから、いわば下のものが上のものにとるべき態度が語られているわけである。

兆民の思想には孝悌を基礎にして発展する要素は見られない。たかだかある種の配慮をしているだけである。たとえば『民約訳解』で兆民は「共和」を「自治」と訳すべきだと主張している。兆民はそもそも共和ということばに反対だった。たとえ王様がいても、民が自分たちで法律をつくり他から制約を受けなければ、それは自治の国だ。皇帝や王がいたとしても、それは「長吏」に過ぎないと考えていた。このように兆民は君臣の義をきわめて限定的にとらえていた。だが実際には「共和」ということばをつかった。藩閥官僚にも民権派にも、兆民のいう意味での「自治」に賛同する人はいなかっただろう。配慮が働いたのである。

こうして見ると兆民の理義は親しい人（たとえば親）に対する利他心の発現ではない。理義はもっと大きなもの、いわば「公」の原理である。それを打ち立てるためには不正や権力とたたかう勇気が必要である。その勇気の源が利他心なのである。

11　忠孝一本

兆民は少数派であった。明治の日本では、道徳箇条の中で最も重んじられたのは忠と孝であった。明治憲法制定期と第一次世界大戦後をくらべると、市民生活を律する道徳についての考え方、たとえば男女関係の考え方などは変わるが、こと国家生活に関する限り、明治以後も戦前期を通じて忠孝が最も強調された。すなわち理や義ではなく忠や孝を最も重要な価値とする人たちが政府の道徳政策を長く左右したのである。

忠と孝はともに、下位のものの上位のものに対する行為を律する徳目であって、社会の指導者が則るべき徳目ではない。仁や義とはそこが違う。儒教道徳が支持されていたことに近代日本の封建的性格が象徴されているといわれる。間違いではないが、仁や義よりも忠孝がはるかに強調されたところに真に深刻な問題があった。重要なのはこの点である。

中国の儒教と日本とが大きく違うのは、忠の位置づけである。中国では忠は義の裏づけがなくてはならず、主君が有徳でなければ臣下は主君のもとを去るべきであった。「君、君たらざれば去る」である。しかし日本では「君、君たらずとも、臣、臣たらざるべからず」ということが強調された。いかに横暴な主君であっても、臣下はとことん臣下の分を尽くすべきであるというわけで、極端な場合には「諫死」が説かれた。主君が人の道に外れたおこないをした場合、臣下としてなすべきことは死をもって諫めることだというのである。

これはどう考えても、上層の指導者が則るべき道徳ではない。いかに上のものが非道でも、下のものは我慢して忍従しなければならないということになると、忍従が極限に達したら暴発するかも知れない。我慢に我慢を重ねたあげくに行動を起こすというパターンである。それは周囲の人間から「心情は察するに余りある」として陰ながら、ときには表立って、賞賛されることさえあった。昭和維新を叫んだテロリズムはしばしばそのようにしてたたえられ、実行行為者は英雄気どりになったのである。テロリズムを、赤心から出たやむにやまれぬ行為として賞賛する風潮はかなり広範囲に見られた。大正期から昭和戦前にかけて大流行した浪花節が好んで取り上げたのは、義侠ものであり仇討ちの物語だった。流行作家の山本周五郎は、身をすてて忠義を尽くす人物を好んで描いた。その主人公の多くは物語の最後に、突然、行動を起こし悪者を消し去るのである。

一方で、中国の儒教にはテロリズムを賞賛する思想はない。童心説をとなえた明代の陽明学者・李卓吾にそれに通じる側面があるが、李卓吾は異端の思想家として捕らえられ獄中で自殺した人物である。

しかるにその李卓吾に傾倒したのが吉田松陰であった。

近代日本で忠孝が強調された源流は水戸学にあった。後期水戸学を代表する会沢正志斎は『新論』の中で忠孝一致を説いた。それがのちに忠孝一本といわれるようになる。忠孝一本とは、王朝交代を繰り返してきた中国と違って、天皇が悠久の昔から支配する日本では忠と孝は同じものだという思想である。そして水戸学の国体論を奉じた人びとはこぞって忠孝一本をとなえた。やがて教育勅語が定められたとき、水戸学の思想はかなり深い影響を及ぼした。忠孝一本は明治維新のイデオロギーと密接に絡まり合い、国体論とともに権力の正統性の基礎に位置づけられた。

12　井上哲次郎の国民道徳論

教育勅語が定められたあと、一八九〇年代から国民道徳論がやかましくとなえられるようになった。井上哲次郎の『国民道徳概論』は、日本の忠がいかに重要な徳目であるかを強調して、中国では朱子も君臣は義によって結びついているとしているが、日本では君臣を結びつけているのは義だけではない。親子のような情愛が君臣を結びつけているのであると主張している。(11)

井上哲次郎によれば、日本では君臣は義だけでなく、同時に家族的な情誼によって結ばれている。なぜかといえば、日本では「個別家族制度と総合家族制度とが和合」しているからである。それは日本特有である。「忠孝一本の道徳は特に日本丈に行はれて居る。支那(しな)には無い。西洋にも無い。何処にも無いのであります」(12)。井上哲次郎は、総合家族制度と個別家族制度という概念を立てて日本が世界に比類のない存在であると説明している。

井上哲次郎は一八九〇年にドイツ留学から帰国し東京帝国大学文学部教授を務めた。帰国の翌年には教育勅語の解説書である『勅語衍義』を書いた。井上はこのころから一九二〇年代まで国民道徳論の主要な提唱者であった。

忠孝一本とは日本では忠と孝は同じものであるという考えである。忠も孝も下位のものが上位のものに尽くすことがかなめである。だが下位のものが上位のものに尽くすことでどうして社会の基礎は強固になるのか。満足のいく説明はできないだろう。たとえばもしも主君が暴君であったらどうか。ひたすら臣下の本分を守って主君に尽くすだけだったら、社会秩序は最後にはこわれてしまうだろう。吉田松陰は「諫死」をとなえて、主が暴虐非道であるとき、臣下は死をもって諫める。ひとりが諫死しても主の行動がおさまらなければ、次の臣下が諫死する。こうして主の行動が改まるまで諫死する。最後まで改まらなければ人民がひとりもいなくなるだけだ、と論じている。こういう考えでは社会統合そのものが損なわれてしまう。

尽くすこととは別に、統治者が守るべき道徳、統治者が踏むべき道というものがあるはずである。儒教には君主は有徳でなければならないという思想があった。徳治主義の理念である。孟子は易姓革命をとなえた。君主が暴虐であったら、臣下はそういう君主につかえてはならない。君主を弑するべきだというのである。中国流の暴君放伐論である。主君でなくても指導者には指導者たるべき道徳があるはずである。

ところが日本の場合、万世一系の天皇が統治する国だという考えが、有徳でない君主には君主の資格がないという思想を押しのけてしまった。北畠親房は『神皇正統記』で、天皇がおこなうべき徳について事実上の議論をしているが、そういう議論は江戸時代になるとかげをひそめる。まして明治にはおそれ多いことになった。そこで治者の道徳ではなく、被治者の道徳ばかりが説かれた。すべての国民は天皇に忠でなければならない。そして同時に親に孝でなければならない。日本においては忠と孝は同じである。国民道徳論はこの地点を目的地とした。だから国民道徳論者たちは尽くすことだけで十分だと考えたのである。(13)

中江兆民と井上哲次郎が決定的に違うところは、兆民が社会秩序をつくるという次元でものを考えているのに対して、井上はすでにある社会秩序を維持する次元で考えているところである。さらに付け加えていえば、福沢諭吉は私利が公益につながると論じて、「利」の重要性を力説した。福沢諭吉が提示した道徳が「利」であり、徳富蘇峰が社会進化の原理としたのも「利」であったとすれば、兆民は「理義」を原理にすえ、井上哲次郎は「忠孝一本」に依拠したのである。

13　ピティエ再考——ルソーの社会契約論

さてもう一度ルソーに立ち戻ってみたい。

本章のはじめに引用したルソーの文章を思い起こしてもらいたい。「憐れみが一つの自然的感情であることは確実であり、それは各個人における自己愛の活動を調節し、種全体の相互保存に協力する。他人が苦しんでいるのを見てわれわれが、なんの反省もなく助けにゆくのは、この憐れみのためである。……」

ルソーはここからただちに社会契約まで飛躍していく。ルソーの考えはこうだ。社会をつくる以前の人間は自分のことばかり考え他者のことが目に入らないから、道徳的には無記の状態にある。そういう人間が社会契約を結んで社会をつくると、社会をつくった瞬間から、人びとはそれ以前とはまったく違う存在へと変化する。ルソー自身のことばによれば

「このように自然状態から社会状態に移行すると、人間のうちにきわめて大きな変化が生じることになる。人間はそれまでは本能的な欲動によって行動していたのだが、これからは正義にもとづいて行動することになり、人間の行動にそれまで欠けていた道徳性が与えられるのである。そして初めて肉体の衝動ではなく、義務の声が語りかけるようになり、人間は欲望ではなく権利にもとづいて行動するようになる。それまで自分のことばかりを考えていた人間が、それとは異なる原則にもとづいてふるまわなければならないことを理解するのであり、自分の好みに耳を傾ける前に、自分の理性に問わねばならないことを知るのである(14)」。

ルソー以前に社会契約説をとなえたトマス・ホッブスやジョン・ロックでは理性が決定的に重要な役割を与えられていた。ホッブスの場合、自然状態にいる人間たちは互いに孤立していて、まるでジャングルの中をさまよっているかのようにびくびくしながら生きている。あるとき突然、人びとは理性の光に導かれて、こんな不合理なことはないと悟り、社会契約を結ぶ。ロックの場合、人びとはすでに互いに交流しつつ生活を営んでいる。ところが自分さえよければというものがいる。そこでそういうものをルールに従わせる必要から人びとは社会契約を結び政府をつくる。ロックにせよホッブスにせよ、いずれも人間は理性によって社会契約を結ぶという構成になっている。

ところがルソーの説によれば、人びとはお互いに感情的な紐帯によって社会契約を結ぶのである。そして社会状態に入ると、人間は理性的になり、完成に向かって成長する。ルソーは次のように書いている。

「社会状態では人間は、自然状態に於いて享受していたさまざま利益を失うが、その代わりにもっと大きな利益を手にするようになる。人間のさまざまな能力は訓練されて発展するし、思考の幅は広くなり、感情は高貴なものとなり、魂の全体が高められる」[15]。

理性による契約は当事者を依然として孤立した状態に置くだろう。しかし感情による契約は当事者の一体感をいちじるしく深め強化するというわけである。そしてここまでがルソーの魅力的なところであって、ここから先の論理には不気味さが伴ってくる。ルソーによれば社会契約によって全体と個は完全に一致する。完全に一致するとは、人びとは全体の「一般意志」に服従することを求められるということである。「われわれ各人は、われわれのすべての人格とすべての力を、一般意志の最高の指導のもとに委ねる。われわれ全員が、それぞれの成員を、全体の不可分な一部としてうけとるのである」[16]とルソーは書いている。つまり服従することによって自由になるというのだが、服従によって自由になるとはどういうことだろうか？　「一般意志」に合致できない人びとをどんな運命が待ち受けているのだろうか。これは明らかに危険な道である。

14　ピティエが働くのは一回だけではない

わたしは一般意志の問題をしばらく置いておきたい。人は感情的なつながりを意識するとき、自分を孤立から救うことができるのだというところで、そこから先はルソーとは別れたい。そして違う道をたどってみたいと思う。人間には他者を思いやる心が備わっている。そういう心をルソーは「ピティエ」と名づけた。「ピティエ」はルソーの思想の中で非常に重要な位置を占める概念である。そしてわたしがいいたいのは、二一世紀のいま、そういう感情体験がデモクラシーを考えたり実践したりするときに、決定的に重要なのではないかということである。

ルソーは一回きりの感情体験を踏み台にして、そこからただちに一般意志に飛び移っていく。しかしわれわれにとって必要なのは一足飛びに一般意志へ飛び移ることではない。人間が数限りない感情体験を積み重ねることに注目することである。ピティエが働くのは一回きりではないのである。

どういうことか説明しよう。

ルソーがピティエが働く対象としてあげているのは飢えている子どもや老人である。LGBTのような性的マイノリティや識字障害のような見えにくい障害を持つ弱者のことを考えていたわけではない。しかし今日人びとがLGBTや識字障害の青年を理解し受け入れることについても、ルソーがいうのと同じことが当てはまる。ただしいくつかの条件を付してのことだが。なぜなら異性愛者の偏見がLGBTの当事者に対して激しい暴力となり、健常者の無理解が識字障害の青年の心に暴力となって襲いかかることがあるからである。ルソーのいうピティエは、ここでは直接には働かない。多数者は容易に弱者を受容するわけではない。事実はむしろ逆である。弱者に対する偏見をつくるのは多数者である。

それならば偏見差別を受けている少数者に対する同情や紐帯はどこから生まれるか。まずは同じ属性を共有し、同じ偏見差別にさらされている人たちの集まりから始まるだろう。やがて日常の暮らしで親しくしている間柄へと理解の輪は広がる。お互いに相手の人柄を受け入れて親しくしている間柄において、性的少数者であるとか、識字障害であるとかいうことは疎隔の理由にはならない。とにかく小さなグループが、まず彼らを受けとめる場所になるのである。

ルソーがお互いの顔の見える小さな集団を民主主義の場と考えたのは重要である。憐憫の情は道ばたで飢え死にしそうになっている人を見たらただちに生じる。しかしそれだけではない。憐憫の情は、親しい人間関係の中から、時間をかけて、少しずつ姿をあらわし、やがて大きな声となる。大きな社会の中では秘匿されている性志向や性自認だの識字障害だのが、同じ属性の人びとの間で共有され、親しい間柄の中で、あらわされ受け入れられる。やがて勇気ある人がカミングアウトし、共同社会の人びとに訴える主張となり、人びとの認識を変え、そして共同社会の意思決定の前提条件そのものを変える。

この場合の前提条件とは基本的人権の具体的内容ということである。基本的人権の含意は必ずしも多数決によってでなければ変えられないわけではない。ごく少数の人間の問題について、なぜ多数者が基本的人権として認めるのかを考えれば、それがルソーのいうピティエによるものであることは明白である。ピティエが作用する領域の問題は、深い議論と異質な他者に対する理解とによって、揺るぎない合意形成がおこなわれることを可能にするのである。「少数者の権利」はこのようにして「多数者の意志」を動かし「多数者の意志」によって守られるのである。

ピティエは、お互いの顔が見える小さな集団の中ではじめて強い働きをする。いや、もうピティエとか憐憫の情ということばをつかうのはやめて、友愛ということばに置き換えよう。友愛とはすなわち、ピティエのことである。民主主義はさしあたって大きな社会の意思決定のルールであるが、しかし小さな集団の中でピティエ、すなわち友愛が作用していなかったら、大きな社会の意思決定ルールとしての民主主義は決して十分には機能しないのである。

ルソーは一回きりの感情体験を踏み台にして、そこからただちに一般意志に飛び移っていく。それは少数者の権利を真に理解する道とはまったく反対の方向に向かう道である。われわれにとって必要なのは一般意志へ飛び移ることではない。全体の意思決定を根拠づける議論はロックにまかせておけばいい。

われわれに必要なのは数限りない感情体験の累積に注目することなのである。

15　死の床で書かれた『一年有半』と『続一年有半』

さて中江兆民に目を転じよう。

一八九一年二月に議員を辞職してからの兆民はいっきょに輝きを失ってしまうように見える。六月、北海道に渡り、紙問屋を開いたり、鉄道事業にかかわったり、ブローカーまがいの行為に手を染めたりした。その間、東京や大阪を頻りに往来した。金策のためと見られる。兆民は議員辞職以来、政治家、とくに旧自由党系政治家に対する激しい憎悪を抱いていたようである。一九〇〇年に、伊藤博文によって伊藤系官僚と旧自由党政治家を中心として立憲政友会が誕生する。すると兆民は弟子の幸徳秋水に頼んで「自由党を祭る文」を『万朝報』に書かせた。対外硬をとなえる近衛篤麿の国民同盟会に名を連ねた。同会には犬養毅、頭山満、陸羯南らも参加していた。憲法の点閲を主張した兆民は、いまや対露強硬論に与（くみ）するのである。同会はまもなく対露主戦論を叫ぶようになる。そしてその矢先、一九〇一年、兆民は喉頭がんに倒れる。

こうして見ると議員辞職以来、兆民はそれまでの言動とはまったく対極に振れたかのようである。政治と言論から実業へ、理と義から利へ転回したように見える。『三酔人経綸問答』で、兆民は南海先生、洋学紳士、豪傑君の三人を登場させ談論させている。洋学紳士は西洋知識を持つ理想主義者で、豪傑君は現実主義的な力の信奉者で海外への膨張を主張する。その間で南海先生は酒を汲みながら韜晦（とうかい）する。兆民は洋学紳士から豪傑君に姿を変えたかのようである。変節とも堕落とも見える。だがこういうところも、少年時代は盗みや虚言で素行が悪く、おとなになってもたびたび放浪し、自分の子どもを孤児院にあずけたりしたルソーと対比したくなる。

政治思想家の生き方はさまざまである。政治家はもちろんだが、田中美知太郎のような書斎派の学者もいれば、清沢洌のようなジャーナリストもいる。北一輝のように刑死したものも、大杉栄のように虐殺されたものもいる。中江兆民は実業の世界に転身した。あまりうまくいかなかったようだが、成功したかどうかはともかく、政治の世界から身をひいて実業界に転じたことをもって、変節とか堕落とかいうのは偏狭な政治主義である。実業家に失礼というものではないかとわたしは思う。

兆民の一生を眺めると、若いころはフランス留学、政府に出仕、仏学塾経営、学術書出版と、安定した生き方をしていた。それから政界に身を投じた。そして実業の世界に乗り出す。年齢を重ねるに従って、少しずつ安定から冒険へと社会空間を移動した。これはわたしが想像するに、兆民は魑魅魍魎（ちみもうりょう）が跋扈（ばっこ）する利の世界に身を投じて、毎日がおもしろくて仕方がなかったのではないだろうか。

いずれにしても、ルソーも兆民も、彼ら自身の言説を裏切って、といっていいと思うが、ピティエだの憐憫の情だのということばでは決して形容できない、多種多様な感情体験を繰り返し経験したのである。そしてピティエから一足飛びに一般意志に、惻隠の情から一足飛びに「勇民」に移った。それは時代の限界というものだったと思う。もちろんそれはふたりが思想家として時代の先端を行ったことの意味を少しも失わせるものではない。

兆民はがんを宣告されてから三ヶ月で病魔と闘いながら『一年有半』を書き、さらに一〇日ほどで『続一年有半』を書き上げた。そして力尽きた。

註

（1）『明治文学全集12　大井憲太郎・植木枝盛・馬場辰猪・小野梓集』筑摩書房、一九七三年、五二〜五三ページ。
（2）同右、一二六ページ。
（3）「言論自由論」『植木枝盛集』第1巻、岩波書店、一九九〇年、六五ページ。
（4）ジャン＝ジャック・ルソー『人間不平等起源論』本田喜代治・平岡昇訳、岩波文庫、一九七二年、七四〜七五ページ。
（5）ジョン・エーレンベルク『市民社会論』吉田傑俊監訳、青木書店、二〇〇一年、参照。
（6）『中江兆民全集』第10巻、岩波書店、一九八三年、一七七ページ。
（7）同右、一七七ページ。
（8）同右、一五八ページ。
（9）『中江兆民評論集』松永昌三編、岩波文庫、一九九三年、一五四〜一五五ページ。
（10）『明治文学全集34　徳富蘇峰集』筑摩書房、一九七四年、五六ページ。
（11）井上哲次郎『国民道徳概論』三省堂、一九一二年、二七七ページ。
（12）同右、二六八ページ。
（13）第二次世界大戦後になってからであるが、このような道徳観が政治の混迷と軍国主義の台頭を招いた一因になったことを指摘したのは和辻哲郎であった。
（14）ジャン＝ジャック・ルソー『社会契約論／ジュネーヴ草稿』中山元訳、光文社古典新訳文庫、二〇〇八年、四八〜四九ページ。
（15）同右、四九ページ。
（16）同右、四一ページ。

第四章

帝国日本の完成と煩悶青年の登場

法体制の整備は明治日本の宿願であったが、それが整備された一八八〇年代後半から、日清日露の両戦役を経て第一次世界大戦にかけての四半世紀で帝国日本が誕生する。だがどういうものか日露戦勝の栄光を手にして、国家が発した戊申詔書には国民を褒め称えることばは見えない。そこにあるのは、なおいっそう頑張れと国民を叱咤する帝国の姿であった。

帝国日本のもとで自我形成をとげる人びとの間には煩悶する青年が目立つようになる。平塚らいてうや石川啄木は代表的な煩悶青年であった。近代化による社会変容が引き起こすアノミー、工業化に伴う貧富の格差の拡大、それに国民を引き締めようとする国家の道徳政策によって、その後一九三〇年代まで煩悶は青年の思想形成において大きなテーマになった。

人はなぜ生きるか、人はどこへ行くか、西田幾多郎の哲学には煩悶の刻印が深く刻まれている。そしてそれが若い人びとを惹きつけたのであった。煩悶は人生の謎から生まれるだけではない。なぜ社会矛盾は存在するのか、いかにしたらそれを解決することができるのか。堅牢な壁のような秩序に閉じ込められていると感じたとき、青年は煩悶した。

1　道徳のリアル

第二章でわたしは、フィクションとリアルという視点をこしらえて、明治初年の啓蒙から自由民権運動までのながれを眺めてみた。そしてリアルがフィクションを押しのける道を自由民権運動がつくったのではないかという仮説を提起してみた。近代は実証主義の時代である。実証主義といっても、それは科学的なものの見方から社会問題への関心まで非常に多様である。自然をながめる美意識にもフィクションとリアルはある。だから変化の主たる要因を自由民権運動だけに求めるのはもちろん無理がある。しかし自由民権運動がきわめて大きな役割を果たしたことは間違いない。

第二章のテーマに関連して、もうひとつ道徳の問題にふれることからこの章を始めたい。西村茂樹の『日本道徳論』が刊行されたのは一八八七年のことであった。ちょうど学校教育制度が整備されつつあった時期であり、それを主導したのは森有礼であった。森有礼は一八八五年に成立した伊藤内閣の文部大臣として学校教育制度の整備に力を尽くし、森のもとで八六年にその後の教育制度の基本となる五つの学校令が公布された。

そのころ教育の根本をどこに置くかで論争がたたかわされていた。とくに道徳教育の性格と位置づけについては意見の食い違いがあった。西村茂樹は伊藤や森の欧化主義に疑問を感じていた。そこで西村は『日本道徳論』（一八八七年）を著し、伝統的な儒教を基本としてそのうえに西洋の学問の要素を取り入れるべきだと論じた。西村は道徳には「世教」と「世外教」のふたつがあるとし、「世教」は道理を主とするもので儒教や西洋の哲学が該当し、「世外教」は信仰のうえに成り立つものでキリスト教や仏教がこれに当たるとした。そして儒教を基本に、それに西洋の論理を取り入れ、「世教」による道徳を教えるべきだとした。「世外教」をすてて「世教」をとる。そこにリアルの力が働いていることはいうまでもないであろう。

しかしここで留意しておかなければならないのは、西村の道徳論が一八八〇年代後半からの保守化の流れに棹さすものだったことである。一八七〇年代に道徳の教えとして最も広く読まれたのは福沢諭吉の『学問のすゝめ』（一八七二〜一八七六年）と中村正直の『西国立志編』（一八七一年）であった。いずれも自立して自己実現的に生きることをすすめていた。西村のことばでいえば「世教」の最たるものであった。

福沢は儒教を真っ向から批判していた。中村正直はまたジョン・スチュアート・ミルの『自由論』を訳した。『自由乃理』（一八七二年）がそれである。この本もたいへんよく読まれ、自由民権運動に非常に大きな影響を与えた。

これに対して西村茂樹は福沢や中村の主張に汲むべきものがあることを十分に認めながら、同時にそこに頽廃をもたらしかねない危険があると見ていた。『日本道徳論』を見ると「妄論ヲ破ス」として五種の「妄論」をあげている。それは何かというと「無知文盲者ノ妄論」「宗教ヲ迷信スルノ妄論」「自己ヲ過信スルノ妄論」「己ガ学ビタル所ヲ偏信スルノ妄論」「文明ヲ過信スルノ妄論」の五つである。この最後の「妄論」は西洋のものを金科玉条とする西洋かぶれを指している。福沢を名指ししているわけではないが、念頭に置いていることは間違いない。

西村は『日本道徳論』の最後に、国民が身につけるべき徳目として「勤勉」「節倹」「剛毅」「忍耐」「信義」「進取ノ気ニ富ム」「愛国ノ心盛ン」「万世一統ノ皇室ヲ奉戴ス」の八つをあげている。これはサミュエル・スマイルズの所論を参考にして、わが国の実情に合うようにつくったもので、真っ先にかかげた「勤勉」においては、最も大切なことはこころざしを立てることと勉学に励むことであるとしている。これは福沢や中村の説とぴったり合致する。

さらに西村は儒教の教えを全面的に肯定していたわけでもない。儒教の理論は自然科学の知見に合致しないところがあるし、あれをしてはいけないこれをしてはいけないということばかり多くて進取の気風を阻害する。目上のものに対する目下のものの義務ばかりが過度に強調され、そのうえ男女の不平等がはなはだしい。また昔のことを理想化する傾向がある。このような点はもちいてはならないと論じている。

そういう部分を持ちながら全体として西村の提案は儒教道徳をかなめにせよとするものであり、福沢や中村の主張と明確に対立するものなのである。そして教育勅語発布以後、西村は西洋哲学を全面的に否定するようになっていくのである。

ところで本書全体を通じるテーマなのであるが、政治の役割は人生の意味を社会につなぎ止めておくことである。人はなぜ生きるか。その答えは宗教に求められることが多いが、永遠の生を約束するものから、現世の生き方を説くものまで多様である。宗教のほかに目を転じれば、立身出世を説いたり、自己実現を説いたり、はては無神論者のように生きることに意味はないとするものまで、人生観、処世訓、哲学などなど、さまざまである。

政治の役割は、具体的な生き方を明確に示すよりも、もっと一般的なかたちで、人はなぜ生きるかという問いに対する回答を社会につなぎ止めることである。そういう条件をつくることである。もちろん政治権力が人生観や道徳を決めることは難しい。であるから宗教や市民社会にゆだねるほうが賢明であるし、実際そのほうが多い。信教の自由とか言論の自由というのは、道徳や価値観は市民社会にゆだねるべきだという理念を表現することばである。

これに対して西村茂樹が「世教」をとなえたのは、国家権力が直接間接にそれをつくり出すべきだということだった。そういう考えが教育勅語になったのである。そして西村自身が早くから日本弘道会(一八七六年に東京修身学社を創設、日本弘道会の前身であった)を組織して世教の道徳振興に努めたのだった。しかし帝国日本は日露戦争後、人が生きる意味を社会につなぎ止めることに失敗した。しかも失敗そのものに気づかなかった。煩悶青年の登場がそれを示唆している。ロシアという大国とのたたかいに勝利をおさめて帝国の栄光はいよいよ輝いたはずであるのに、産業革命とそれが人びとの心に引き起こすアノミーに対して藩閥官僚は対応をあやまったのである。

2　帝国日本の完成

大日本帝国憲法発布から、日清日露の両戦役を経て、第一次世界大戦までのおよそ三〇年間は戦前の日本社会の骨格が完成した時代だった。わたしはそれを権威主義体制の成立ととらえたい。権威主義体制とは、ホアン・リンスがつくり出した概念で、民主主義と全体主義の中間にある政治体制である。リンスの定義によれば、権威主義体制とは、限定的な多元主義の要素を持ち、体系的なイデオロギーは持たず、強力な動員能力はなく、指導者は形式的には絶大な権限を有するが、実際には予測可能な範囲で権力を行使するような政治体制である。(1)

明治維新以来、日本は欧米列強の背中を見てひたすら走りつづけた。国家制度も経済体制も文化社会も、教育であれ医療であれ、外交であれ、何ごとにつけても欧米諸国をお手本とした。女性の生き方や、男女の恋愛についてもである。一夫多妻は江戸時代までは当たり前のことであったが、世紀の変わり目ごろには不道徳なおこないになった。一八七〇年ごろに帝国主義の時代が幕を開けていたから、欧米諸国にならうことはとりもなおさず帝国主義をめざすことでもあった。一九世紀的な帝国の建設をめざした日本は日露戦争に勝利して、いよいよ帝国日本ともいうべき国家になった。

そしてその一〇年後に第一次世界大戦が起こった。日本は参戦し、戦勝国となった日本は、五大国のひとつとして遇されるようになった。しかしやっと欧米列強に肩を並べかけたかと思ったら、世界のありさまは激変していた。戦前にヨーロッパに君臨していた三つの帝国はことごとく姿を消し、ふたつは共和国に、ひとつは社会主義国に生まれ変わった。戦前はマイナスシンボルだったデモクラシーということばは、戦後はプラスシンボルになった。民族自決の主張が台頭し、一九世紀にヨーロッパで始まった国民国家を正当と認める思想は非ヨーロッパ世界にも拡大し始めた。

一九〇〇年ごろであったら、一九一五年に大隈内閣が袁世凱につきつけた対華二一カ条要求は、取りたてて問題にならなかったかも知れない。イギリスなど良心の呵責なしに砲艦外交にはげんでいたのであるし、何より一八七〇年代以来、英独仏は世界分割の争いにしのぎを削っていた。一八六八年に近代国家建設に乗り出した日本は、大国のそういう行動様式を学んだのだった。

3　条約改正問題と法制度の整備

大日本帝国憲法発布から第一次世界大戦までの政治と思想をかいつまんで見ておこう。

明治の国づくりの目標は近代国家の建設だった。それはいうまでもないが、そのためにクリアしなければならない最も重要な課題は近代工業の育成に並んで法制度の整備だった。法制度の整備は条約改正のために整えなければならない必須条件だった。江戸幕府が欧米諸国と結んだ不平等条約の改正は何としても達成しなければならない明治政府の課題だった。

明治維新から二〇年、政府は文明開化の道をつき進んできたが、それも条約改正交渉のためだった。一八七九年に外務卿（八五年から外相）になった井上馨は欧化政策を推進した。日本の近代化ぶりを欧米に示すことによって、条約改正交渉を進めようというねらいであった。これを鹿鳴館時代という。政府は文明国の仲間入りをするために鹿鳴館を建設し、極端な欧化を演じて見せるまでした。鹿鳴館では毎晩のように舞踏会が開かれた。仮装舞踏会のときには伊藤博文や大山巌などの政府高官が、僧侶や農民に身をやつして登場した。これには眉をひそめる向きも少なくなかった。

井上外務卿のもとで条約改正交渉は進んだが、改正案の内容は外国人の裁判には外国籍の裁判官が過半数を占めるようにするなどであり、政府部内にも反対があった。自由民権論者も激しく反対した。結局、一八八七年に政府は交渉を無期限に延期し、井上は外相を辞任した。次に外相になったのは大隈であったが、一八八九年、大隈は国粋主義者に襲われて重傷を負い、交渉は中断した。結局、陸奥宗光外相のときに一八九四年、日英通商航海条約の締結にこぎつけた。この条約によって治外法権は回復され、関税自主権も一部回復した。さらに関税自主権の完全回復は一九一一年を待たなければならなかった。このときの外相は小村寿太郎だった。

4　言論界の保守化と民法典論争

条約改正の経緯はざっとこのようであったが、大隈が襲われて条約改正交渉がまたまた中断する前後から、日本の政界言論界には保守的な傾向がはっきりしてきた。日本の伝統を重んじる国粋主義的な傾向が強くなり、井上馨流の急進的な欧化政策は頓挫した。保守化はいろいろな点にあらわれたが、そのひとつが民法典論争である。一八九〇年に公布された民法はフランス民法典を模範にしながら、日本固有の家制度を取り入れていたが、それでも日本社会の家族道徳を破壊するものだとして攻撃された。そして英法派と仏法派の論争になる。穂積八束（一八六〇～一九一二）が「民法出でて忠孝滅ぶ」と叫んだのはこのときのことである。

結局その後、ドイツ民法を参考にして、一八九八年に新しく民法が公布されたが、「家」を重視して強い戸主権を認め、相続や夫権、親権における男女不平等など封建的な性格が色濃かった。家の相続は男子が優先する、家長は家族の居所の決定や結婚の同意などの権利を持つ、父親が子どもの親権を持つ、妻の財産は夫が管理権を持つなどの規定が盛り込まれた。

このような保守化と踵を接するようにして日清戦争がたたかわれ、日本は勝利した。対外的栄光と民族のアイデンティティが絡まり合って、そういう意識が権威主義国家を支えることになる。もしも矢野龍溪の『経国美談』や東海散士の『佳人之奇遇』が書かれた一八八〇年代中ごろに戦争に勝ったのであったら、日本帝国の色合いはもっと「民主帝国」寄りになっていただろうと思われる。

芳賀矢一の『国民性十論』（冨山房）は日露戦争後の一九〇七年に出たが、そのためか芳賀は日本人の特殊性を鼻高々に語っている。いわく、自分がドイツ留学中のことだが、天長節のお祝いが開かれたとき、ドイツの男爵が祝辞で、西洋各国の革命は国王に対する不満から起こって、その結果王室の権威は縮小し、あるいは国王が王位を追われた、ところが日本だけは革命が起こるたびに皇室の稜威は高くなっている、と述べた。「これは如何にもよく我国体の万国に異なつたことを言明したものといはねばならぬ」。[2] 芳賀は日本人の国民性として、真っ先に「忠君愛国」をあげ、次に「祖先を崇び、家名を重んず」をかかげているが、日露戦勝の余韻をかってか、文章の調子はいかにも高い。ただし『国民性十論』には精神主義を賞賛する文章は見られない。何より武士道の影が薄いのである。これはたいへん印象的なことである。内村鑑三の『代表的日本人』は一八九四年に英語で書かれた本であるが（一九〇八年に日本語に翻訳された）、内村はあるとき日本人に道徳はあるかと聞かれて武士道があると答えた。『代表的日本人』はその根拠を明らかにした書物である。内村は特別ではない。国民道徳を語る人びとはほぼ例外なく武士道を念頭に置いていたのである。これに対して芳賀矢一が日本人の国民性として先のふたつの次にあげた八つは、「現世的、実際的」「草木を愛し、自然を喜ぶ」「楽天洒落」「淡泊瀟洒」「繊麗繊巧」「清浄潔白」「礼節作法」「温和寛恕」だった。

5　大日本帝国憲法

さて憲法はどうかというと、一八七九年福沢諭吉が『国会論』を書いたころからにわかに憲法制定の気運が高まった。福沢諭吉はいろいろな意味で政治のテーマセッターだった。

憲法制定の要求の高まりに政府はどう対応したか。政府部内では大隈重信が一八八一年三月、憲法に関する意見書を左大臣有栖川宮に提出した。大隈はイギリスに範をとった議会を早急に開くべきだと主張した。その要点は、イギリス流の議院内閣制、官吏を政党官と永久官に分ける、欽定憲法とする、一八八三年はじめに国会開設するというものだった。

これに対して政府の主流は時期尚早と考えていた。政府は明治一四年の政変で大隈重信を追放し、同時に一〇年以内に憲法を発布すると宣言した。その後、憲法草案の起草に取り組んだのは伊藤博文であった。

一八八九年二月一一日、大日本帝国憲法が発布された。七章七六条の構成で、天皇大権は強大であり議会の権限は制限されていた。天皇大権は行政大権（第一〇条）、統帥大権（第一一条）、編制大権（第一二条）、外交大権（第一三条）の四条で規定された。このうち統帥大権と編制大権は国防に関するものである。前者は軍令すなわち作戦用兵に関することがらであり大元帥としての天皇に直属する。陸軍なら参謀本部、海軍なら軍令部がこれに当たる。後者は軍制すなわち軍備に関することがらであり、予算編成などは議会にかかる。陸軍省と海軍省がこれをつかさどる。陸軍の場合、もともと作戦用兵の部局は陸軍省内に置かれていたが、一八七八年にドイツ留学から帰国した桂太郎中佐の提案により陸軍省から独立させて参謀本部を設けることになった。統帥大権と外交大権の規定は国防問題と外交問題に関する議会の関与を禁じるところに目的があった。内閣の権限は大きかったのである。

さてかんじんの議会の権限であるが、第六四条に予算審議権が規定され、新規の事業や予算増額については議会は拒否することができた。ただし第六七条で「既定の歳出」は減額できないとされた。つまりすでに決まっている官吏の数と俸給や既存の国防費は減額できなかった。第七一条は予算が不成立の場合について定めた。その場合は前年度予算を施行することとした。

憲法をつくるとき、最も問題になったのは議会の位置づけだった。ドイツから来た法律顧問たちは、議会に予算審議権を与えるべきではないと主張していた。あの鉄血宰相ビスマルクを擁したドイツでも議会が予算案を否決したときには大いに混乱した。まして東洋の新興国日本には議会との関係をコントロールすることはとても無理だと思われたのである。しかし憲法起草に当たった伊藤博文や井上毅はロエスレルなどの意見を受け入れなかった。予算審議権を与えたが、不成立の場合に備えて第七一条で手当をした。もっとも近代化推進は多額の予算を要する。前年度の予算額が一〇〇なら、来年度は一二〇、再来年度は一五〇というふうにたちまち膨らんでいく。そのことが起草者の念頭にあったかどうか。実際、初期議会は予算削減をめぐって大いに紛糾した。

第一回総選挙では政府派が敗退した。「民力休養地租軽減」を主張する民党が過半数を占め、初期議会は最初からもめた。政府は憲法を停止する道を選ぶこともできたはずである。しかしそうしなかった。政府はむしろ議会との取引の道を選んだ。それにしても、それくらいならば、最初から真剣に選挙対策に取り組んでいればよかったのにと思うが、藩閥官僚はそうしなかった。

ところで藩閥官僚の憲法に対する態度を見ていると、この時期の政治家たちの、妥協を潔しとしない行動様式に似合わないように思われる。西郷隆盛、板垣退助らは征韓論に敗れたときに下野した。たかが外交路線の対立でである。明治一四年の政変のときは大隈重信と福沢の門下の官僚たちが追い出された。追放する必要があったのかどうか。しかもそこまでしておきながら議会運営は何とかしのいでいこうというのである。憲法制定という事業を成しとげるために、まずは異なる意見を放逐した。しかしいったん憲法が成立すると、今度は対立者と妥協しつつ憲政を守っていこうとしたのだから、矛盾しているとはいえまいか。

その最大の理由は欧米諸国の手前、憲法停止という事態は何としても避けたいということだったろう。そのため反政府派の切り崩しから始まって（その最初が第一議会における土佐派の裏切りである）、ついには伊藤博文が配下の官僚と自由党系の代議士を糾合して立憲政友会を組織するに至った。第一議会の土佐派の裏切りから数えると九年の月日が経っていた。それは一九〇〇年のことであったので、こうしてできた体制は一九〇〇年体制といわれる。官僚閥（山県閥）と政党（立憲政友会）が政治的意思決定の主要アクターとして形成された。そして官僚閥と政党の政権交代が始まる。いわゆる桂園時代である。この間、政治家たちは妥協と取引を覚え、議会主義に必要な政治技術を習得していく。立憲政友会は原敬のリーダーシップのもとに積極政策をかかげ、地方利益の組織化に取り組むようになる。じょじょにではあるが、憲政運用のしきたりと布置が形成されていったのである。

6　日清日露の戦間期と煩悶青年

橋川文三は『昭和維新試論』の中で、日清日露の戦間期が青年の精神形成における転換期であったと述べている。橋川によれば、この時期の青年の精神形成は二極化していた。それは一方で「外に向かう帝国主義と赤裸々な利己的な野心」、つまりいってみれば国家の利己主義と個人の利己主義が融合した自意識である。そして他方では、自我の追求とその行き詰まりによる「煩悶」「神経衰弱」「発狂」「自殺」に向かう自意識であった。橋川文三は前者の代表として高山樗牛（ちょぎゅう）（一八七一〜一九〇二）を、後者の代表として石川啄木（一八八六〜一九一二）をあげている。

ついでに指摘しておきたいのは、日清日露戦間期に産業革命が進んだことである。人びとの生活は大きく変わっていった。たとえばそれまでは家庭で布を織っていた。養蚕や糸紡ぎや手織りなどの仕事は女たちの仕事だったが、日清戦争後になると、それらの仕事は工場のものとなっていった(3)。

社会のありさまが急速に変化し、それに伴って人びとの生活も変わりつつあった。産業革命による社会システムの持続的な変化が生じていた。そういうときに人びとはときに不安にとりつかれたり、不適応を起こしたり、戸惑い悩んだりする。唐突だが、産業革命が進行した渦中で社会学が誕生したことを思い起こしてもらいたい。フランス社会学の父であるエミール・デュルケームはアノミーという概念を提唱した。アノミーは社会規範が弱まり人びとが方向感覚を喪失することである。日清日露の戦間期には、とくに若い人びとに、デュルケームのいうアノミーが起こっていたととらえていいように思われる。

橋川文三があげているふたつのタイプのうちの後者、つまり石川啄木が代表とされる人びとは、人間とは何かといった煩悶に苦しんだ。一九〇三年、一高一年生の藤村操が「悠々たるかな天壌、遼々たるかな古今、五尺の小躯をもってこの大をはからんとす…」で始まる「巌頭之感」を残して華厳の滝に身を投じた。デュルケームは『自殺論』(一八九七年)では自殺を四つの類型に区別して、その中のひとつに「アノミー的自殺」をあげているが、藤村操の自殺はアノミー的自殺に当てはまるだろう。藤村操の自殺は当時の若者にとって他人事ではなかった(4)。生きる意味をつかもうとして、青年たちは煩悶した。平塚らいてうは一九〇三年に日本女子大学校に入学したが、宗教書や哲学書を読みふけり、禅の修行に通った。一九〇八年には森田草平と心中未遂事件を起こすが、らいてうの回想などを見ると、そこには生とは何か死とは何かという煩悶が色濃く立ちこめている。啄木や藤村操と同じく、「新しい女」もまた煩悶青年だった(5)。

この時期には宗教熱も高まり、敬虔なクリスチャンだった綱島梁川(一八七三〜一九〇七)などの宗教文学がさかんに読まれた。梁川が自己の神秘体験をつづった「予が見神の実験」（一九〇五年）はたいへんな反響を呼んだ。西田幾多郎の『善の研究』（一九一一年）は期せずしてそのような「煩悶」に対する説得力ある回答のひとつを提供する書となった。西田は一八七〇年生まれであるから、『善の研究』は人生の経験者からの声であった。

藤村操と石川啄木は同い年である。啄木の日記には「惟ふに人の人として価あるは其宇宙的存在の価値を自覚するに起因す。人類天賦の使命はかの諸実在則の範に屈従し又は自ら造れる社会のために左右せらるゝが如き盲目的薄弱のものに非ず。宜しく自己の信念に精進して大宇宙に合体すべく心霊の十全なる発露を遂くべき也…」といった文章が見える。この文章は藤村操のものだといわれても、さほど違和感はないだろう。啄木もまた、宇宙とか実在とか心霊といったことばでものを考えていたのである。ただし啄木は藤村操とは違うタイプの煩悶青年だった。晩年の啄木は社会主義に近づいていく。国家の「強権」が人びと、とくに若者の精神を抑圧していると考えた。そこには世代間の確執も絡まっていて、年上の世代が「強権」と同調して息がつまるような抑圧空間をつくっていると感じていた。啄木の死後発表された「時代閉塞の現状」は、この時期に書かれた評論の中で、最も深い洞察を示した評論に属する。

7　西田哲学と『善の研究』

西田幾多郎（一八七〇〜一九四五）は、福沢諭吉（一八三五〜一九〇一）や夏目漱石（一八六七〜一九一六）と同じように、日本人の思考様式と知識人のあり方にきわめて大きな影響を与えた。四〇歳のときに書いた『善の研究』は日本哲学史の最高の名著のひとつである。西田幾多郎は近代日本ではじめて独力で哲学を打ち立てたといわれるが、独力ということがすなわち知識青年の生き方に深甚な影響を与えたということにほかならない。その深甚な影響がすなわち煩悶である。

ふつう人は学問するときに努力はしても煩悶はしない。先行する学説を学び、知識を深め仮説を立て実験を繰り返す。自然科学であれ社会科学であれ、そのときにいちいち人生の意味は何かと煩悶することはない。いまふつうはと書いたが、福沢諭吉の『学問のすゝめ』がまさしくふつうの考えで書かれている。福沢のいう学問は「実学」であり、それは福沢にとって富を得たり尊敬を得たりして健康に生きるための最も有益な資源だった。

それは哲学とて変わるところはない。近代日本に哲学を紹介したのは西周（一八二九〜一八九七）だったが、『百一新論』の内容は哲学概論ともいうべきものであった。西周は人は何のために生きるかといった問題に悩むことはなかった。明治の日本人が学者として哲学を学ぶなら、まず新カント派の書物をドイツ語で読むといったことが必須だった。西田幾多郎と同時代の哲学者であった朝永三十郎（一八七一〜一九五一）の『近世に於ける「我」の自覚史　新理想主義と其背景』（一九一六）は新カント派の立場からカントを中心に西洋哲学を展望したもので、人はどこから来てどこへ行くかなどといった煩悶の影はそこにはない。

煩悶は江戸時代であれば宗教家の一部、つまり仏僧の一部がくぐった門だった。臨済宗中興の祖といわれる白隠禅師は、『遠羅天釜（おらてがま）』で子どものころ死んだら地獄に落ちると脅され、恐怖のために何日も泣き暮らした、そのことが仏門に入るきっかけとなったと書いている。人は死んだらどうなるのか、子どものころの恐怖体験がやがて青年になってどのような懊悩に変じたかは想像に難くない。

明治になっても煩悶は宗教家か一部の文学者だけが通る門であった。学生時代の平塚らいてうが学業そっちのけで参禅に通ったことを思い出していただきたい。西田幾多郎も若いころからしきりに参禅したのである。西田がいかに生きるかという問いを終生放棄しなかったことは、その著書のあちこちに書きとどめられている。最晩年の著作にも「自己の永遠の死を知ることが、自己存在の根本的理由であるのである」ということばが見える。たしかに西田哲学は煩悶の苦しみを通り抜けて形成されたのである。

『善の研究』は「純粋経験」の分析から書き始められている。純粋経験というのは、主体と客体との分離が自覚される以前の心理的状態を指すことばである。たとえば人がろうそくを見て、それをろうそくだと認識するとき、人はすでに自分という主体をはっきりと自覚している。自分という主体がはっきり自覚されているからこそ、ろうそくという客体もまた、はっきりろうそくとして認識されるわけである。このような主客の分離がなされていない状態を、西田は純粋経験と名づけた。西田は純粋経験の例として、幾何学の問題を解こうとして没頭している状態などをあげている。座禅の修行をしていて深い瞑想の状態に入った場合なども、もちろん純粋経験に当たるだろう。いわば主客未分の状態である。

純粋経験は何を意味したか。西田は『善の研究』の序文に「個人あつて経験あるにあらず、経験あつて個人あるのである、個人的区別より経験が根本的であるといふ考えから独我論を脱することができ、……」[6]と書いている。独我論というのは実在するのは自分自身だけだとする考えである。目の前に見える電車も、となりに立っているサラリーマンふうの若者も、すべて自分の意識に生じたものに過ぎないと考えるのが独我論である。

純粋経験を出発点に置いたことには、仏教とくに禅の思想の影響が読みとれる。「父母未生以前の面目」といった禅の公案と『善の研究』に出てくる「純粋経験」は似通ったところがある。

西田の独創性はこの純粋経験を実在と考えたところにある。哲学用語でいう実在ということばは理解することが難しいが、わかりやすくいえば、ふつう「歴史」とか「人間性」というときと同じような性質を「純粋経験」に与えたということである。歴史はたしかに存在する。それがどういうものかはわからなくても、人は歴史というものは存在すると考えている。同様に人間性はたしかに存在する。西田はだれもが純粋経験を持つ、それはすべての人間に共有のものだというところから出発した。そして経験はひとりひとりの人間がそれぞれ別個に持つばかりでなく、大きな「経験」というものがあって、それがひとりひとりの個人においてあらわれるのだと考えるところに西田はたどりついた。歴史が存在するのと同じような意味で純粋経験は「実在」なのだと、西田は考えたわけである。驚くほど独創的な着眼であった。

西田の関心はのちに「世界」に移っていき歴史的世界を実在と考えるようになったが、次の文章の「歴史的世界」ということばを「純粋経験」に置き換えてみれば、西田哲学の基本的な構造がわかるのではないかと思う。「我々が歴史的世界から生まれ、歴史的世界に於いて働き、歴史的世界へ死にゆく、歴史的実在であるかぎり(7)」。

8　純粋経験と実在

もし純粋経験がすべての人間に共有されているものとすれば、逆に純粋経験を中心に置いてみれば、個々の人間は大きな純粋経験というものの中で、それぞれ独自の純粋経験を持ちそこから自我を発展させていくものだということになる。ちょうどすべての人間が人類の歴史の中で、それぞれ独自の人生を生き、その総体が歴史を形成するというのと同じように。のちに西田が「場」とか「無」とかといった概念をつくることになるのは、純粋経験を人類全体が共有する実在と考えれば理解できるだろう。

『善の研究』で意識現象を唯一の実在であると論じたが、心理主義だとの批判を受けた。リッケルトなど西南学派やフッサールの影響を受けた人たちが西田批判の先頭に立った。やがて『善の研究』から一七年後、西田は『働くものから観るものへ』で場所の論理をとなえた。批判を受けとめた西田幾多郎がたどりついたのが「場所」という論理だった。その後も西田は「無」の立場に移り、さらには「絶対矛盾的自己同一」という有名な概念にたどりつく。

「場所」も「無」も純粋経験が実在であるのと同じような意味で実在である。個人が純粋経験を持つように、人がものを考えるときには「場所」がある。「場所」は「無」と言い換えてもかまわない。「場所」とは何かといえば、自分自身のことだと考えればいい。どういうことかというと、人はものを考えるとき、「AはB」であるといった判断をする。たとえば「アリは昆虫である」という判断を下す。アリと昆虫は主語と述語の関係にある。このときアリは昆虫にふくまれる。こういう判断を無限に繰り返していくと、述語はどんどん大きくなり、最後には無限の大きさの述語に到着することになる。この無限の大きさの述語が「場所」なのである。そして純粋経験が個人の経験としてあらわれるのと同じように、「場所」もまた個人のものとしてあらわれる。個人自身が「場所」なのであるが、その「場所」はあらゆる個人をその内にふくみ込んでいるのである。

こうして西田は全体と個という図式を、純粋経験から「場所」または「無」へと押し広げた。そしてこの西田の図式が『善の研究』が出た一九一一年以後、長きにわたって思想界に大きな影響をふるった。同様の図式が田辺元には「種の論理」となり、三木清には「基礎経験」となり、和辻哲郎には「人倫的組織の人倫的組織」となってあらわれた。それらに共通する思考法が弁証法といわれるものである。

全体と個に関する弁証法は、人間存在の意味をつきつめて考えようとしたり、歴史や文化の意味をとらえようとするときには有効であろう。しかし生々しい現実政治をとらえるには適さない概念である。田辺は国家と個人の関係を、「力的対抗」と「霊的摂取」という弁証法的関係としてとらえた。国家は「個人と対立して之を権力を以て拘束し強制する」ものであると同時に、「私の存在がそれに基底附けられ、私の生命の根源がそれに於いて見出さるべき基体として、必要に応じ私の存在をそれに対し犠牲とすべきもの」[8]だった。このような立場から出発してデモクラシーにたどりつこうとしたら、相当の道のりが必要だろう。田辺は戦後、「懺悔道としての哲学」をとなえた。京都学派の哲学者ではないが、国策に協力した経済学者の大熊信行は、戦後、『国家悪』を書いて、戦前の自分は国家を崇高なものだと考えていたが、それは間違いで、現実の国家は現実の人間にくらべて道徳的に劣るということがつくづくわかった、と述べている。ふたりとも戦前の自分に対して自己批判しているのであるが、全体と個という図式で政治をとらえたら、国家を美化する傾向をまぬがれがたかったのである。

9　場所の論理

西田幾多郎は個人の中に「場所」や「無」を見出し、その「場所」あるいは「無」があらゆる個人をふくみ込むかたちの実在なのだと考えた。その意味で「場所」や「無」が全体であり、それと個人との間に全体と個という図式が成り立つ。そして西田は現実政治を論じるぎりぎり一歩手前で踏みとどまった。実際、「場所」や「無」の論理によって政治的な世界秩序を論じるのはかなりの離れ業である。「場所」や「無」の論理はハイデッガーの「世界―内―存在」という発想と似ている。人間は有限であり死すべきものである。人間はどこから来てどこへ行くかと考えたら、価値だの正義だのといったものはみな、真に重要な問いではなくなる。西田はそういう問いを原点として思索を重ねた。であるから、道徳だの正義だのは、たかだか社会をどう秩序づけるかといった皮相な問いに過ぎなくなる。しかしいったん全体と個を現実政治の論理として運用しようとしたら、それがたどりつくところは怪しい地点であるに違いない。

西田幾多郎は批判をよく受け入れ、異なる思想の交渉を楽しむだけの度量を持っていた。そこで西田のもとには多くの若い俊秀が集まった。この人たちは京都学派といわれる。特定の思想的立場を共有したわけではなく、日本主義に近い立場の人びとから自由主義やマルクス主義まで幅広い。西田から京都帝国大学の哲学の講座を引き継いだ田辺元、右派的な立場に立ち世界史の哲学をとなえた高山岩男や西谷啓治、近代批判の思索を深めた唐木順三、マルクス主義に近づいた三木清など多士済々であった。彼らは西田を中心に相互に思想を検証し合うネットワークを持った。そして彼らの多くが西田の場所の論理を現実政治の考察に応用しようとした。

三木清についてては章を改めて取り上げるが、ここでは三木の思想が西田の思考様式をいちばんよく受け継いだことを指摘しておきたい。三木は第一高等学校を卒業して西田を慕って京都帝国大学に進学した。一高から京大の哲学科に進んだのは三木がはじめてだったが、そのあと戸坂潤らの俊秀が続々と三木につづいた。

三木清はのちに『唯物史観と現代の意識』（一九二八年）で基礎経験という概念を打ち出す。章を改めて詳述するが、三木によれば、人間は基礎経験からアントロポロギーをつくり、そしてアントロポロギーが社会の実態と矛盾するようになるとイデオロギーを生み出す。だから基礎経験は西田幾多郎の純粋経験と同じような位置を占める概念である。ただし西田は社会構造とは関係なく純粋に個人の体験としてとらえたが、三木のいう基礎経験は階級や階層や世代や時代によって共有される集合的な体験である。そこで三木が明らかにしようとしたのは、人がイデオロギーをつかむ過程である。中でもマルクス主義への転回を念頭に置いていた。わたしはここで煩悶という視点で議論しているのであるが、西田幾多郎の「純粋経験」と三木清の「基礎経験」はまさしくそれぞれの煩悶から生まれたのである。

10　煩悶青年

煩悶は日清日露の戦間期に育った世代のテーマになり、その後長きにわたって、いくつものバリエーションを生みつつ戦前の日本の思想に深い陰影をつけることになった。小説には実に多様な煩悶青年が描かれた。小栗風葉『青春』（一九〇六年）の関欽哉、二葉亭四迷『浮雲』（一八九一年）の内海文三、正宗白鳥『何処へ』（一九〇八年）の菅沼健次、広津和郎『神経病時代』（一九一七年）の鈴本定吉などなど、枚挙にいとまがない。少し定義を拡張すれば島崎藤村の『破戒』（一九〇六年）や『新生』（一九一九年）のテーマも煩悶といえる。

ひとくちに煩悶青年というが、煩悶の種類はいくつかある。ひとつはそもそも人間はなぜ存在しているのか、人間はどこから来てどこへ行くのか、人間とは何かと問うタイプで、西田幾多郎の『善の研究』はそういう問いに対する回答ともいうべき性格をおびていた。話題になり始めたころの煩悶は抽象的とも宗教的ともいうべく、概して観想的な性格を濃厚におびていた。哲学はそもそも煩悶の学というべきかも知れないが、とくに西田幾多郎、田辺元、三木清ら京都学派の哲学者にその性格が強かった。田辺元の懺悔道の哲学などまさしく煩悶そのものであった。

京都学派の盛名が他を圧して高かったのは、思索における煩悶がそのまま学問に刻印されていたからだった。自殺した藤村操がこのタイプに入るが、こういうタイプの煩悶青年は小説にはあまり登場しない。わたしは平塚らいてうが戦間期の煩悶青年の代表格ではないかと考えている。ただし平塚らいてうが煩悶青年だった期間はそう長くない。一九一一年にはらいてうは『青鞜』を創刊し女性解放運動に踏み出していく。少し遅れて出た倉田百三（一八九一～一九四三）は典型的な煩悶青年で、彼は晩年日本主義に立場をうつるまで煩悶を繰り返した。倉田より若い世代の亀井勝一郎（一九〇七～一九六六）も倉田に似た煩悶青年だった。亀井はマルクス主義者として出発したが、やがて転向し、戦時中は戦闘的な日本主義にうつり、さらに戦後は日本人の精神史の研究に取り組んだ。

もうひとつは石川啄木のように社会的な抑圧に苦しむタイプである。抑圧というより社会的不適応に苦しむタイプも煩悶青年に分類していいだろう。石川啄木にも多分に社会的不適応の兆候があった。社会的不適応には文学史上、余計者という名前がついている。その余計者も細分すればいろいろである。まず『青春』の関欽哉のように口では立派なことをいっても行動がついていかないという言行不一致のタイプがある。これはツルゲーネフの『ルージン』を参考にして造型されたのだった。鈴本定吉のように職場の上司や同僚の言動に同調することができず、自分の職業の意味について疑問を感じているタイプもある。二葉亭四迷の『其面影』（一九〇六年）、『平凡』（一九〇七年）などもこれに属する。だが煩悶の分類学についてはこのくらいにしておこう。

さて煩悶とはどういうことか。例をあげて説明しよう。倉田百三の戯曲『出家とその弟子』（一九一七年）は、世界はなぜ不条理なのか、不条理な世界にどう生きるか、救いはあるか、といった問題をめぐる煩悶をテーマにした思想劇である。おもな登場人物は親鸞とその弟子の唯円、そして義絶された息子の善鸞である。

この本は日清日露の戦間期に成人した世代にとって、煩悶がどういうものであったかを雄弁に物語っている。善鸞が「仏を罰したい」とつぶやくシーンがある。世の中は不条理なことばかりだ。悪と不正がまかり通っている。愛し合うふたりが結ばれるとも限らない。そういうこの世をつくったのは仏だ。だから、いっそ仏を罰したい、と善鸞は絶望の表情で語る。世界は不条理だと考えた善鸞は、世を呪い連日酒色にふけっている。善鸞は傷つきやすい純粋なたましいの持ち主である。だから煩悶のあげく絶望した彼は、放蕩堕落に落ちているのである。

善鸞と違い唯円は清廉潔癖でまじめな学僧である。唯円もまた煩悶する。唯円は苦界に身を沈めたかえでという不幸な女性を愛する。かえでのような純粋なたましいを持つ女が体を汚す商売に従事させられていることに不条理を感じる。そしてそれは世界の成り立ちそのものからくる不条理としてとらえている。善鸞と唯円のおこないは対極的だが、ふたりとも現世の矛盾を世界の不条理に帰しているところは同じである。そして不条理なるがゆえに、ふたりとも煩悶する。

しかし考えてみると、不正がはびこっているからといって、いきなり世界が不条理だといって嘆くのは、どう考えても飛躍ではないだろうか。遊里と仏との間には、かんたんに飛躍できない距離があるはずだ。人身売買をなくすとか、売春をなくすとか、あるいは救貧事業に取り組むとか、いろいろな実践的活動があるはずだ。唯円はなぜ実践活動に乗り出さないのだろうか。賀川豊彦なら社会を呪う前に貧民街に入って救貧活動を始めただろう。

社会的実践的な関心を介在させない、そういうところに成立しているのが、倉田百三の煩悶なのである。そしてそれは倉田ばかりでなく、煩悶という思想的営みを特徴づけた性格であった。

11　国家主義と社会主義

それにしても世の中が不条理なことに悩みもだえるのはいいが、少しも問題解決に取り組もうとせずに、ただただ頭の中だけで悲しんだり苦しんだりしてばかりいるのは、いかがなものであろうか。当然実践に踏み出す人がいなければならないし、実践といっても多種多様である。煩悶は青春の一時期をかざる刻印であるとしても、いつまでも観念の世界に閉じこもっているのは、ある意味では生き方として未成熟である。煩悶と実践は裏表の関係でなければならないはずである。

この場合煩悶が強いほど、実践は過激になる傾向があるだろう。マルクス主義と国家主義、とくにマルクス主義は煩悶青年が次のステップで見出した道だった。マルクス主義は社会主義革命をめざし、国家主義は国家改造をめざして昭和維新をうたった。いずれも暴力を否定しなかったが、それは現存の社会秩序自体が人びとに対してはるかに強大な暴力をふるっていると認識することで正当化された。

橘孝三郎（一八九三〜一九七四）は五・一五事件に参加して東京の変電所を襲い、無期懲役の判決を受けた（のち恩赦で出獄）。農本主義者であり国家主義者だった。彼もやはり煩悶青年だった。第一高等学校に在学していたころ、トルストイの思想に共鳴していたが、人生の意味に煩悶して一高を中退して故郷の農村に帰った。そして愛郷塾を開いた。橘は大地主義・兄弟主義・勤労主義をかかげた。しかし三〇年代の恐慌が日本を襲うと農村は窮乏した。そしてそのころから橘の愛郷塾は国家改造をめざす政治運動にのめりこんでいく。

ちなみに倉田百三は日本主義の論客になった。武者小路実篤の新しき村にかかわり、仏教に帰依し、日本主義を奉じて赤松克麿、津久井龍雄らと国民協会を結成した。振れ幅の大きい歩みだった。一九四〇年、病床にあった倉田百三は自伝『光り合ういのち』（一九四〇年）を書いた。同世代の少年少女の思い出がのびやかな筆で描かれているが、印象的なのは貧しい家の少年がままならぬ人生を余儀なくされたことや、没落した家の少女が娼婦になったことなど、罪のない子どもたちが社会矛盾の波に翻弄される姿である。少年時代の回想の中に、『出家とその弟子』のモチーフが滲み込まされているわけである。これを書いたとき倉田は仏教徒の急進的右翼になっていた。倉田が他界するのはその三年後のことである。

マルクス青年のことは章を改めて述べよう。

わたしが強調したいのは、大日本帝国憲法が制定されてから第一次世界大戦が終結するまでの時期に、「煩悶」ということばで象徴することができるような自我形成をおこなった人びとが数多く登場したということである。それは大まかにいって、一八八〇年から一九〇〇年の間に生まれた世代である。

人間は社会のありさまに対して憤ったり不安を感じたりするものである。貧富の格差、自由の抑圧、不平等などなど、その原因はいくらでもある。過度の自由や行き過ぎた平等もしばしば社会矛盾として受けとめられる。そのような社会矛盾を目の前にして、それが個人の力ではいかんともしがたいと感じられたときに、人びとは悲憤慷慨し、悶々と悩み苦しむ。煩悶とはそういう心理である。

憲法発布から第一次世界大戦までの時代に、日本は帝国主義国への階段を駆け上ったが、その国に生を受けた人びとは、国家的栄光に見合うだけの個人的な自尊心を得ることができなかった。むしろ急激な社会変化によって人びとはアノミーに包まれた。わたしはそこに国家の失敗が横たわっていると考えよってかち取られたが、国民にそれに見合うだけのものが与えられたかということである。

12　戊申詔書に映された国民像

日露戦争後、一九〇八年に戊申詔書が発された。それは戦勝後の思想悪化に危機感を抱いた政府が、華美をいましめ、上下一体となって国民道徳を作興し、国運のいっそうの発展をめざすと宣言したものだった。戊申詔書は「神聖ナル祖宗」と「光輝アル国史」を誇らかに称揚していながら、国民を賞賛することばはひとつもないのである。国民に対して与えられたことばは「宜ク上下心ヲ一ニシ忠実業ニ服シ勤倹産ヲ治メ…華ヲ去リ実ニ就キ荒怠相誡メ自彊息マサルヘシ」であった。これは日清日露の両戦役に勝利して意気あがるはずの帝国日本に似つかわしい文章といえるだろうか。せめて維新以来四〇年近く、営々と勤勉に生きてきた日本人に対して褒めることばのひとつもあってよかったのではなかろうか。

戊申詔書には、同じ時期に芳賀矢一（『国民性十論』）が描いたような、草木を愛し、楽天的で、瀟洒で、温和で、悠々と人生を楽しむ日本人の輪郭は見えない。戊申詔書で強調されているのは、その二〇年ほど前に西村茂樹がかかげた「勤勉」と「節倹」である。それも勤勉で節倹を旨とする日本人が頼りになるという口吻でもない。第二次桂太郎内閣は日本国民の達成を褒めるよりも、おりからの社会変動に対する警戒心をあらわにするほうを選んだのである。

社会変動とは何か。高野房太郎らが職工義友会を結成したのは一八八七年、松岡好一の「高島炭鉱の惨状」が雑誌『日本人』に連載されたのは、一八八八年のことだった。立憲政友会が誕生した一九〇〇年には日本最初の恐慌が起こった。早くも社会問題が発生し、労働運動や社会主義運動が始まろうとしていたのである。あまつさえ日露戦争が終わると講和条約に反対する民衆が日比谷焼打事件を起こした。食べるものがなくなって民衆が直接行動を起こすことなら何世紀も前からあったが、好景気のときに生活も困窮したわけでもないのに暴動が起こるのははじめてのことだった。民衆がはじめて政治の表舞台に登場したのである。

こういう事態に直面して藩閥官僚は狼狽した。戦争に勝利したのはいいが、国家と社会の将来に対して藩閥官僚とくに山県有朋に連なる人びとは自信を失ったかのように見える。ただし桂園時代のもう一方の主役であった西園寺公望には、山県や桂太郎や桂に戊申詔書を建言した内務官僚の平田東助のような憂慮はなかった。

山県や桂と西園寺らの違いが奇妙なかたちで浮き彫りになったのが一九〇八年の『巴里』発禁事件であった。このときは西園寺内閣で、同じ年に政権交代が起こって第二次桂太郎内閣が成立している。戊申詔書は第二次桂太郎内閣が出したのである。さて発禁事件のあらましは次のようである。問題の『巴里』はエミール・ゾラの小説『パリ』を飯田旗軒が翻訳したもので、上巻が二月に出た。飯田はかつてパリで西園寺公望と交際があったので、上巻の巻頭に西園寺に対する献辞をかかげた。そして二ヶ月後に出た下巻に今度は西園寺の礼状がのせられた。そしてこの本が治安妨害風俗壊乱の咎で発売禁止になったのである。そのころは自然主義の作家の小説がたびたび発禁になったのであるが、それにしても異様なできごとだった。ときの内務大臣は原敬であった。総理大臣に献辞をささげた本が内務大臣によって発売禁止になったのである。その裏には山県系の原に対する圧力があった。(9)

13　大逆事件と社会主義

山県有朋ら藩閥官僚は日本社会の変化に過度に神経をとがらせていた。一九一〇年には大逆事件が起こった。明治天皇の暗殺をくわだてたとして、全国の社会主義者数百名が取り調べを受け、幸徳秋水ほか無政府主義者二六名が大逆罪で起訴された。全員に有罪が言い渡され、そのうち二四名が死刑だった。翌日、死刑の判決を受けた二四名のうち一二名は天皇の恩命として無期懲役に減刑された。幸徳を死刑にしたことなど、事件の大部分はフレームアップだった。その後社会主義は冬の時代を迎える。

これほどのことまでしなければならなかったのはなぜか。山県らが得体の知れない夢魔に悩まされていたからとしか思えないほどである。その夢魔のために大逆事件が起こされ、大逆事件で人びとは社会主義に対する強い恐怖心を植えつけられた。幸徳秋水が晩年にたどりついた無政府主義はとてつもなく恐ろしい思想と誤解されるようになった。そうして社会はあたかも凍りついた空気のようなものになった。現実は分厚い壁のようなものになった。石川啄木はそういう現実を前に「時代閉塞の現状」を書いたのである。

こうした社会状況の中で、煩悶する青年たちの中に倉田百三や亀井勝一郎タイプがふえていった。社会矛盾を根絶する安全な方法が容易に見当たらなくなったからである。貧しさから犯罪に走る青年や遊郭に売られる少女を救うために活動したら、たちまち社会主義のレッテルを貼られるとしたら、行動へのハードルは非常に高くなるだろう。

亀井勝一郎は一九〇七年に生まれた。東京帝大在学中にマルクス主義の運動に身を投じたが、一九二八年治安維持法違反の疑いで逮捕された。三・一五事件である。一九三〇年、獄中で亀井は転向上申書を書いて保釈された。戦後に書かれた『我が精神の遍歴』は亀井のいうところでは「罪の自伝」であるが、罪の自伝とは別のいい方をすれば煩悶の自伝である。亀井は函館の裕福な旧家に生まれた。小学校のとき教会で児童劇をした。中学に進学して、このときいっしょに演じた子と再会する。ある雪の朝、新しい制服に身を包んで登校しようとしていたら、同じくらいの年ごろの少年が電報を届けにやって来た。少年はつぎはぎだらけの薄い小倉の服を着て地下足袋をはいていた。見ればあの少年だった。そのときの思いが亀井勝一郎を苛んだ。こうして亀井は一三歳のときに最初の煩悶を経験した。富める者は罪人ではないか。一枚で足りる衣を二枚所有していながら、一枚を貧しい人に分け与えなかったら、彼は罪人ではないか。

貧富の差に心を痛める人は少なくないだろう。人はその格差をなくす方法を考えたり、理想社会を思い描いたりする。手段を実践に移すことが容易なら、たとえばいまでいうNPOを起こして仲間をつのることにハードルがなければ、人びとは社会矛盾を目の前にしても悶々と悩み苦しむことはないだろう。しかし貧しい人たちが窮状を訴えたり労働組合をつくったりすることが非合法であったり、社会主義の研究さえ偏見で見られる状態だったら、煩悶する人が大勢あらわれてもおかしくない。

一九一七年にロシア革命が起こり、社会主義の動きが復活し始めた。河上肇（一八七九〜一九四六）が『大阪朝日新聞』に『貧乏物語』を連載して注目を浴びたのは一九一六年秋のことであった。翌年『貧乏物語』は単行本になりベストセラーになった。社会主義の冬の時代は去りつつあった。このとき河上はまだマルクス主義者ではなかったが、やがて一九二〇年ごろにマルクス主義に転じることになる。評判になった『貧乏物語』であったが、河上は貧乏を根絶するためには金持ちが贅沢を慎むことだと論じた。そのことが批判を浴びた。河上は多感な青年で、二〇代の中ごろ伊藤証信の「無我苑」に入ったこともあった。やはり典型的な煩悶青年だった。河上は自説を撤回するという煩悶を経てマルクス主義の門をくぐった。

14　マルクス主義とアナーキズム

日露戦争のころまで社会主義は国家転覆をめざす思想ではなかった。一九〇一年、『万朝報』の社主であった黒岩涙香（一八六二〜一九二〇）は、社員の内村鑑三、堺利彦、幸徳秋水らとかたらって理想団を起こした。理想団は労働問題や女性問題を取り上げて社会正義の実現と社会改革をとなえた。すでに幸徳と堺は社会主義を信奉していたし、理想団は社会の不正をただそうとしたのであるが、もちろん社会主義による社会改造をめざしたわけではない。理想団の呼びかけが『万朝報』紙にのると、たちまち五〇〇〇人ほどの人が呼びかけに応じて会員になった。そのころ病床にあった晩年の中江兆民は理想団の趣意に大いに賛同した。そして『一年有半』に政党も堕落している今日においては、政治ではなく哲学で法律ではなく道徳でたたかうべきである、と書いている。

黒岩涙香は土佐の出身で若いころには自由民権運動にかかわり逮捕されたこともある。新聞記者として職業生活をスタートしたが、『今日新聞』（のちの『都新聞』）に翻案小説を連載して一躍文名をあげた。黒岩は西洋の冒険小説を多読しあらすじを把握してから小説にした。一八九二年、彼は自己の創作力を頼りに新聞社を起こし『万朝報』を発行した。そこに『鉄仮面』『白髪鬼』『巌窟王』『噫無情』など、後世に残る名作を次つぎと書き、『万朝報』の発行部数はたちまち東京の新聞中第一位になった。

日露開戦前にそれまで非戦論をかかげていた『万朝報』が主戦論に転じると、非戦論を唱えていた内村鑑三は、幸徳秋水、堺利彦とともに『万朝報』を離れた。そして幸徳と堺は平民社を起こして『平民新聞』を発行した。このころまで社会主義は特別なイデオロギーではなかった。自由主義者も国家主義者も気易く往来し大いに談論風発したものだった。実際のところ、内村は無教会派のキリスト者、幸徳と堺は社会主義者であった。内村は不敬事件で教職を追われたことがある。いずれも個性の強い人たちであった。そういう三人を黒岩は重用したのである。その黒岩涙香はどうかというと、一九一一年に南北朝正閏論が起こったとき、いちはやく南朝正統説をとなえた。乃木将軍が明治天皇に殉死したという報に接すると、『万朝報』に乃木を楠木正成に比肩する偉人としてたたえる追悼文を書いた。[10] 皇国史観のかなめの部分に共振する心線の持ち主であった。

それが一九二〇年代にはすっかり様子が変わった。社会主義者は「主義者」と呼ばれ、現存国家体制の覆滅と新社会の建設をめざす人たちと見られるようになった。社会主義者自身もそう自認するようになった。ロシア革命が起こったために、社会主義はにわかに現実性をおびてきたのである。社会主義はもはや社会正義と社会改良の思想ではなくなった。中江兆民が「哲学」と呼んだものはいまや体制に立ち向かう主義に姿を変えたのである。

日本の社会主義は知識人主導だったので、知識人主導の運動らしくたえず理論闘争が起こった。議会主義か直接行動か。アナーキズムかマルクス主義か（アナボル論争）。明治維新は絶対主義革命か不完全なブルジョア革命か（日本資本主義論争）。それとともに文才豊かな人が多かった。幸徳秋水、大杉栄、堺利彦、山川菊栄、高群逸枝、新居格など、みな読み応えのある文章を書いた。文学者はもっと多かった。徳永直、葉山嘉樹、中野重治、佐多稲子、宮本百合子、島木健作、小林多喜二、福田正夫などなど、指を折ったら切りがない。

アナーキストは無政府社会を理想としたが、それは権力のない社会であって、したがって自由な社会である。社会には自己調整作用があると考えて、暴力革命の必然性は認めなかった。資本主義社会が搾取と格差の社会であるなら、協同組合の考え方で非営利の企業（生産組織）をつくればいい。いまでいえばＮＰＯである。そうして協同組合主義の企業がだんだんふえていけば、営利企業は少なくなり、資本家による搾取はじょじょになくなっていくだろう。暴力革命は必要でない。たとえば以上のような社会変革を考えていたのである。賀川豊彦（一八八八～一九六〇）は非営利企業の経営を実践に移したし（ただし多くは失敗した）、石川三四郎（一八七六～一九五六）は協同組合を紹介する著書を書いている。

大杉栄はまっ先にロシア革命を歓迎したが、ヨーロッパに密航してロシア革命の実情を知ると、真っ先に反対に回った。しかしロシア革命が起こるとアナーキズムの旗色はじょじょに悪くなっていく。大杉栄は関東大震災のどさくさで憲兵に虐殺された。やがて長い戦争の時代が始まると、石川三四郎など一握りの人を残して総崩れになっていく。大正期にあれほどさかんだった民衆詩派の詩人たちもほとんどは戦争協力に向かっていった。

これに対してマルクス主義者は資本主義が非常に堅牢な社会構造を持つと考えた。倉田百三の『出家とその弟子』に登場する善鸞のようなとらえ方である。それゆえに資本主義社会の構造を剔抉しようとして理論研究に打ち込んだ。講座派と労農派の日本資本主義をめぐる論争は学問的な対立で、それは膨大な学問的蓄積を生んだ。マルクス主義が日本社会の分析にいかに心血をそそいだかをうかがわせる。山田盛太郎（一八九七～一九八〇）の『日本資本主義分析』（一九三四年）は、後進資本主義国である日本の特徴を浮かび上がらせ講座派の聖典と呼ばれたりした。他方労農派は明治維新は不徹底なブルジョア革命であり、日本資本主義はブルジョア君主制であるととらえた。

マルクス主義者は階級支配がきわめて強固なものだと考えた。何しろ彼らによれば、それは労働者階級に「虚偽意識」を植えつける力さえ持つのである。労働者が階級意識に目覚めるのは決して容易なことではない。資本家階級は何千年も前からつづく宗教の力までをも借りて労働者を虚偽意識漬けにする。「宗教はアヘン」なのであった。イデオロギーに関するマルクス主義の理論は、彼らがいかに資本主義社会を堅牢なものととらえていたかを如実に物語っている。

アナーキストは自由奔放だったが、マルクス主義者はいっきょ的な暴力革命に備えて民主集中制と鉄の規律をとなえたから、必然的にマルクス主義内部で路線をめぐって激しい論争がたたかわされた。しかも山川イズムから福本イズムへ、そしてコミンテルンの方針へと、わずかの間にめまぐるしく方針が変わった。山川均が「無産階級運動の方向転換」で大衆路線を主張したのは一九二二年だった。二五年に福本和夫はこれを折衷主義としてきびしく批判し「分離・結合」をとなえた。だがその福本イズムも、コミンテルンの二七テーゼで山川イズムとともに否定された。そしてこの年山川は『労農』を創刊し、福本らと袂を分かった。そして二八年の三・一五事件、翌年の四・一六事件によって日本共産党の表立った活動は消えるのである。

人はイデオロギーを持って生まれてくるわけではない。だからイデオロギーや宗教を受け入れるには多かれ少なかれ特別な体験をくぐる。そういうときに人は煩悶を体験する。煩悶の苦しみが大きければ大きいほど、資本主義社会は強固な構造に見えるだろう。だがおそらく、もっと深刻な葛藤を伴ったのはマルクス主義に入るときではなく、マルクス主義を離脱するときだったと思われる。転向である。

註

（1）ホアン・J・リンス『全体主義体制と権威主義体制』高橋進監訳、睦月規子他訳、法律文化社、一九九五年、一四一ページ～。

（2）芳賀矢一『国民性十論』冨山房、一九〇七年、五ページ。

（3）倫理学者の和辻哲郎の『自叙伝の試み』を開くと「衣食住の中の衣に関係する仕事をだいたい村の女たちの手で弁じていた、という時代は、だいたい日清戦争のころに終わったのであろう」という一節が見える。当時子どもだった和辻は、日々の生活の中でその変化の様子を見ていた。ちなみに和辻哲郎は啄木とほぼ同世代である。

（4）藤村操の自殺がいかに大きな衝撃だったかについて。橋川文三が興味深い考察をしている。「明治末期の学生像」『歴史と思想』未来社、一九七三年所収。

（5）新しい女と煩悶青年の関係については、平石典子『煩悶青年と女学生の文学誌　「西洋」を読み替えて』新曜社、二〇一二年に興味深い考察がある。

（6）『西田幾多郎全集』第1巻、岩波書店、一九六五年、四ページ。

（7）『西田幾多郎全集』第11巻、岩波書店、一九六五年、四四七ページ。

（8）『田辺元全集』第7巻、筑摩書房、一九六三年、二五九～二六〇ページ、二六三ページ。

（9）伊藤整『日本文壇史12　自然主義の最盛期』講談社、一九七一年。

（10）黒岩涙香については、伊藤秀雄『黒岩涙香伝』国文社、一九七五年を参照。

第五章

大正デモクラシー

――吉野作造と民本主義

大正デモクラシーは市民社会が国家から独立してその姿をあらわしたことを示している。恋愛ものの小説では、それまで独身男女の恋愛は否定されていた。ところが一九二〇年代になると独身男女の恋愛が肯定され、愛のない結婚が否定されるようになる。菊池寛の『真珠夫人』はその嚆矢であった。

市民生活の倫理と国家生活の倫理はするどく対立していた。国家が推奨する道徳は忠孝貞であった。国民は臣民として忠君愛国に生き、子は親に孝を尽くす。そして妻は夫に仕え義父母に仕えるべきであった。先祖代々つづく家の存続が何より優先した。それに対して市民社会は恋愛をロマンチックに描き、女性を美しく描いた。男女の自発的な結合に対するあこがれが広がった。

吉野作造は憲政の常道、すなわち普通選挙と政党政治をとなえた。吉野がとなえた民本主義論は市民社会を構成するさまざまな要素を、いかにして国家の意思決定につなげるかをめざした思想的格闘の産物だった。

1　第一次世界大戦の衝撃

一九一四年七月二八日、オーストリア＝ハンガリーがセルビアに宣戦布告し、第一次世界大戦が勃発した。八月一日にはドイツがロシアに宣戦布告、すぐさま英仏が参戦した。戦争は当初、だれもが短期で終わると考えていた。前線に動員された将兵も、クリスマスには家庭でお祝いができると思っていた。しかし期待は裏切られた。一九一七年四月にアメリカが参戦、一一月にはロシア革命（旧暦の一〇月のため「一〇月革命」と呼ばれている）が起こって社会主義国が誕生した。一九一八年一一月停戦。一九一九年六月二八日にヴェルサイユ条約が締結されて第一次世界大戦は終わった。人類がはじめて経験する全体戦争だった。

第一次世界大戦は戦争の性格を大きく変えた。戦争は全体戦争となり、全体戦争は国家の能力そのものをためす巨大な負荷になった。帝政ロシアは負荷に耐えず一九一七年の一〇月革命により早々と崩壊した。イタリアはかろうじて戦勝国となったもののやはり負荷に耐え切れず、一九二二年一〇月のローマ進軍で早々に国家ファシスト党の支配するところとなった。それればかりではない。国際政治においても国内政治においても、第一次世界大戦は政治の拠って立つべき原理を変えた。戦前ヨーロッパに勢威を誇った三つの帝国はすべて崩壊し、ひとつは共和国に（ドイツ）、ひとつは分解してふたつの共和国に（オーストリア＝ハンガリー）、そしてもうひとつは社会主義国になった（ロシア）。デモクラシーは民族自決とともに正当な統治原理になった。デモクラシーということばは第一次世界大戦を境にして、はじめてプラスシンボルになった。それまではデモクラシーというと衆愚政治を意味することが多かった。マイナスシンボルだったのである。そして一九二〇年、国際連盟が発足した。

日本は戦勝国として五大国のひとつに数えられるまでになった。しかし、にもかかわらず、国際環境の大激変に適応することに四苦八苦した。それまで日本は一九世紀後半に世界システムに接触し、システムに適応するために法制度を整えるなど涙ぐましい努力を払った。その目的は治外法権の撤廃と関税自主権の回復だった。一九世紀システムは主権国家と勢力均衡と帝国主義のシステムだった。日本は日清日露の二度の戦役に勝利をおさめて、列強の一角を占めるまでになった。

ところがうまく適応して強国クラブに迎えられたそのときに、一九世紀システムは二〇世紀システムの挑戦を受けて揺らいでいた。パックスブリタニカからパックスアメリカーナへ、主権国家と勢力均衡と帝国主義からデモクラシーと民族自決と国際連盟のシステムに移行しようとしていた。

結果からいうと、日本は二〇世紀システムへの適応に失敗する。中国ナショナリズムに対する対応も、アメリカの門戸開放政策に対する対応も、海軍軍縮に対する対応も、うまくできなかった。たとえば中国の情勢を見ると、辛亥革命で中国は軍閥による地方割拠が激しくなり、統一政権をつくるのに四苦八苦する。革命派は孫文の三民主義をかかげたが、権力を掌握することはできなかった。こういう情勢の展開に日本は総じて先を見る目がなかった。まず山県有朋は清朝をバックアップすべきと考えていた。イギリスは袁世凱を支持していたが、山県有朋は袁世凱に不安を感じていた。山県は日本の天皇制に対応する政治体制、つまり王朝であることが最も望ましいと考えていた。陸軍の現場は袁世凱や軍閥に肩入れしていた。要するに日本の政治家はばらばらだったのである。そもそも民族主義に対する感性がなかった。革命派を支持していたのは犬養毅や頭山満や宮崎滔天らだった。

2　大衆文化の時代

一方、大正時代は大衆社会化が始まった時代だった。それは一九〇〇年代にさかのぼる。日露戦争の報道合戦で新聞の発行部数が飛躍的に伸び、いながらにして講談や浪花節などなどを楽しめる雑誌をはじめ、いろいろな雑誌が創刊された。一九一四年に『少年倶楽部』が創刊された。『少年倶楽部』という雑誌が出れば、男の子たちは「自分は少年になりたい」と思い、少年になるためにはどんなふうに感じ、どんなふうに行動し、どんなことができなければならないかと考えるようになる。社会学の用語でいえば、「少年」というものが構築されたわけである。「少年」が構築されたばかりではない、「少女」が構築され「主婦」が構築され、「恋愛」が構築された。少年や主婦や恋愛の構築に大きな影響力をふるったのが新聞雑誌であった。『主婦之友』が創刊されたのは一九一七年、『少女倶楽部』が創刊されたのは一九二三年だった。『少女の友』は一九〇八年に実業之日本社が創刊した。画家の中原淳一が表紙に目の大きな少女を描き、小説家の吉屋信子や川端康成らが創作の筆を執った。

人びとの生き方が「構築」されるということは、戊申詔書で藩閥官僚が示した期待に国民は背を向けたということであった。こうして国家と市民社会の亀裂がその姿をのぞかせ始めた。

第二章でリアルの伝播力について見たが、新聞雑誌はリアルを伝播する強力な媒体だった。人びとは政治についてわがことのように慷慨するようになったし、ナショナリズムの渦に巻き込まれる人も大幅にふえた。そして構築の作用によって、生き方のモデルや考え方のお手本というリアルを親兄弟からばかりでなく、遠いところで発信されるモデルからも学ぶようになった。

さて、同じころレコードや蓄音機が発売され（一九一〇年）、少し遅れてラジオ放送が始まった（一九二五年）。家にいて音楽や浪花節が楽しめる時代が来たのである。

大正ロマンということばがある。一九世紀末の欧米で流行した耽美主義やダダイズム、アール・ヌーボーやアール・デコなどの影響を受けて起こった。藤島武二、橋口五葉などがアール・ヌーボーの画家として活躍した。一九一三年には、竹久夢二の絵入り小唄集『どんたく』が出た。「待てど暮らせど来ぬ人を」という「宵待草」が掲載されているのはこの小唄集である。「宵待草」は多忠亮が曲をつけて、たちまち一世を風靡した。

一九一三年、島村抱月と松井須磨子らが芸術座を結成した。一四年、芸術座は帝劇で『復活』を初演した。劇中で松井須磨子がうたった「カチューシャの唄」（作詞／島村抱月・相馬御風、作曲／中山晋平）はたいへんな人気になった。

大正ロマンは女性の心をつかんだ。とくに若い女性を夢中にさせた。少女時代に吉屋信子の小説『花物語』や中原淳一の少女画に夢中になったという女性の証言は数え切れないほどである。少女たちが吉屋信子や中原淳一に夢中になるという現象がなぜ起こったのか。二〇年ほど前に少女の心をつかんだのは孝女白菊の物語だった。行方不明になった父親を、兄とともに苦労しながらさがす白菊という少女の物語である。白菊は親を慕う少女である。それに対して吉屋信子や中原淳一が提示する少女は、冒険したり苦労したりはしない。夢見る少女であり、男の子が恋するような少女である。

その背景にある最も重要な条件は、独身男女の恋愛が肯定的に受けとめられるようになったことである。一九一〇年代以前には独身男女の恋愛はご法度だった。男女の愛情は結婚してから生まれるものであり、結婚は親や親しい年長者が決めた相手とするものであった。それが一九二〇年に菊池寛の『真珠夫人』が書かれたころから大きく変化した。愛し合う男女が結婚することが理想であり、愛のない結婚は偽りの結婚として拒絶されるようになるのである。

結婚が男女の自発的な結びつきであるのと、周囲の人たちのお膳立てによって成立するのとではたいへんな違いである。それは政治体制が国民主権であるのと君主主権であるのとの違いに匹敵するかも知れない。大正時代には、有島武郎や高群逸枝が、愛情による男女の自発的な結びつきを社会組織の基礎としてとらえる思想をとなえた。家族は最小単位の社会組織である。家族を先祖代々つながるものとしてとらえるのではなく、男女の自発的な結合としてとらえる。そういう思想が起こり、そして通俗小説がさかんに独身男女の恋愛を描いた。それが大正デモクラシーだった[1]。

3　日本人の生活の変化

日本人の生活は文明開化の時代から今日に至るまで、継続的に変化してきた。住居も交通も食べ物も何から何まで、止むことなく変化してきた。変化はいつも意識されていたが、大正時代は変化が最も強く人びとに意識された時代のひとつだった。何より都市化が進んだ。変化の様相を思いつくままにピックアップしておこう。

作家の正宗白鳥が、一九三八（昭和一三）年一月号の『中央公論』に、「思想・無思想」という、いかにも彼の好尚がよくあらわれた題名の評論を書いている。正宗はその中で、彼の郷里が自分の幼少のころにくらべてどんなに大きく変わってしまったかについて述べている。正宗は岡山県備前地方の農村で二百年つづいた旧家に生まれた。一八七九（明治一二）年生まれだからこのとき五九歳。変貌する彼の故郷は、明治維新からかぞえて七〇年の歳月を閲していた。

「殊に今度帰つて見て、世の中の事は分からないものだと意外に感じたのだが、郷里はすつかり工場地になりかゝつてゐる上に、汽車の線路で横断されることに決定されてゐるさうだ。静寂な農村漁村が工業地帯となる近代文明の実現の小さな雛形をこゝに見てゐるやうである。猫額大の土地に幾つかの工場が建つて黒烟を噴出し、東京下関間の主要な鉄道が敷設されて、昼夜囂囂と暴音を響かせるやうになると、そこは、私には懐かしい故郷ではなくなるので、先祖とともに安心して眠れなくなりさうである[2]」。

鉄道が開通するだけで、人やモノの動きは一変する。そしてかつて繁盛していた町はやがて衰え新しい町が栄えるようになる。一九三〇年代の東京では浅草がいちばん繁盛していたものである。

人力や牛馬の力など動物のエネルギーだと、たとえ車を利用しても、しょせん運ぶことのできる重量は限られている。それにくらべて河川や海などの水上交通はずっと効率的である。旅をするときでも、歩くよりは馬上を行くほうが楽であり、馬上よりも船のほうが体力を消耗しないといえるだろう。だから鉄道が開通する以前は水上交通がきわめて重要な交通手段だった。

日露戦争以前のころまで、山梨県甲府市から東京まで行くのにどういう経路をとるのが便利だったか、想像がつくだろうか。当時はまだ中央線が開通していなかったから、甲府から富士川を船で下って東海道に出るのがいちばん便利だった。だがそれほど利用された川下りの船も身延線や中央線が開通するとたちまち姿を消してしまうのである。

人びとの身なりやふるまいも変わる。次も「思想・無思想」からの引用であるが、国家権力が世態風俗を強権によって変えていくさまがうかがわれる。

「私の幼少の頃には、真夏には、多くの漁夫はふんどし一つの丸裸で、あるひはそれなしに道を歩いてゐる者が多かつたし、女でも腰巻きだけで日を暮らしてゐる者が多かつたが、巡査の駐在所が出来てから、巡査に見つかつたら、両肌ぬぎは幾ら片肌ぬぎは幾ら、罰金を取られると脅かされて、私などは先づ裸体と罰金のことから巡査の恐ろしさを幼な心に刻まれた。これも明治政府の文化政策の一端であつたが、私もさういふ文化のすべてを至上のものとして柔順に受入れながら育つた」[3]。

もともと日本人は裸を恥としなかった。外国人の撮った明治の写真からも、戦国時代の宣教師の記述からも知られることであるが、明治の日本人は裸体を恥ずかしがらなかった。能登半島の中心都市である七尾市に生まれた杉森久英は一九一二（明治四五）年生まれであるが、この港町でも羽振りがいいのは船員、船大工、漁師、沖仲士ら海の男たちで、彼らは「塩風と荒波に揉まれて、真っ黒に日焼けした逞しい身体をみせびらかすように、ふんどし一つであるき回った。ふだんは跣足（はだし）で、町の通りへ出るときでも、袖なしのチャンチャンコを一枚ひっかけるのがせいぜい」であった[4]。こういうファッションがかっこいいとされていた。

東京の市電でも車内に「ふとももだすべからず」「たばこすうべからず」「たんつばはくべからず」など書いた貼紙がしてあった。もちろん「ふともも」は女性のことであるはずがなく、当時職人などが着物のすそをはしょる習慣があったことを禁じたのである。

住環境も変わった。島崎藤村の小説にも出てくるが、裕福な農家ではそれぞれが自分の膳を持っていた。それを出して食事したのである。夏目漱石の小説を読むと都市の家庭では卓袱台（ちゃぶだい）を囲んでいる。いまはほとんどの家庭でテーブルを使っているだろう。

この一世紀余の変動はきわめて巨大だった。だから、わたしたちは、何が変わったといわれてもそれほど驚くことはないであろう。識字率がきわめて低く字を読めない者がたくさんいたといわれても、なるほどそうかと思うばかりだし、平均寿命がいまよりずっと短かったといわれても、医学が発達していなかったころのことなのだからさもありなんと感じるだけである。

日本人の作業の姿勢も変わった。以前はまな板に足があって大きな下駄のようなかたちをしていた。いまのまな板には足がない。これは一九六〇年代に起こった変化である。流し台のかたちが変わったのである。それ以前はどうかというと、しゃがんで作業をしていた。七輪に火を起こす。かまどでご飯を炊く。たらいで洗濯する。すべてしゃがんでいた。しゃがんでするのが基本だった。そのせいかわたしの子ども時代でも腰が曲がった老人がたくさんいたものである。いまはほとんど見かけなくなった。

以上述べたように生活はたえず変化している。第一次世界大戦後はその変化が外から来たものとして非常にはっきりと意識された。アメリカ映画が上映されたし、多くの雑誌が創刊されたことによって、巻頭グラビアや記事によって変化を見た。五大国のひとつとして列強と肩を並べたことで、民衆は西洋諸国の具体的な姿と、自分たちの変化の大きさをひしひしと感じとった。たとえば谷譲次の「めりけんじゃっぷ」ものは、本人が見たアメリカ社会のなまの姿をおもしろおかしく伝えた。谷譲次（本名長谷川海太郎）は一九〇〇年に生まれた。一八歳で単身渡米しアメリカで暮らした。大学に通いながら、さまざまな職種で働いた。結局大学は中退した。七年後帰国して一九二五年からアメリカものを『新青年』に連載した。それは「めりけんじゃっぷ」ものといわれて大きな評判になった。

そして人びとは心の深層で一種のアノミーを起こした。アノミーとは方向感覚の喪失である。エリートと庶民、年配者と若者、男性と女性、都市と農村、近代産業と伝統産業、資本家と労働者、それらをつなぐ共通の基盤が喪失したという不安が生じた。そういうときこそ国家の役割は重要だが、柔軟に対応できなかった。一九二〇年代には家族制度改革が議論されたが、それさえ実らなかったのである。一九三〇年代以後のイデオロギー対立の激化はそういう状況を背景にしていた。

4　美濃部達吉と吉野作造

憲法学者の美濃部達吉（一八七三〜一九四八）と政治学者の吉野作造（一八七八〜一九三三）はともに大正デモクラシーの旗頭ともいうべき役割を果たした学者である。明治憲法体制という権威主義体制の中でいかにして民主化を進めるか、その理論をとなえた。美濃部は天皇機関説を、吉野は民本主義をとなえたのである。

おもしろいことにふたりは、桂園時代に対する評価がまったく違っていた。山形閥の桂太郎と立憲政友会の西園寺公望が代わる代わる政権を担当した一九〇一年から一九一三年までを桂園時代というが、美濃部は桂園時代を高く評価し、吉野は否定的に評価した。美濃部は国務大臣の個別輔弼責任を規定した憲法第五五条について、実質的には国務大臣は内閣として連帯責任を負うのだとして、そうである以上政党内閣制でなければならないと主張した。そしてその観点から桂園時代を政党内閣に向けての一歩前進として評価した。一方吉野作造の評価は西園寺内閣は純然たる政党内閣ではない、桂太郎を代表とする官僚閥との情意投合によって支えられた政権であるとして、否定的だったのである。

だが時事問題に関して吉野と美濃部はだいたいにおいて同じ立場に立った。たとえば一九一八年に米騒動が起こると、美濃部はこれからは経済上の階級の闘争が激化する危険がある。米騒動はそのあらわれである。こういう事態になるのを止めるために労働者無産者にも選挙権を与えて、政治にかかわるようにするべきであると論じた。米騒動で寺内正毅内閣が倒れ立憲政友会の原敬内閣が誕生すると、今度は吉野が初の本格的な政党内閣にエールを送った。原内閣は、民衆を友として上下心をひとつにするようにせよ、そうすれば国家の富強をはかることができると論じた。民政党内閣の国際協調路線には異口同音にエールを送ったし、政党の腐敗をきびしく批判した。

吉野作造は一九三三年に死去した。そのあと三五年に天皇機関説問題が起こる。そして美濃部達吉の学説は公的に否定される。美濃部はその後も生きて、日本の敗戦と新憲法の制定を目撃することになる。

さてまず美濃部達吉の憲法理論を見てみよう。

美濃部達吉は東京帝国大学法科大学を一八九七年に卒業した。大学では憲法講座担当の穂積八束と国法学担当の一木喜徳郎（一八六七〜一九四四）の講義を聴いたが、国家法人説によって理路整然と論じる一木喜徳郎の講義に心酔した。卒業後、内務省に入るが辞めて一八九九年に大学に戻る。一九〇〇年、ドイツに留学し、そこでイェリネックの『一般国法学』に傾倒した。そのころ憲法学では一木の説と穂積八束の説が対立していた。穂積は統治権の主体が君主にあるか人民にあるかによって君主国体と共和国体の違いがあるとし、国体と政体は別のものだとして、立憲政体と専制政体があるとした。だがそれはやはり相当に無理があった。当時の憲法学者は多数が一木の学説を支持していた。

美濃部は一木と同じく、統治権は法人としての国家に帰属し、憲法によって主権者は最高機関として組織される、そして主権者は憲法に則って統治をおこなうとした。天皇機関説である。もう少し美濃部の説をくわしく見ると、国家は、君主・国民・内閣・議会・官庁などのさまざまな機関によって構成された共同的団体（法人）であるとされる。国家は「多数人」が「共同の目的」をもってつくる法人であるとし、上は君主から下は交番の巡査まですべて「国家の機関」である。国土国民を支配する主権も法人としての国家に帰属する。国家は下層の民衆をふくめた構成員全体の共有物である。だから国家を支配する権力である統治権も君主ひとりのものではなく、すべての国民のものであり、それぞれが分担して行使するものである。君主は主権者である。しかし君主だけが権力を独占し無制限にふるえるのではない。「憲法の条規に従ってのみ統治権」を行使することができる。天皇も他の国家機関と同様に国家の最高機関として憲法の範囲内で主権を行使するのである。

吉野の民本主義が登場すると美濃部は民生主義をとなえて普通選挙や政党政治を実現すべきだと、吉野と同じ陣営に立って論陣を張った。明治憲法は立憲君主制だが、専制君主制的な側面もあった。それに対して美濃部は、天皇は積極的に政治に参加すべきではない、「内閣で相談をして、其の協議の結果に依って御裁可」するのがいいとして天皇不執政論をとなえた。美濃部は一九三二年に貴族院勅選議員になった。三四年の陸軍パンフレットに対して徹底的に批判した。

5　天皇機関説問題

だが三五年に天皇機関説問題が起こり、美濃部の著書は発禁になる。

美濃部の学説は通説になっていた。官僚の任用試験だった文官高等試験（いわゆる高文）の出題は美濃部説によることが多かった。天皇機関説は国家公認の学説だったわけである。だから天皇機関説問題は統治構造の根本原理を揺るがした、見かけよりはるかに重大な事件だったのである。それは事実上のクーデタだったといっても過言ではない。

三四年に国体明徴運動が起こり、美濃部の学説が攻撃され、美濃部は不敬罪で告発された。さすがに不敬罪にふれることはなかったが、検察は出版法違反にひっかけることができるのではないかと考えた。やむなく美濃部は貴族院議員を辞職し、それで不起訴になった。しかし美濃部の著書は発禁となりその学説も国体明徴声明によって公的に否定された。この間、岡田啓介内閣は二度にわたって国体明徴声明を出し、天皇機関説は国体の本義に反するとした。このとき政友会は積極的に美濃部攻撃の片棒を担いだ。政党政治に期待をかけた美濃部だったが、皮肉なことに当の政党は党利党略に明け暮れ、満州事変で陸軍の人気が高まると、政友会の一部議員は軍部と組んで政権を奪取しようとはかった。天皇機関説問題は、倒閣を睨んでの思惑も働いていた。まさしく政党政治の自殺行為だった。

なお美濃部が大学時代に心酔した一木喜徳郎は重要な人物である。一木は内務省に入り法制局長官と東大教授を兼任した。その学説は天皇機関説だった。山県有朋に重用され、文相や内務相を歴任、山県死後も宮内大臣に就き、三五年当時は枢密院議長だった。しかし一木も激しく攻撃され枢密院議長の職を辞することになった。

天皇機関説が右翼から激しい攻撃を受けたことには前史があった。いま一木喜徳郎の学説と穂積八束のそれとの対立があったことにふれたが、その対立は一木の弟子である美濃部と穂積の弟子である上杉慎吉に受け継がれていた。ただし憲法学上は両者ともに国家法人説に立っていたといっていい。だから憲法学に国体の概念を持ち込むことには、たしかに大いなる無理があった。

しかしやっかいなことに、国体の概念は水戸学が生み出したもので、維新の旗印だった。国民教化のうえでは「国体」ということばが前面に押し出されるのは教育勅語が発布されたころからである。学校では修身という科目が道徳を教えたが、そのころから儒教主義的な内容になっていき、そこでは「国体」は重要な概念だった。修身の教育内容に大きな影響力をふるった井上哲次郎は国体は不易だが政体は可変としていた。国体は不変だが政体は可変という井上の主張と、国体という概念を憲法学に持ち込んだ穂積の主張はぴったり符節が合う。そこで学校教育の現場でこれをどう処理すべきかということになると、問題は一筋縄ではいかなくなる。

なお美濃部達吉は敗戦後、一九四六年に枢密顧問官として新憲法の審議にかかわった。そして憲法改正に反対した。

6　吉野野作造の民本主義

吉野作造は行動する学者だった。民本主義をかかげて大正デモクラシーの第一線に立った。一九一八年には学生の思想団体である黎明会を結成した。また新人会の結成にも助力した。東大YMCA理事長として社会事業も手がけた。吉野の東大の研究室にはさまざまな人が出入りしていて、ほかの教授たちとはだいぶ雰囲気が違っていたという。

吉野作造は東京大学法科大学で小野塚喜平次の薫陶を受けた。一九一〇年から三年間ヨーロッパに留学した。帰国後、吉野は『中央公論』の名編集者だった滝田樗陰の依頼でしばしば寄稿するようになったが、同誌一九一六年一月号に発表した「憲政の本義を説いて其の有終の美を済すの途を論ず」は普通選挙と政党内閣を説いて吉野の代表作となった。

吉野が『中央公論』に発表した「憲政の本義を説いて其の有終の美を済すの途を論ず」は長大な論文である。吉野は、立憲主義の理念を間然するところなく説き尽くした。そしてこの論文が送り出した民本主義ということばは、(5)大正デモクラシーの方向と運動をあらわす重要なシンボルになった。

吉野は民本主義を高唱するに当たって、民主主義と民本主義を厳密に区別した。民主主義ということばには、主権が人民にあるという意味がふくまれている。しかしそれは、君主主権に立脚するわが国においてはきわめて危険な学説である。そのような意味合いをしりぞけるために、民主主義ということばではなく民本主義という言葉をもちいたい。というのが、吉野の主張であった。つまり吉野は人民主権説をはっきりとしりぞけた。

また吉野は、強力に普通選挙法の導入すべきことを論じていながら、その反面、民衆がアクティヴな行為主体として現実政治の舞台上に登場することについては、まったく懐疑的であった。吉野が強調してやまなかったのは、少数者がすぐれたリーダーシップを発揮して、その使命を十分に果たすことだった。

吉野の議論の根底にあったのは、歴史は必然的に民本主義の実現に向かって進行していくという確信だった。吉野は次のように論を進めている。

一八八九年に大日本帝国憲法が発布されて以来、四半世紀の年月が経過した。いよいよ立憲政治の本旨に則って政治を運営していくべき時期に来ている。立憲政治がおこなわれるためには国民の知識道徳がある程度まで発達していなければならない。その面では近代の諸国はいずれも国民の智徳がある程度の段階にまで来ている。どの国でも、民権思想が浸透している。そして専制的貴族政治はもう長く存続できないだろう。立憲政治へのながれは動かしがたい世界の大勢である。したがって日本も立憲政治を定着させなければならない。そのために国民を大いに啓蒙して立憲政治の担い手たるべく育てていくことである。

さて、歴史の進行は民本主義の実現に向かっている、と吉野は考えた。そしてこのことを前提として、民本主義の政治のあり方が論じられていくのである。すなわち民本主義の政治がおこなわれなければならない根拠は、歴史の進行つまり世界の大勢なのだということである。吉野はそれ以上の論拠をかかげて民本主義を基礎づける必要を認めなかったわけである。

7　歴史主義的な発想

あるものごとを要求するときに、その根拠が何であるか。それは重要なことである。たとえば、民本主義の実現は必然なのだと主張するに際して、吉野は次のような論法をもちいることも可能だったはずである。人間は自由であろうとする強い性向を有している。自己の自由をはばむものに対して、激しく抵抗するものである。人間の自由を束縛している社会体制は、少なくとも潜在的には、そのぶんだけ不安定なのである。それゆえ社会の体制は、あたかも水が低いほうにながれるように、結局のところ、できるだけ多くの民衆ができるだけ自由になるような方向に変化していくものである。

右の場合、民本主義の基礎づけは、いわば物理学的・力学的な形式で表現されているということができる。実際、これより四〇年ほど前、自由民権運動が起こったとき、その担い手だった人びとは多く物理学的なイメージで自由や民権について論じているし、また好んでそのような比喩をもちいている。たとえば馬場辰猪は、ものは平均に向かって動くものである、温度が高いものと低いものが接すればその中間の温度に落ち着く、だから政治も民衆の要求を抑圧することは自然の摂理に反することである、というふうに論を進めている⑥。

これに対して吉野は、歴史の方向を民本主義の根拠とした。吉野は歴史主義的な思考をした思想家であった。歴史主義的な論理は、吉野ばかりでなく、二〇世紀はじめの思想に広くあらわれた。

歴史主義的な論理が説得力を持つようになったことは、日本の近代化のあり方そのものの反映であった。マルクス主義が歴史の必然をふりかざしたし、文献学にせよ解釈学にせよ、実存主義にせよ、歴史を踏まえることは当時の欧米の学界の標準になっていたし、日本ではそのうえに歴史を展望することは自分たちの世界の中での位置を確認することと深くつながっていた。政治においても、明治以後の近代化の過程で、脱亜入欧の軌跡がいっそう進むにつれて、欧米はますます歴史の進行方向の正面にすえられるようになっていった。

8 普通選挙制の実現に向けて

憲政とは何か。吉野は、人民権利の保障、三権分立主義、民選議院制度の三つに則って民本主義による政治をおこなうことだと述べる。「所謂民本主義とは、法律の理論上主権の何人に在りやと云ふことは措いて之を問はず、只其主権を行用するに当つて、主権者は須らく一般民衆の利福並に意嚮を重んずるを方針とす可しといふ主義である」(7)。だから民本主義は少しも君主制と矛盾しない。たしかに民主主義国におけるほうが民本主義はよりよくおこなわれるであろう。しかし君主国においてもそれは十分におこなわれ得るのである。

吉野は民本主義と民主主義とを区別したが、いかにも苦しい論法である。実際、彼の主権論はこの論文が発表された直後から批判された。社会主義者の山川均や天皇機関説論者であるが国家主権説から一歩進んで国民主権説をとった植原悦二郎などがその急先鋒であった。あえてこういう苦しい論法をもちいたところに時代の制約というものがあらわれているわけであり、同時に政論家としての吉野の本領がうかがわれるわけである。

当時の事情と吉野のねらいとを考え合わせると、それが吉野の思想家としての「限界」なのだとはいえない。「憲政の本義を説いて…」の最大の眼目は、普通選挙制度を導入せよということであった。ところが当時普通選挙といえば社会主義と同一の主張であると見なされていたものである。しかも一九一〇年の大逆事件いらい、社会主義を危険思想として忌避する傾向はいっそう強くなっていた。

それゆえ普通選挙がはば広い支持をかち取り国民的要求へと広がっていくためには、まず、普選は明治憲法体制と矛盾するものではないという論理が必要であった。吉野が君主主権の立場を鮮明にしたことには、そのようなねらいがあった。吉野はそれによって、「危険思想の烙印をおされることなく、かえって大胆に普選と政党政治を高唱し、藩閥官僚支配を攻撃することが可能となった」[8]のである。

政治は「可能性の技術」であるといわれる。ひとつの政治目標を実現するためには、通常その過程で、多くの妥協や譲歩をおこなわなければならない。敵の行動範囲を狭めたり味方をふやしたりするため、取引や妥協が必要だろう。そして多様な政治主体のさまざまな利害が錯綜する中で、自己の政治目標はやがていくぶんかの変質をまぬがれないだろう。単純な理想論や頑なな非妥協的な姿勢にしがみついていたら、政治の世界ではとうてい何ごとも成し得ない。中江兆民が議員辞職した心事は想像に難くないが、議員がみな非妥協的な態度をつらぬいていたら一九〇〇年体制は実現しなかっただろう。土佐派の裏切りは一概に非難できないのである。しかも、いかにたくみに「可能性の技術」を駆使しても、いつも自己の政治目標が達成できるとは限らない。そうでないほうが多いであろう。妥協と譲歩を積み重ねた辛苦の道のりの行く手に、所期の目標とは似ても似つかぬ到達点が待ち受けていることもある。

政治思想の世界もまた、現実政治と変わりない性格をおびた世界である。吉野は君主主権論を容認し、革命的な社会主義運動を過激派と断ずることによって、普通選挙への途を有効に開き、藩閥官僚政治を真っ向から批判するための確実な地歩をかためた。吉野の政論は現実的な漸進的改革の方策を抜けめなく追求し、その政治的効果をたえず意識しつつ書かれているのである。普通選挙法は一九二五年になってようやく日の目を見たが、吉野は普選の実現に対し、思想家として最も大きく貢献した人物であったといっても過言ではないであろう。

といっても、考慮すべきことはそれに尽きない。そもそも普選が治安維持法と抱き合わせで成立したことは、吉野が君主主権論を容認し、「過激派」に対して敵対したことと奇妙に暗合しはしないであろうか。ゆたかな政治感覚がかえって裏目に出るということもないわけではない。吉野の当初の目標は、彼自身みずから敵の手に何ものかを譲り渡してしまったことによって、結局のところ、大きくねじ曲げられてしまったのではないだろうか。そういう考えも、あるいは成り立ち得るかも知れない。だが結論をいそがず、さらに吉野の議論を追いかけることにしよう。

9　エリートの役割の重要性

次に吉野は政治における少数者の使命、あるいはリーダーシップの重要性を論じる。政治的統合を維持し、堅実な政治発展を進めるうえで、少数者たるエリートが決定的に重要な役割を担っていることを次のように力説するのである。

民本主義は民主主義とは異なる。ところが、えてして民本主義は誤解されやすく、民主主義と混同されがちである。民本主義は君主制とは両立しないかのように考える人がいる。だが民本主義に対する誤解は、それまで政権を独占してきた特権階級がその地位を失うことをおそれる感情にとらわれるところから生じる。つまりそれは理論的な根拠のない反対なのである。

それどころか、それは特権的な少数者が、自分たちの果たすべき役割と使命を正しく自覚していない証拠である。彼ら「少数の階級」は、そもそも「国家の先覚者」たるべき存在である。彼らはみずから歴史の発展を先取りし、進歩をおし進めるべき役割を負っている。すなわち彼らこそ国民の先頭に立って、民本主義への時勢の動きに対応して、みずから進んで旧時代の遺物たる特権を放棄するべきである。吉野は述べる。

「元来之等の少数特権階級の連中は憲政の進歩の上に一種特別の使命を有して居るものである。即ち彼等は従来国家の待遇殊寵を受けて居つた其地位を利用し、常に一歩民衆に先んじ社会を指導し民衆の規範たるの実力を養ふと共に、謙遜つて又民衆の友となり民意の代表者となりて、公に役するの本分を有つて居るものである(9)」。

要するに、少数（エリート）は多数（民衆）に対して積極的なリーダーシップを発揮するべきである。少数と多数との間にそういう関係が確立されているときに、社会は健全であり、憲政も発達する。そうでないとき、両者の間には深い亀裂が走り社会は分極化し、憲政の発達はとうてい望めなくなる。だが、そうなった場合、責任は多数者ではなく本来的に少数者が負うべきなのである。過去において少数者は制度上国民の支配者であった。しかしきたるべき新時代には少数者は実質上の精神的指導者であることに甘んじ、「形式的支配者」の地位はいさぎよく人民に譲り渡すべきである。

後述するように、吉野のリーダーシップ論は彼自身が望ましいと考えた政治システムの見通しと密接に関係している。少数者の使命と責務の強調は、君主主権論を鮮明に打ち出したことと相まって、吉野の妥協と譲歩の表現になっている。彼は少数特権階級がみずからイニシアティヴをとって民本主義の実現に乗り出すべきだと主張する。吉野は民本主義の求める普通選挙や政党政治の要求が、決して少数特権階級に敵意を抱くものではないことを印象づけようとしたのである。

10　一般民衆の政治的判断力をどうとらえるか

吉野作造は民本主義を「一般民衆の利益幸福並びに其意嚮に重きを置くといふ政権運用上の方針」と定義した。その意味はふたつだった。

第一に、「政治の目的」が一般民衆の利福に置かれなければならない。以下は吉野の議論のあらましである。歴史を顧みると、古代において「政治の目的」は「少数の強者の生存繁栄」であり、人民はその目的を実現するための手段に過ぎなかった。牛馬のような扱いしか受けていなかった。中世の封建時代になると、人民一般の利害休戚は、前代にくらべてずっと尊重されるようになった。なぜなら、封建社会では諸侯が群雄割拠して互いに激しくしのぎをけずった。いきおい封建領主は自国を強大にするために力をそそがざるを得ない。国家の強大のもとは結局のところ人民にある。人民こそ封建領主が拠って立つ基盤である。そこで人民は封建領主の力の根拠をかためるという意味で、前代にくらべてずっと尊重されるようになった。

しかしだからといって、人民の利福が政治の目的になったとはいえなかった。人民の利福は支配者の富強を実現するための手段であって、目的はあくまでも支配者の力を伸張することであった。だからいったんことあるときには、人民の利福はなさけ容赦なく踏みにじられたのである。民本主義はまさしくこのような地位に一般人民を置くことに反対する。政治の終局の目的は「人民一般のため」でなければならないと主張するものである。

民本主義の第二の内容は「政権運用の終局の決定を一般民衆の意嚮に置く」ということであった。言い換えれば、すべての政治活動は人民一般の明示または黙示の承認なしにはおこなわないこと、である。ところで、なぜ政策を決定するのに際して、一般民衆の意向にもとづかなければならないのであろうか。人民主権の原理が確立した今日であれば、解答は人民主権原理からただちに導き出される。それはほとんど意味をなさない問いである。しかし、君主主権を前提とする場合は決して自明ではない。

政策の決定が一般民衆の意向にもとづかなければならない理由はふたつある、と吉野は述べている。そして吉野が展開したのは、一九世紀のヨーロッパ政治思想（たとえば哲学的急進主義）の伝統を受けた論理であった。まず理論上の理由。何が人民の利福にかなうかをいちばんよく知っているのは人民自身である。自分のことは自分がいちばんよく知っているからである。したがって、もし政治が人民の利福の増進を目的とするなら、理の当然として、政治の運用はそれをいちばんよく知っている人民自身に拠るが良いということになる。

実際上の理由もある。もし政治を少数者にゆだねてしまうと、彼らはただたんに多数者の要求を正しく汲み上げることができなくなるばかりでなく、どうしても自分たちの利益を優先してしまいがちになる。こうして腐敗がはびこることになる。これに対して人民一般の意向を重んじるならば、不正がおこなわれる余地はよほど少なくなる。だから実際上においても、人民一般の意向を重んじるということは「政治を適当ならしめ、公平ならしめ、又清潔ならしむるの効用がある」[(10)]。

11　自分の利害は自分がいちばんよく知っている――民衆の政治的判断能力

さて、民本主義の第二の要求に対しては、三つの反対論があると吉野はいう。

第一は、人民の意向によって政策を決定するのは君主主権に反するとするものである。君主国においては政治は君主の主権の行使である。君主がその主権の行使に当たって人民の意向を参照しなければならなかったら、君主の大権が制限される。民本主義は君主主権に反する、というわけである。だがこれはおかしな議論である。それは専制君主制の擁護論である。もともと立憲主義によって憲法を制定したこと自体、君主の大権の行使に一定の制限を課したことを意味する。吉野は憲法という西洋風の「制限」を東洋風の「道」にたとえて、君主といえどもわがまま勝手な政治をして良いわけではなく、「道」に則った政治をしなければならない。憲法はまさしくそのような「道」に当たる制限なのだ、と論じている。

第二の反対論は、そもそも人民は愚かなものであって、何が自分の利福かもよくわかっていない。民本主義はしょせん衆愚政治に堕するほかない、という議論である。これに対して吉野は論じる。たしかに人民の智見がある程度まで発達していなければ、民本主義は実をあげることができない。ではどの程度まで発達していれば十分なのであろうか。

代議政治のもとでは、政治指導者は選挙の洗礼を受けなければならない。だから政治家は、自然、みずから進んで人民に政見を訴え、人民の賛同を得られるように働きかけなければならない。人民は政治家の政策・人格・識見等を公平に比較し、だれが公職にふさわしいかを判断する。

「此位の判断は相当の教育を受け、普通の常識を備ふるものには誰にも出来る」と吉野はいう。もし政治について自力で問題を発見し、自力で問題の解決策をつくらなければならないというなら、それはなまなかの能力ではできない。しかし代議制が機能するために必要なのはそんなに高い能力ではない。「必ずしも個々の問題について自家独自の積極的政見を有することを必要としない。此点に於て今日の開明諸国の人民は、概して民本主義の政治を行ふに妨げなき程度には発達して居るものと断言して差支えない」[11]。

このようにして吉野は、代議政治が機能するためには、人民の知識水準は他者の意見の是非善悪を判断できる程度であればよいと論じた。吉野は以上のことを確認したうえで、今度はその矛先を転じて、政治指導者たちの頑迷固陋さを追求する。今日すでに人知は民本主義の実現に足りるだけの発達ぶりを示している。にもかかわらず憲政の運用ははかばかしくない。それは政治指導者の自覚が欠けているからだ、と。

民本主義の政治においても少数の賢者には果たすべき重要な役割がある。それはみずから多数者の中に入り込み、多数者の精神的指導者として活動することである。吉野はこのように述べて、政治的リーダーシップの重要性を強調し、そのうえで、日本の政治家はあるべきリーダーシップを放棄してしまっているではないかと痛烈に批判している。「今日の元老・大臣以下幾多の政客の脳中に、果して憲政の根柢たる民本主義を徹底的に了解して居るもの幾人ありや。更に進んで民本主義の忠実なる僕たる事を以て名誉とするもの果して幾人ありや」。

「若し彼等が其賢に誇って自ら高しとし、超然として世外に遊び、降って多数者の中に入りて之を指導することを敢えてせざる時は、彼等は啻に其志を遂げ得ざるのみならず、国家の進歩にも亦何等貢献することを能はずして了るの外は無い。彼等にして若し国家社会の為に尽さんとせば其賢を以て精神的に多数を指導すると共に、又自ら多数者の役するところとなって、彼等の勢力を通して公に奉ずるの覚悟がなければならぬ[12]」。

第三は、一般人民の意向などというものは実在しない。いっけん民意のように見えても、実際は少数野心家の扇動に煽られてつくり出された虚偽のものでしかない、という反対論である。この議論には吉野はあまり深く立ち入っていないので省略する。

12　人民と議会、議会と政府は政治参加のふたつの段階

「政治の目的」と「政策の決定」というふたつの柱のうち、吉野が重要と考え、かつ内容ある議論を繰り広げたのは「政策の決定」であった。そして彼は民本主義の精神に則った代議政治のあるべき姿を描き出そうとした。選挙権の範囲、選挙のあり方、人民と議員の関係、議会と政府の関係、望ましい政党システムは二大政党制か小党分立制か、上院に対する下院の優位などなど。

吉野が力説したのは代議政治には「人民と議会」「議会と政府」という二段階の関係があるということだった。直接に政権を担当するのは政府である。そしてその政府を議会が監督する。議会の議員は人民の代表である。その議員はまた、人民によって監督されなければならない。このように人民が議員を監督し、議会が政府を監督する。そうすることで権力の運用を民意にもとづかせるのが民本主義の政治なのである。

では人民が議員を、議会が政府を有効に監督するにはいかなる方法によらなければならないか。その

答えは普通選挙制である。普通選挙制は人民が議員を有効に監督するために必要なのである。そして次のステップ、議会が政府を効果的に監督するには何が必要か。政党政治がおこなわれなければならない。これが吉野作造の民本主義論であった。

吉野は、普通選挙こそ人民が議員を有効に監督するために必要な制度なのだという。その理由はふたつである。第一に、議員は国民の代表である。一部の階級の代表であってはならない。ゆえに、議員を選挙する母胎になる有権者はできるだけ広く大きいほうがよい。第二に、選挙民が少ないと買収がはびこりやすくなる。多くなると、とうてい金力で買収しきれなくなる。真っ向から政策政見でたたかわなければならなくなる。吉野は「東西の文明国」において選挙権がしだいに拡張されてきた歴史の趨勢を紹介し、これにくらべてわが国がいかに立ち遅れているかを強調している。

次に議会と政府の関係にうつろう。議会が政府を監督するには、責任内閣の制度を確立するのが有効であると吉野はいう。すなわち政府が議会に対して責任を負うことである。その方法としては議院内閣制がふさわしい。議院内閣制とは議会で多数派を占めた政党の党首が政府を組織することを意味する。政党内閣である。

責任内閣に対立するのは超然内閣である。この場合内閣は議会とは無関係に独立の地歩を保持することになる。内閣はどんなに議会に反対されてもおかまいなしに、政権の座に居すわりつづけることができる。だがそれでは「政策の終局的決定を人民一般の意嚮に置く」という民本主義の趣旨が通らない。もちろん超然内閣は明治憲法の条文に違反しているわけではない。しかし超然内閣は「立憲政治の精神」に背くのである。

吉野は民本主義の政治にはイギリス流の二大政党制が最も適していると考えていた。彼は欧米諸国の政党システムのありさまを紹介しつつ、小党分立の諸国では、たとえばフランス第三共和制のように内閣の平均寿命が七ヶ月、しかも容易に内閣を組織し得ず、内閣がよく機能しないといった弊害があることを指摘し、だから二大政党制が良いという結論を下した。

さてそれならば、日本において二大政党制にもとづく政党政治が定着する道は開かれているのだろうか。ヨーロッパを見ると、当時ロシアは日露戦争に敗れて、遅ればせながらきわめて専制的色彩の濃い憲法をしいたばかりであった。またドイツは統一国家としての成立事情のゆえにプロイセンを主体とする強権的なシステムを要していた。そのためドイツでは帝国宰相（カンツラー）は皇帝に対してのみ責任を負った。

これに対して日本の政治は、一八八五年に内閣制度が取り入れられて以来、だいたいにおいて政党内閣に向かう道をたどってきた。日本はこの点「大体適当なる進路を取って居ると思う」と吉野は述べている。

長々と紹介してきたが、以上が「憲政の本義…」という長大な論文のおおまかな骨子である。

13　憲政の常道――民主主義の現代理論に類似

吉野は普通選挙制の導入を主張した。政治参加の拡大をとなえた。ただしそれは今日の政治学でいうような「参加」の主張ではなかった。吉野の民本主義論には、ある種の静的な秩序の中での、エリートと大衆との役割分担が理想とされている。人民と議員、議会と政府という二段階の関係においても、前者と後者の関係は、いわば消費者と生産者、受け手と送り手、アマとプロのそれであった。こういう考えは、一九三〇年代に登場したヨゼフ・シュンペーターの民主主義論に酷似している。シュンペーターは、複雑な分業が発達した現代社会では、忙しく立ち働いているそれぞれの人が、政治問題について逐一自力で判断するのは望ましいことではないといって、古典的な民主主義の理想である直接参加をしりぞけている。現代社会では政治に関する問題の発見や解決策の作成は、政党や官僚などの専門集団にゆだねるほかなく、一般民衆はいわばアマチュアの立場に徹して政党が提唱する政策の是非を判断するだけで足りるというのである。こういう考え方は民主主義の現代理論といわれる。

民本主義は少数者による政治的リーダーシップと不可分であり、たとえそれが政治支配層に譲歩を迫るための戦術としての意味合いを持たされていたとしても、その理念を説くときの吉野が「精神的貴族主義と形式的民衆主義の混合」といったボキャブラリーしか持ち合わせていなかったことは否定しがたい事実であった。

吉野作造が当面の目標としたのは普通選挙制だった。普通選挙法は一九二五年に成立した。しかしそれは治安維持法と抱き合わせだった。これはその後の日本の歴史に思いをはせると、体制内改革というものにつきまとう限界性をいやでも考えさせられるできごとだったし、同時に体制内改革の思想を評価することの困難さを思い知らされるできごとでもあった。

14　ポリアーキー論で民本主義を考える

一九二五年の政治史的意味を考えるとき、ロバート・ダールのポリアーキーという概念が役に立つ[13]。ダールは政治発展を「パーティシペイション（参加）」と「コンテスティション（異議申し立て）」という

図1　R・ダールのポリアーキーによる日本政治の動き

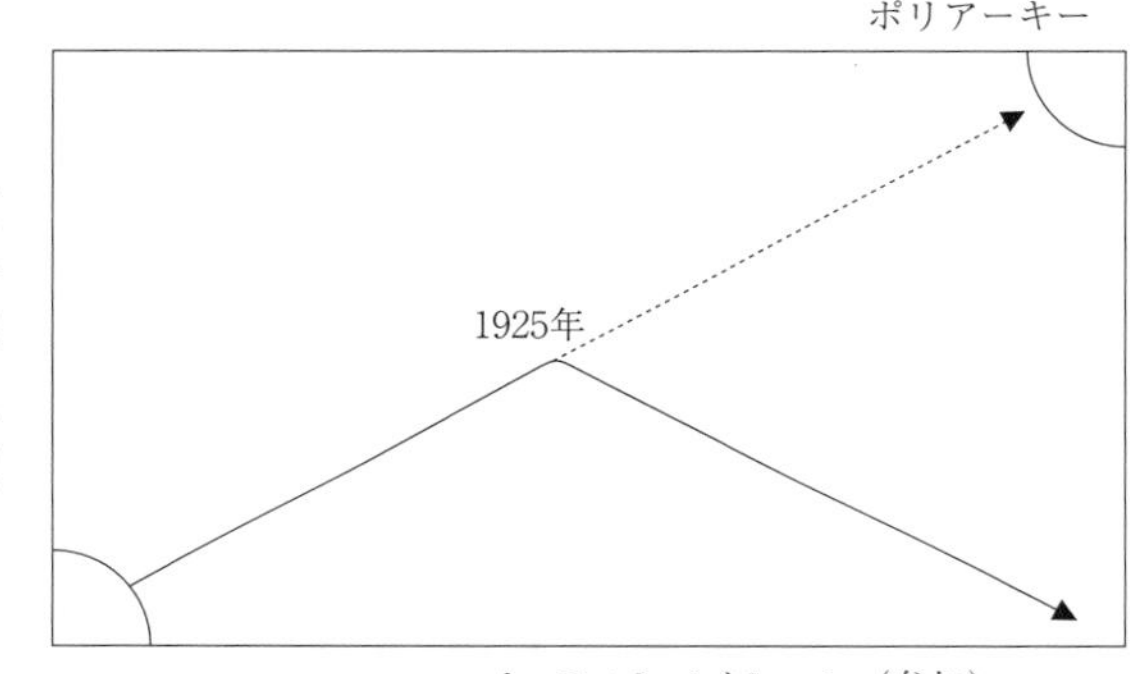

ふたつの指標の組み合わせとして概念化した。パーティシペイションは政治参加の拡大をあらわす概念であり、具体的には参政権の拡大がその指標となる。もうひとつのコンテスティションは政治的自由の深化を示しており、具体的には反対派（オポジション）の存在や言論の自由、さらには政党政治の確立などがその尺度となる。

このダールのモデルに当てはめて考えると、一九二五年の日本は、パーティシペイションこそ拡大したものの、コンテスティションは逆に縮小してしまったということになる。治安維持法は許容される反対派の範囲を狭めたからである。ダールの図に当てはめれば、図1のようになるであろう。

明治憲法体制は形式的には議会制度を取り入れこそしたものの、とうてい議会主義とはいえなかった。権威主義体制であった。大正デモクラシーは権威主義体制の民主化をめざす運動だった。大正デモクラシーは一定の成果をあげた。普通選挙制は成立し、短い期間ではあったが政党内閣が引きつづいて政権を担当する政党政治の時代を迎えることもできた。しかし結局のところ政党内閣の時代は青年将校の決起がきっかけとなって終焉し、やがて日本は戦争への道を転げ落ちていった。

しかも政党政治が崩壊したことには、当の政党自身にも大いに責任があった。一九二九年、前年に調印された不戦条約の批准のとき「人民の名において」という語句が天皇の大権を犯すものとして非難された。このことを民政党は議会で取り上げて問題にした。次いで三〇年四月に招集された第五八議会で、今度は政友会がロンドン海軍軍縮問題について、軍令部が反対する条約の調印は統帥権を干犯するものだとして政府を攻撃した。若槻民政党内閣は満州事変に対して不拡大方針をとったが、軍を抑えるのに苦労したうえ閣内不一致で総辞職した。そのあとを受けて三一年一二月に成立した犬養毅政友会内閣は若槻内閣にくらべて格段に軍部寄りの姿勢をとることとなった。

政党は内閣打倒に奔走し、そのための手段を選ばなかった。吉野が賢者と呼んで持ち上げた人びとの行動はとてもその名にふさわしいものではなかった。つまり政党は軍部と結託してコンテステイションの幅をみずから狭めてしまった。こうしてコンテステイションの契機は十分に伸ばされるどころか、反対にどんどん萎縮していったのである。

吉野作造は、民本主義は普通選挙制と政党政治のふたつの柱からなるとし、このふたつを、人民が議会を監督することと、議会が政府を監督することのそれぞれに対応する政治制度として位置づけている。つまり人民＝議会の段階で普通選挙制が働き、議会＝政府の段階で政党政治が作用するという二段構えの政治制度として民本主義をとらえている。言い換えれば、吉野はこのふたつを縦の関係にあるものとして理論化したわけである。

普通選挙制と政党政治は二段構えの参加の仕組みとして構成されていた。吉野の議論には政治参加の拡大という目的が強く意識されていたのである。政党内閣は国家の意思決定という次元における人民参加の間接的な形態なのである。もちろんそのこと自体は決して間違いではない。しかし政党政治は反対派の存在を許容する制度という側面もある。反対派は「陛下の反対派」なのである。なるほど参加の要素も重要であるが、反対派を尊重するという要素はそれにまさるとも劣らず重要である。反対派に対する政治的寛容の重要性を、無産政党運動に理解を寄せていた吉野が十分に意識していなかったはずはない。

ダールのポリアーキー論からいえば、普通選挙制と政党政治はむしろ並列の関係になる。前者は参加(平等)の制度であり、後者は異議申し立て(自由)の制度である。両方ともにポリアーキーの必須の要素である。いくら普通選挙制が取り入れられても、かんじんの政党がひとつしかなかったりその主張の内容が大幅に制限されていたら、それは全体主義に通じるものでありとうてい民主主義とはいえない。

15　市民社会と国家をつなぐ

さて長々と吉野作造の民本主義論の論理構造を見たが、この章で大正ロマンとして取り上げた竹久夢二の絵や川端康成の小説と吉野の文章を読みくらべてみると、吉野の文章は何となく古色蒼然としていないだろうか。

吉野は市民社会と国家を媒介しようとした。民本主義論はその手段であった。国家の目配りの届かないところで、市民社会はさまざまな芽を育てるものである。労働運動もそうだし、教育活動もそうである。福祉もそうである。まず市民社会が育てる。そして市民社会が育てる芽を国家がともに育てていく。それがデモクラシーである。石井十次が岡山孤児院をつくったのは一八八七年、野口幽香が貧しい家庭の子どもたちのために東京四谷に二葉幼稚園を開いたのは一九〇〇年のことだった。そういう先駆けがあって、これを追いかけるようにして初の公立保育所が大阪にできたのは米騒動のあと一九一九年のことだった。吉野自身、協同組合運動にかかわったし、黎明会という言論団体をつくった。宮武外骨と協力して明治以来発行された全国の新聞を蒐集した。東大の学生による新人会ができたのも吉野の影響を受けてのことだった。市民社会を育てるために、吉野は当事者としてかかわったのである。

国家の次元で民本主義を語る吉野の文章が古めかしいのは、国家の古めかしさ、もっと正確にいえば当時の人びとの権威主義による。そういう言葉づかいの政治論でなければ読者に敬意を抱かれなかった。吉野と同い年の与謝野晶子は多くの政治評論を書いているが、彼女は市民社会の人であった。いま読んでも少しも古い印象はない。しゃちほこ張った文体で読者に語りかけようとは考えていなかったからである。吉野より九歳年下のジャーナリスト新居格は、吉野と同じ東大政治学科の卒業で、大正期のモダニズムに造詣が深く、戦後は杉並区長に立候補し当選している。新居格の文体と吉野の文体も非常に違う。それは一九二〇年代三〇年代の国家と市民社会の違いを物語っている。

註

（1）以上のことについてくわしくは、広岡守穂『通俗小説論　恋愛とデモクラシー』有信堂、二〇一八年。
（2）『正宗白鳥全集』第11巻、新潮社、一九六八年、一〇三ページ。
（3）同右、一〇三〜一〇四ページ。
（4）杉森久英『能登』集英社、一九八四年、八二ページ。
（5）とはいっても民本主義という造語をはじめて使用したのは吉野作造ではなかった。吉野は茅原華山が民本主義ということばをつかっているのを見て、このことばをもちいるようになった。
（6）人間が自由であればあるほどその社会は安定しているととらえたことは、一九世紀における自由主義のひとつの特徴であったが、こうした発想形式が有力になった背景には、ニュートン力学の影響があるといわれる。わが国の自由民権運動の理論家たちにも、植木枝盛や大井憲太郎をはじめとして同様の発想が広く見られる。なお馬場辰猪「平均力ノ説」はそういう思考の一例である。『明治文学全集12　大井憲太郎・植木枝盛・馬場辰猪・小野梓集』筑摩書房、一九七三年、二三六ページ。

（7）『吉野作造博士民主主義論集　民本主義論』第1巻、新紀元社（複製版）、一九七九年、三八ページ。

（8）『近代日本思想大系17　吉野作造集』筑摩書房、一九七六年における松尾尊兊氏の解説。同書四六七ページ。

（9）前掲書『吉野作造博士民主主義論集』三九〜四〇ページ。

（10）同右、五七ページ。

（11）同右、六四ページ。

（12）同右、六七〜六八ページ。

（13）ロバート・ダール『ポリアーキー』高畠通敏・前田脩訳、三一書房、一九八一年。

第六章　和辻哲郎と国民道徳論批判

倫理学者の和辻哲郎は戦時中の言動をめぐってとかくいわれる。戦争協力の疑いがあるというのである。だが和辻はそれを決して認めなかったし、その倫理学の体系を変更することなく、戦後は象徴天皇制を積極的に支持する立場に立った。倫理学という政治性の濃い学問を専攻しながら、戦前戦後を通じて最も権威ある国立大学の教授でありつづけた。和辻が東京大学を定年退官するのは一九四九年である。

和辻は生涯をかけて倫理学と日本倫理思想史の大きな体系を築き上げた。戦時中、真っ向から軍国主義に異をとなえたことはなかったが、それでも津田左右吉の裁判で証人に立って理路整然と津田に有利な証言をした。「献身の道徳」としての武士道にテロリズムや軍の暴走を招く危険な要素があると見て、目立たないかたちではあったが、一九三〇年代からそれを批判する学説を育てつづけた。

営利組織を立派な道徳を持つ存在として見ない点や、科学技術に無関心であることなど、わたしには感心できない点が多々あるが、和辻が戦争の時代に時流に迎合することなく自己の思想を深化させたことは認めなければならないと思う。天皇機関説でさえ公的に否定された（国体明徴声明）時代に、思想を深化させたひとつの事例がここにある。

1　国体、すなわち日本の特殊性をどのようにして論証するか？

幕末以来一九四五年まで、日本の国家体制は支配原理として社会契約説的な論理構成を拒みつづけてきた。倒幕派の思想は水戸学的な大義名分論と国学の融合であり、国体が基本理念だったから、人民主権論など論外だったのである。

一八五三年のペリー来航のころから尊王攘夷の動きは激しくなり、日米修好通商条約の締結、条約の違勅調印問題、安政の大獄と、幕末から維新に向けての激動が始まった。尊攘派の志士たちが拠り所としたのが藤田東湖や会沢正志斎らの後期水戸学の思想だった。忠孝一致と尊王攘夷をとなえた会沢正志斎の『新論』はよく読まれた。『新論』は一八二五年に、イギリスの捕鯨船が常陸の海岸にあらわれ、船員が食糧を求めて上陸した事件がきっかけになって書かれた。事件の取り調べをしたのが会沢正志斎だったのである。『新論』は外国の襲来に備えて広く国民を糾合すべきことをとなえた。会沢正志斎がそのかなめとしたのが日本は天皇が治める忠孝一致の国柄であるということだった。中国の儒学では忠と孝は別のものであるから、日本は忠孝一致だとすれば日本の国柄は特殊固有だということになる。それがすなわち「国体」である。『新論』は水戸藩主徳川斉脩に提出されたが、あまりに激烈な内容だったので公刊されなかった。しかしその内容は評判になり、一八五七年に公刊される以前にも写本がたくさんつくられた。

会沢正志斎は一七八二年生まれであるから、幕末激動期に尊王攘夷運動の先頭に立って活躍したわけではない。一八五〇年代に後期水戸学派の中心となっていたのは藤田東湖だった。藤田東湖は詩文をよくし、その『弘道館記述義』や『回天詩史』や古詩「文天祥の正気の歌に和す」は志士たちにさかんに愛読され愛唱された。こうして明治維新を推進した志士たちは、後期水戸学の国体論や忠孝一本の思想に深く影響を受けていたのである。

とはいえ立憲政治をめざすことについては、明治の指導者たちの間に幅広い合意があった。幕末に起こった公議政体論はどちらかといえば倒幕派に対抗して公武合体をとなえた佐幕派の主張だった。しかし公議政体の思想は倒幕派にも広く受け入れられていた。そもそも幕府の専権に異議をとなえることは、まさしく公議政体の趣旨に沿う行動だった。だから一八七四年に板垣退助らが民撰議院設立建白書を提出したとき、政府は翌年に漸次立憲政体樹立の詔を出している。そして明治一四年の政変以後、政府はいよいよ実際に立憲主義の道を進み始めた。すなわち一〇年後を期して憲法を制定することにしたのである。しかし藩閥官僚たちは社会契約説的な原理を取り入れようとは夢にも思っていなかった。であるから一八八九年に発布された大日本帝国憲法は天皇主権をうたったのである。

明治の政治指導者の中で、いちばん人民主権論に近い立場をとったのは自由民権運動の一部の理論家たちだった。一八八一年に植木枝盛が起草した「東洋大日本国国憲按」は私擬憲法の中で最も急進的なものであるが、しかし、ここでも人民主権と立憲君主制が共存している。自由民権運動は天賦人権論をかかげた。天賦人権論は人民主権論に直結する思想である。しかし自由民権運動の指導者たちも、せいぜい藩閥政治の打破と「君民共治」を考えたのであって、首尾一貫した社会契約説の考え方に立脚していたわけではなかった。

新政府の指導者たちは、「普天率土」のすべてが王に属すとする王土王民思想を拠り所としていた。それを放棄するなどということはあり得なかった。だから明治国家の指導者たちが憲法制定を模索し始めたときにも、彼らの念頭にあったのは「日本の特殊性」(すなわち「国体」)であって、それをいかなるかたちで憲法の条文に表現するかが問題であった。彼らが見出した解決は「大日本帝国ハ万世一系ノ天皇之ヲ統治ス」とうたった大日本帝国憲法の第一条にあらわされている。

大義名分論と国学は明治国家の支配原理の柱だったが、国学者は維新後に早々と政権中枢から排除されていく。天皇親政や王政復古といっても、国学者が思い描いていたことは、ともすれば現実政治からかけ離れていた。熊本神風連のような考え方で国づくりに臨んだら、それこそ日本の近代はなかっただろう。宗教政策も外交政策も、その根底に国学の思想をすえることは現実問題としてあり得なかった。そこで国学者は政府中枢から排除されていったのだが、国学者が指導的な立場から追われたあとも、「日本の特殊性」(「国体」)という観念は、戦前の日本を通じてずっと一貫して強い影響力を保った。バタくさい教養を身につけたエリート知識人も多くはその例外でなかった。民法典論争で「民法出でて忠孝滅ぶ」と叫んだ法律学者の穂積八束や、国民道徳論をとなえた哲学者の井上哲次郎はその最も代表的な存在である。

2　文献学と国学と村岡典嗣

穂積八束と井上哲次郎は一八八〇年代中ごろ同じ時期にドイツに留学し、穂積は法律学を、井上は哲学を修めた。ふたりとも帰国後すぐに東京帝国大学教授に就任している。西洋的な知識を修めた当代一流の知識人だったが、ふたりとも西洋的な知識の体系によって国体を説明したわけではなかった。穂積の国体政体峻別論は多くの憲法学者の批判を浴びたし、井上の学問も兎角の評判があった。井上は内村グだった。井上にはそれだけでなく、新体詩を始めたり孝女白菊の詩をつくったりするという顔もあった。

しかし西洋的な知識の体系によって日本の特殊性を説明しようとした人も少なくなかった。それによって他国との比較が可能になるわけである。日本思想史学の草分けであった村岡典嗣（一八八四〜一九四六）はアウグスト・ベックのドイツ文献学（フィロロギー）の手法を学び、文献学と本居宣長の国学の方法は同じだと考えた。村岡は終生「国体」観念を手放さなかった。敗戦直後の一九四五年九月一二日一三日の二日にわたって、村岡は東北帝国大学で学生市民を対象に「日本精神を論ず　敗戦の原因」と題する特別講義をおこなった。そこで村岡は、わが国の三〇〇〇年の歴史を見ると明らかなことがふたつある。ひとつは国体であり、もうひとつは世界文化の摂取であると述べている。わが国体は「天皇中心の血族的国家といふに外ならず、そは万世一系の皇室を戴いて、国民が建国以来の歴史に於いて実現し、護持し、また成就し来つたところである[1]」。次に世界文化の摂取とは、「同じく建国以来歴史を通じて我国が、諸外国との交渉、接触の間に実行し来つたところで、夙くは儒教、つづいて仏教、新しくは西洋文化等、凡そ世界の一切のすぐれた文化財に対して、之を学得し、之を消化しようとしてとり来つた態度、また成績である[2]」。

西洋的な知識の体系によって日本の特殊性を説明しようとした人の中で、最も説得力があった知識人のひとりが和辻哲郎だった。和辻は天照大神や忠孝一本から出発したわけではない。天照大神は神話の神であるし、忠孝一本は江戸時代後期に成立した観念である。そもそも国体という概念自体が一九世紀中ごろに生まれたのであって、『古事記』が書かれた時代から存在したのではないのである。和辻は若いころから国民道徳論に強い違和感を抱いていたし、国民道徳論批判は晩年の仕事の中心テーマになる。和辻は本居宣長のように『古事記』を絶対化するような立場の対極にいた。和辻はヨーロッパの解釈学の方法に学び、歴史上その時代その時代にはそれぞれの価値観や意識がある、そのそれぞれの時代の思想を理解しいきいきと再現しなければならないと考えていた。和辻は井上哲次郎のように、上古から忠君愛国の思想があったなどといった、歴史を無視した主張に根拠がないことを知っていた。

この場合、それぞれの時代に固有の価値観や意識があるということは、それぞれの時代の価値を尊重するということである。そして価値観や意識の多様性を比較することができるということは、比較を可能にする高次の理論が存在しなければならないということである。和辻の学問体系に即していえば、日本倫理思想史の研究を基礎づける理論が倫理学であった。和辻の日本倫理思想史と倫理学の関係はそういう関係であった。

ところで、それぞれの時代に固有の価値観や意識があるとするならば、それぞれの民族にも固有の価値観や意識があるはずである。いや後者のほうが前者よりも、明白な事実である。フランス人にはフランス人の、中国人には中国人の、それぞれの価値観や意識があることはことさら論証するまでもないだろう。そして、いま述べた「高次の理論」はそもそもそれらを比較することができなければならないはずである。実際に和辻は倫理学において、異なる民族の倫理意識の違いを比較している。(3) この点は、和辻と同じように文献学の手法をもちいて日本思想史を研究しながら、国学の立場から離れることがなかった村岡典嗣と違うところである。

だがこれらのことをすべて認めたうえで、なおかつ和辻の仕事が指す方向は日本の特殊性の検証なのである。

3 人倫的国家の理想

和辻の専門領域は倫理学であり、和辻の思索の主要な部分は文献学的な考察と文化論的なそれによって占められている。『日本倫理思想史』では、『今昔物語』に出てくる説話や『太平記』のような軍記物にあらわれる武士のエピソードや謡曲に登場する人物の行動や浄瑠璃や歌舞伎など、多様なジャンルの文芸作品を資料とし、また『甲陽軍艦』のような兵法書から儒学者や国学者の著書までを読み解いて、そこから当時の人びとの道徳意識を浮き彫りにしている。そして和辻は、武士階級と町民階級の道徳観の違いや、儒学と国学の倫理観の違いや、同じ武士の道徳としてひとくくりにされがちな士道と献身の道徳との違いを周到な論証によって明らかにしている。

倫理道徳は人間行動の基本にある規範であるから、当然それは政治に深くかかわっている。たとえば北畠親房の『神皇正統記』は和辻が室町時代の倫理思想を代表する重要な文献として評価した著作である。ただし和辻の評価の根拠は皇国史観と似ているようでいて、実際にはかなり違っている。和辻はいう。北畠親房は神国思想をとなえた。北畠親房のいう神国は、たんに神社信仰がおこなわれている国という意味ではない。天照大神を主神とする神々の神話が語り継がれ、その中心に天皇がある。そういう国はわが国以外にない。だから日本は神国だ。北畠親房は右のように考えた。そして北畠親房は、三種の神器の保有を皇位につく絶対条件とした。なぜ三種の神器が必要不可欠なのか。ここが重要なのだが、和辻は次のような答えを与えている。北畠親房は記紀の神話にもとづきながら、きわめて独自な解釈を述べ立てている。彼によれば鏡は正直の本源であり、玉は慈悲の本源であり、剣は知恵の本源である。

和辻は『神皇正統記』の該当部分を引用したうえで、北畠親房にとって三種の神器は統治の根本原理を象徴しているのだと解釈している。それは「皇位の神聖な源を示すのみではない。さらに天皇の統治の原理として人倫的国家の理想をも示している」[4]。親房は皇位の伝統の中に倫理思想を読み取ろうとしたのだ、と。和辻は、北畠親房が、正直、慈悲、知恵を統治の道として示したのだと解釈したわけである。

もっとも、正直が最高の徳目であったことに着目したのは、まったく和辻独自の主張ではない。「あかき心」「清き心」（清明心）は記紀にも出てくる。天照大神と素戔嗚尊の誓約の神話などにも出てくる。古代の人びとは、それを最も重要な道徳箇条として位置づけてきた。北畠親房はそれを正直ということばで継承したのであるという解釈は、村岡典嗣にも共通していたし、多くの日本主義者にも共通していた。もちろん『神皇正統記』は水戸学を経て皇国史観に大きな影響を与えたのであるから、そういうことが強調されたのは当然のことだったというべきである。

では和辻の特徴はどこにあったかというと、それを「人倫的国家の理想」ととらえたところである。このことによって和辻は、硬直的な国体論と一線を画すとともに、動機さえ正当であればどんな行動もゆるされるという考え方を否定するための予防線をはっているのである。この点は重要なのであとでもう一度述べることにする。

和辻は倫理思想の歴史を六つの時代に区分している。いまはそのための予備としてひとつだけ付言するにとどめておきたい。そしてそれぞれの時代を特徴づけるのは、清明心の道徳（神話伝説がつくられた時代）、人倫的国家の理想（律令国家時代）、献身の道徳（初期武家時代：平安時代後期から鎌倉時代）、古代精神の復興（中期武家時代：建武の中興から南北朝時代）、高貴の道徳もしくは君子道徳（後期武家時代：戦国時代から江戸時代）、東洋道徳と西洋道徳との統一（明治維新以後）である。

さらに和辻は日本史のはじめに成立した清明心の道徳を日本の歴史全体を通じて受け継がれたものとし

て押さえ、それを日本の特殊性を構成する最も重要な要素として把握した。ここまでは皇国史観や日本主義とそれほど違わない。しかし同時に、それが排外的な要素として利用されることは排除しようとした。それどころか、和辻によれば、日本の倫理思想の特徴は、仏教や儒教など外国の要素を積極的に取り入れてきたことにあるのであった。

4 文学的感受性の鋭さと技術や生産に対する無関心

唐突だが、和辻哲郎と島崎藤村を読みくらべると、島崎藤村のほうが政治的な思索に長けていると感じられるだろう。たとえば、島崎藤村は日本の歴史について「封建」を経たがゆえにこそ発展し得たととらえた。また狂死した父親の生涯を描いた『夜明け前』では、その終わりに、進歩をはらむ保守をはらむ進歩が、ともに緊張の果てに疲労したと書いている[5]。藤村は平田国学を信奉した主人公の半蔵を通じて、維新を動かした歴史的原動力について、なまなましい想像力を働かせているのである。これに対して和辻の代表作のひとつである『風土』には社会組織が現実政治を動かすことについての十分な考察は見られない。藤村は文学者であり和辻は人文科学者であったが、和辻の資質は藤村にくらべても文学者的だったと思われるほどである。

若いころの和辻は文学同人誌『新思潮』の同人で、谷崎潤一郎は彼の良き友であるとともに良きライバルでもあった。非常にするどい感受性と喚起力の強い緻密な論理で、文学的な味わいゆたかな文章を書いた。

たとえば和辻は、紫式部の『源氏物語』について画期的な考察をしている。初巻の「桐壺」と次の

「帚木」のつながりが悪いことに着目して『源氏物語』は体系的に書き下ろされたものではないだろうと指摘したのである（『日本精神史研究』初版一九二六年、改訂版一九四〇年）。こういう点に着目したのは和辻哲郎が最初で、のちに青柳秋生や武田宗俊らの国文学者によって和辻の説を受けるかたちの研究が生まれた。

また『偶像再興』（岩波書店、一九一八年）には、日本人がはじめて壮大な伽藍を目の当たりにしたときどういう気持ちだったかを想像しているくだりがある。和辻は「甚深な驚異の情を想像する」と書いている。「身震いの出るような激しい感動の内に、ただただその素朴な頭を下げたことであろう」と。これはみごとな考察である。『日本精神史研究』では、仏像の表情について赤ん坊の寝顔と同じだと語っている。これもおもしろい考察である。

和辻は偶像崇拝に積極的な意味を与えているわけであるが、これをもっぱら芸術的美的な方面で論じている。しかし考えてみると仏教はたんに哲学や信仰や道徳や美術をもたらしただけではない。和辻は言及していないが、仏教は建築技術や土木技術や医学や、その他もろもろの科学や技術を持ち込んだ。総合的な学問体系だった。ここが神道と決定的に違う点であった。古代に中国に渡った学僧たちは建築法や仏像の鋳造技術を知った。古墳時代から飛鳥時代に移行していった時代は、大勢の学者が欧米に渡って近代科学を学んだ時代と似ている。だが和辻は、はじめて壮大な伽藍を目撃したときの心理には視線が届いても、はじめて壮大な伽藍の建築法を学んだ人びとの知的取り組みは見ようとしていないのである。

考えてみると、近代日本の政治をとらえようとしたら、西洋の産業文明に貪欲に学ぼうとしてきたことから目を背けてはならないのではないか。こういうところを見ても、政治についての和辻の考察は大いに物足りないといわざる得ない。実際、江戸時代後期の倫理思想を論じるとしたら、西洋文明に目を向けた司馬江漢や渡邊崋山、アダム・スミスを思わせる議論をした海保青陵といった思想家の名前は重要であるはずだが、それらの名前は和辻の著作には見えないのである。このこともまた、和辻の思想の特徴である。

まだある。和辻は『倫理学』において倫理の形成される関係性を詳細に論じた。倫理は身近な人間関係において形成される。そして家族、地域、企業、国家へと広がっていく。そして国家は「人倫的組織の人倫的組織」として、家族や地域や企業を包み込むと論じた。だがおもしろいことに、和辻は経済活動における取引や企業組織の人間関係のことは極力軽視しようとするのである。このことはすぐ次の節で検討する。

5　和辻倫理学がとらえたものと見なかったもの

和辻哲郎は倫理学を「人間」ということばの分析から始めている。人間ということばは「人」の「間」と書く。人間ということばは、もともと「よのなか」「世間」のことだった。元来、ひとのあいだということが人間だったのである。ところがそれがやがてひとりの人を指すようになる。どうしてかといえば、「人が人間関係においてのみ初めて人であり、従って人としてはすでにその全体性を、すなわち人間関係を現している」からである。人間は生まれたときから人間なのではない。親兄弟や周囲の人たちに囲まれ、その中でことばを覚え、しきたりを覚え、周囲の人と自分との関係を覚え、そのようにして人間になる。人間は社会的な存在なのだ、というわけである。

人と人の間の関係は家族から始まるだろうが、やがて友人との間にも関係がつくられるし、共同体にも人と人の関係がつくられるし、職場でも関係がつくられる。こうして人と人の間の関係は重層的に発展していき、最後に国家に至る。その筋道を和辻は綿密に描き、そこに営まれる人間関係を分析することを倫理学とした。今日なら、われわれは家族と職場を中心に考えるだろうが、和辻は家族と地域社会を中心に考えている。家族とともに基本的な存在とされているのは、村ぐるみで農作業がおこなわれる農村である。そこで和辻の視線は家族から村へ、村からもっと大きな地域共同体へ、そして国家へと空間的に広がっていく。

『倫理学』第三章人倫的組織で、和辻は人倫的組織を家族、親族、地縁共同体、経済的組織、文化共同体、国家の六つに分類して論じている。そして家族はさらに二人共同体（夫婦）、三人共同体（親子）、同胞共同体（兄弟姉妹）の三つに分けている。人倫的組織は家族に始まって文化共同体まで重層しつつ拡大し、最後に国家において完成する。人間ということばを「人の間」ととらえるところから倫理学を構築した和辻は、その「人の間」をこのように考えたのである。それは明らかに儒学の影響だった。儒学は五倫といって道徳を関係によって分けた。五倫は父子の親、君臣の義、夫婦の別、長幼の序、朋友の信の五つである。人間関係をいくつかの類型に区別し、その類型ごとに道徳箇条を当てて違いを際だたせる。それは福沢諭吉が批判したところだったが、和辻はそういう手法を踏襲した。

国家は和辻によれば、「人倫的組織の人倫的組織」である。人倫的組織は家族から文化共同体まで、すべて「私」の要素を持つが国家だけは徹頭徹尾「公」であるところの共同体である。そして国家は家族から文化共同体までの人倫的組織をすべて「己のうちに保持し、そうしてその保持せるものにおのおのその所を与えることによって、それらの間の発展的連環を組織化しているのである。その点において国家は、人倫的組織の人倫的組織であるということができる」[6]。

もう一点、注目しなければならないのは、和辻が「経済的組織」に与えている評価がいちじるしく低いことである。和辻は人倫的組織の構造を説明するときに、人類学や社会学の多様な知識を援用している。中でもよくもちいているのは人類学者マリノフスキーの研究である。それはメラネシアにあるトロブリアンド諸島におけるフィールドワークであり、一九二〇年代に五冊の書物として公刊された。和辻は経済的組織を論じるときにも、わざわざマリノフスキーの研究を取り上げているのであるが、ここで彼が論証しようとしているのは未開人の社会では経済活動はやみくもに利益を追求する活動などではまったくなかったということである。和辻は、経済的組織は近代になって発展した組織であり、そこではもともと経済活動が持っていた人倫的性格がいちじるしくゆがんでしまっていることを強調しようと意図しているのである。そこで人倫的組織が家族から地縁共同体、文化共同体を経て国家に至る順序を描くときに、経済的共同体は跳ばされている。和辻の倫理学において功利主義的な価値観に対する評価は低いのである。

6 夏目漱石と和辻

しかしこれは、わたしなどにとってはなかなか承服できないことである。近代社会は産業革命によって誕生した社会である。そのいちじるしい特徴はかつてないほど組織化が進んだことである。経済的組織の役割はかつてなく大きくなっている。そのうえ働く人が経済的組織で過ごす時間は大きいし、経済的組織のために割く労力も大きい。産業組織に生きる人びとはかつてないほどの大量かつ専門的な知識の習得を求められる。職業活動に自己の能力を生かしたいと考えている人も多いし、そういう人に活躍の場を与えなければ産業の発展はない。たとえそれが俗っぽい「立身出世」であろうとも。

産業の発展がなければ国家の発展もない。経済活動が活発でなければ、世界を動かす力は生まれない。第九章で扱うが、京都学派の四天王のひとり、鈴木成高のことばでいえばモラリッシュ・エネルギーである。モラリッシュ・エネルギーは日々職業活動に打ち込んでいる人びとの勤労意欲と研究開発の総体と、そして働く人びとを支える社会全体の雰囲気から生み出されるだろう。

ところが和辻は経済的組織に期待しない。かえってそれを倫理の体系を攪乱する要因としてとらえている。福沢諭吉に対する評価や、アメリカ文化に対する評価にもそれはあらわれている。和辻の思想が反功利主義だったことは明らかであるが、こうして見ると温和なかたちながら和辻には反近代主義的な傾向もあった。反近代主義といってしまうのはいい過ぎであるが、少なくとも産業文明に対する抵抗は強かったのである。

なぜ和辻が経済的組織に低い評価を与えていたか。思い浮かぶのは和辻が尊敬した夏目漱石に通じるところがあるということである。漱石は目先の利を追ってあくせくするブルジョア的な世俗道徳を見下していた。『それから』に登場する代助は親の残した財産に徒食している高等遊民であるが、友人の平岡がぶらぶらしている代助に対して結婚したら働かざるを得なくなるぞ、だから結婚したらどうかとすすめる場面がある。そのとき代助は、あくせく働いて人生の限られた時間を過ごすのと、美術や文学を鑑賞して思索の時間を過ごすとのどっちが大切と思っているかと言い返す。まるでストア派の哲学者のようなセリフである。そしてその漱石を和辻は敬愛していた。

和辻哲郎は夏目漱石を師と慕っていた。一八歳のときに『倫敦塔』を読んで感激し、そのときに書きたかった手紙を二五歳になってやっと書いて漱石に送った和辻であった。和辻が漱石の謦咳に接したのは、一九一三年秋から漱石晩年の三年間だけだった。和辻は漱石を回想して次のように書いている。

「利己主義と正義、及びこの両者の争いは先生が最も力を入れて取り扱った問題であった。…その経路を概観してみると、『猫』の次に『野分』において正義の情熱の露骨な表現があった。『虞美人草』に至っては鮮やかな類型的描写によって、卑屈な利己主義や、征服欲の盛んな我欲や、正義の情熱や、厭世的なあきらめなどの心理を剔抉した。その後の諸作においては絶えずこの問題に触れてはいたが、それを著しく深めて描いたのは『心』である。この作においては利己主義はついに純然たる自己内生の問題として取り扱われている。私は利己主義の悪と醜さとをかくまで力強く鮮明に描いた作を他に知らない。また執拗な利己主義を窒息させなければやまない正義の重圧の気味悪い底力も、前者ほど突っ込んではないが（特に重大な所にギャップはあるが）、力を入れて描いてある」[7]。

和辻の回想には漱石の思想の重要な面が書かれていないように思われる。和辻は利己主義と正義を対にして論じているが、漱石は金力が利己主義を肥大化させると考えていたことにはふれていない。漱石は近代の資本主義がエゴイズムを肥大化すると考えていた。そういう考えが比較的よくあらわれているのが「私の個人主義」と題する有名な講演である。資本主義的な経済活動の動機を我欲としてとらえていた和辻には、そのことは言及するまでもないことだったのかも知れない。

7　天皇は国民の生ける全体性の表現者

政治についての和辻哲郎のまとまった論考として、第一にあげるべきは『日本精神史研究』の冒頭に置かれた「飛鳥寧楽時代の政治的理想」であろう。「飛鳥寧楽時代の政治的理想」は、日本人の政治の起源を「まつりごと」に求めた論文である。「まつりごと」はもともと「祭事（まつりごと）」だったのだが、やがて大陸の影響によって「祭り事（まつごと）」から「政（まつりごと）」が分岐していったというのである。これは和辻一流の「日本特殊性論」だった。

和辻は書いている。日本では、君主は同時に祭司であった。つまり、はじめに存在したのは宗教的共同性であった。祭事は支配階級の利益のために起こったのではない。祭事がおこなわれるところに「支配」はまだ生まれていなかった。祭事に伴うのは「統率」であって支配ではない。祭事は民衆の要求によって起こったのである。だから君民一致だった。原初的な政治は決して少数者の権力欲によって起こったものではない。しかし原初の宗教的共同性は、やがて大陸との接触を通じて「政治」を枝分かれさせていく。「祭り事」は朝鮮半島との軍事的接触によって「政」へと変質していった。以上が和辻の政治観である。

和辻の論は日本の政治の起源が、朝鮮半島や大陸の政治とは根本的に異なっていると主張するかのような運びである。もともと日本社会にあったのは君民一致の祭り事（まつりごと）だったのが、朝鮮半島や大陸と接触することによって、そこから「政」が分岐して出たのだというのだから、漢意（からごころ）を排して日本人のすぐれた特性を強調した国学の主張と響き合うものがある。本居宣長は、日本人には悪人はいなかった、だから道徳も必要でなかったと論じた。そして、これに対して中国では悪人がたくさんいた、だから声高に道徳が説かれなければならなかったのだと論じている。宣長によれば、その中国の影響によって、日本人は道徳をやかましく語るようになったというのである。

和辻は中国や朝鮮の原初の共同社会がどうであったかは論じていない。だから断定することはひかえたいが、少なくとも「飛鳥寧楽時代の政治的理想」を見る限り、そこに響いているのは日本と中国や朝鮮は違うという主張である。だがもし和辻がそう考えていたとするなら、これはずいぶんナイーブな政治観というべきではないだろうか。

和辻は原初の日本人が小さな共同生活を営むありさまを想像して、そこには「支配」ではなく「統率」があったのだと考えた。その点に、わたしは必ずしも異論をとなえるものではない。数十人とか数百人とかという小さな集団の中で共同生活が営まれるとき、そこに「政治」があったことはもちろんだろうが、その機能は今日われわれが考える政治とは相当に違っていただろう。だからわたしは、和辻がそれを「統率」と名づけたことに異論をとなえたいとは思わない。しかし、である。それは日本の原初の共同生活においてだけ見られた現象だっただろうか。そんなことはあるまい。漢民族も、古代メソポタミアやエジプトの民族も、ゲルマン民族も、みな同じように、原初の共同生活においては、「支配」ではなく「統率」が働いていたのではあるまいか。日本だけが違うという考えを証拠にもとづいて論じることはできない。

とはいえ和辻が主張したのは、日本人は他民族にくらべて、比較的長く支配と統率が未分化だった、そしてそれを伝えているのが天皇尊崇の感情であるということである。本居宣長を論じたところで、和辻はそのことを次のように記している。「(その限り)宣長は、わが国の第一期の天皇尊崇の立場を、歴史的にはっきりさせるという功績を立てたのである」[8]。宣長は神話がつくられた時代の人びとの意識を明らかにした。そのことを和辻は高く評価する。しかしながら宣長はそれを普遍的に妥当する原理とした。その点を和辻はきびしく批判している。

さて、日本の政治のあり方は諸外国とは違っているのだという考えを和辻は生涯にわたって持ちつづけた。一九三四年に書かれた「日本精神」で和辻は「王政復古によって権力と権威とが再び統一せられたにしても、天皇の本質は権威にあるのであって権力にあるのではない…。天皇が国家を超えたもの、すなわち国民の生ける全体性の表現者…」と書いている。(9)

戦後、日本国憲法は天皇を「日本国民統合の象徴」とした。戦後になって、和辻は自著のかなりの個所を書き直しはしたが、基本的な認識は変えなかった。天皇は常に権威の象徴であったこと、歴史を通じて権威と権力は分化したままであったこと。権威と権力の分化は世界に類を見ない特徴であること。それは政治がまつりごと（祭り事）であった原初の共同体の特徴をひいているということ、である。

8　オールド・リベラリストの戦後——安倍能成と和辻哲郎

天皇主権から国民主権への転換は、政治的にこそきわめて重要な意味を持つ。しかし焦点の深度を深くしていけば、それに応じて、戦前と戦後の連続性と断絶性は多様な配合を見せるであろう。和辻の専門領域でいえば倫理学ということになるが、日本人が日常生活を営むうえで則っている道徳箇条の根本は、憲法が変わったり法制度が変わったりすることとは別の次元で変わったり変わらなかったりするものである。実際に人びとが親兄弟と付き合ったり、恋愛や会社勤めをしたりすること、さらに所有や約束や犯罪に向き合う場合など、そういう場面での道徳意識は憲法が変わったからといって一朝一夕に変わるわけではない。そもそも転換を進めるには、それを受容する基盤がすでに準備されていなければならないであろう。それによってすみやかに転換が進むかどうかは大いに左右される。和辻は民主主義と儒教の根本精神はそれほど矛盾するものではないと考えていた。だから和辻にとって戦前と戦後ははっきり断絶すべきものでもなかった。

この点は多くのオールド・リベラリストに共通する考えだった。もしも民主主義を受容する基盤があるのなら、民主主義の確立をめざすより、戦前から引きつづく道徳の退廃のほうがはるかに問題だ。道徳の再建こそ真っ先に取り組まなければならない緊急の課題ではないか。

以下、安倍能成（一八八三～一九六六）の主張に沿って考えてみよう。安倍能成は敗戦直後に短期間であったが貴族院議員、文部大臣を務めた。代表的なオールド・リベラリストのひとりであり、軍国主義をきびしく批判するとともに、社会主義にも反対した。哲学者であり思想的に和辻に近い立場に立っていた。一九四六年一月に刊行された『世界』創刊号に「剛毅と真実と知恵とを」と題する評論を発表して、「真の意味における文化国家・道義国家の建設」のため道徳の振興を現下最大の課題として呼びかけた。安倍能成は「今日の日本における道徳の位置は最も危殆である。而も今の日本に於いて最も切要なるものは道徳である」という書き出しで始め、戦時の国家統制のもとですでに道義の退廃は深刻になっていた、「この自然的傾向たる自己保存即ち利己欲は、現下日本に於ける物の乏しさ、生活の困難、政府及び社会の制裁力の弱化に基づく不秩序と混乱といふ拍車によって倍加し、所謂『放僻邪肆為さざる所なき』の勢を呈する」[10]と述べた。

安倍にとって道徳は自由と責任の根幹だった。しかしそれは、社会秩序を構成する政治原理を基礎づけるものではなかった。民主主義にとって最も重要なことは、安倍によれば、個人を「奴隷でなく独立の人格として、良心あり、判断あり、これを実現する意志と実行との力を有する個性的存在たることを認める」ことであった。個人は独立の人格としてお互いに対立し合う。しかし同時に個人はこうした対立に対する社会的規制の中に存在しているのであり、「束縛によって却て伸張を与へ」られる。「対立が或る程度強靱であることが、その相関を深くする」のである。

では民主主義とは何か。安倍によれば「民主主義は個人を重視すると共に個人の共同生活即ち社会を重視するものであります。社会に於ける個人の対立が力あるものであり、その相関が適当に処理される処に、民主主義の健全な発達」がある。「民主主義といふものの根本思想はやはり人類が始まって以来あつて、それが少しずつ実現せられてきた、そしていまだに完全に実現せられゐないといふ状態」なのである。[11]

中世の謡曲や江戸時代の浄瑠璃をあれほどいきいきと読み込んだ和辻である。和辻の心中を推測すれば、おそらく和辻は連続性と断絶の焦点を敗戦と憲法改正などに合わせたくはなかったであろうし、戦後に『倫理学』や『日本倫理思想史』の大著をあらわすよりも、もしかしたら明治の家庭小説や大正の通俗小説の分析によって、近代における倫理思想の変遷を追求したかったのではないか。だが実際には戦後の和辻は戦争協力の疑いをかけられ、自分が軍国主義の批判者であったこと、侵略戦争に加担しなかったことを証拠立てようとする動機につき動かされたように思われる。本来なら象徴天皇制が定められたことで、和辻はわが意を得たりの思いだったはずである。それ以上の自己弁明は不要だったと思う。

打ち明けていえば、わたし自身が政治原理より市民社会の倫理のほうが重要ではないかと考えるものである。参政権などなくても、自由に結婚したり自分の望む職業を選べたりできるほうがどれだけ真に自由に寄与することか、と考える。そして第二次世界大戦後に大きく変わったのは、まさしく自由に結婚したり職業を選べたりするようになったということではなかったか。親孝行や恋愛結婚についての道徳意識ではなかったか。というよりも親孝行や恋愛結婚についての道徳意識の変化は一九三〇年代にはっきりとあらわれていた。だからこそ、戦後、国民主権は人びとの間に根づいたのではなかったかと

思うのである。わたしはこのことについて通俗小説を読み解くことから考察したことがある。(12)

そう考えてみると、あれほど町民層の倫理に行き届いた関心を示した和辻が、井原西鶴や近松門左衛門には鋭い分析のメスをふるったのに、明治以後の文学や演劇に若い人びとの結婚観や親子関係の変化を見ようとしなかったことは不思議である。和辻は近松門左衛門の『山崎与次兵衛寿の門松』をきわめて詳細に分析している。しかし『愛染かつら』や『青い山脈』は手に取ってもみなかったのではないか。そう思われるのである。

9 「個人は全体への没入によって真に個人を活かす」

『日本倫理思想史』は明治二〇年代で終わっている。かなり唐突な終わり方である。明治以後で最も高く評価されているのは福沢諭吉である。和辻は『学問のすゝめ』と『文明論之概略』を取り上げ、福沢の道徳論を論じている。『文明論之概略』は一八七五年に、『学問のすゝめ』は一八七二年から七六年にかけて、全一七編が逐次刊行された。つまり和辻が取り上げたのは福沢が儒教や国学や仏教などの伝統的な思想といちばん戦闘的にたたかっていた時期の著作であった。おもしろいのは『文明論之概略』のあらましを紹介したあとで、福沢の考えに対して、「そこに用いられている個々の歴史的認識は必ずしも精確であるとはいえない」として、一点だけ和辻が批判しているところである。何を批判しているかというと、福沢が日本人は昔から官尊民卑と権力におもねることはなはだしいと述べているところである。和辻は鎌倉仏教が権力の弾圧にきたえられて民間において栄えたこと、江戸時代前期の民間儒学者たちも権力の迫害のもとで学問を進めたこと、江戸時代の文学、美術、演劇、音曲なども権力階級ではなくて民間の創造物だったことを力説している。そして福沢が日本に政府はあるが国民はないと論じるのは間違っていると批判している。「なるほど江戸時代の武家の眼中には、一つの全体としての日本の国民というものはなかったかも知れない。しかし民衆は、封建領主の対立にもかかわらず、一つの全体としての統一を意識していたのである。この民衆の意識が近代の国民国家への動向の真の源泉でなかったとはいい切れない。これらの史実に関しては、福沢の議論は決して周到なものとは言えないであろう(13)」。

いかにも倫理学者らしい主張である。しかし道徳意識を以ってあたかも政治参加があった証拠であるかのごとくに論じているわけであるから、福沢にこういう議論をしかけても一蹴されたであろう。ともあれ和辻が日本人は昔から「一つの全体としての統一」をつくっていたのだと主張することの根底に見えるのは、その統一のかなめにあったのが天皇だという主張である。一九五一年に刊行された『日本倫理思想史』はその大部分が戦前に書かれた論文に必要な手入れを施したものであるが、明治時代を扱った第六編はすべて書き下ろしである。戦後の和辻はオールド・リベラリストとして、天皇制と民主主義は矛盾しないとして天皇制を維持すべきと主張した津田左右吉などと同じ立場に立っていた。そういう立場を守るために、和辻は道徳意識と政治参加を区別しない論法をとった。そしてそのことに問題があるとは自覚していなかった。

福沢が主張したのは、みずから学び行動を起こす独立自尊の人間をつくらなければ国家の独立も守れないということであった。人びとが「一つの全体としての統一」の意識を持っていることと、自力で事業を起こしたり専門家になったりすることとは、まったく別の次元のことである。それは和辻も理解していたはずである。だがそれでもなお鎌倉仏教が権力の迫害をはねのけて栄えたことを引き合いに出してまで、迫害に耐えることがあたかも民主的な政治参加と同じ次元の行為なのだとほのめかさなくてはすまなかった。天皇制を維持すべきなのは、事実上の民主主義も昔から受け継がれているからだ。民主主義という名前をつけるようがつけまいが、日本人の連続性は守られるのだというわけである。オールド・リベラリストとしての和辻の心事は想像に難くないだろう。

和辻は多数決原理を、倫理から導き出される原理とはついに認めなかった。和辻によれば、倫理は反対方向への動き、すなわち全体への没入を要請するのである。利己主義に従う限り人間は人格を高めることはできない。「個人は全体への没入によつて真に個人を活かす。かかる態度の生起する場所は共同社会であつて利益社会ではない。その共同社会は家族や友人同志等の団結として底力強く生きてゐる。我々はこれを利益社会的な否定を通じて人格の共同にまで高めなくてはならない。そこに実現せられるものは利益社会的な構造を持つた国家ではなくして、真に自由なる人格の国としての国家である」[14]。右の文章は一九三五年のものであるが、その考えを和辻は戦後も放棄することはなかった。

10　国民道徳論に対する批判

和辻哲郎の真骨頂はしかし、戦前から久しくとなえつづけてきた国民道徳論批判にあった。戦後、和辻が自己の研究の集大成というべき『日本倫理思想史』や『倫理学』の執筆に打ち込んだのは、戦争に協力したとの批判に対する弁明の動機が働いていたといわれることが多い。たしかにそういう面もある。しかしそればかりでなく、それが思想の深化だったことも一概に否定できない。和辻は戦争に表立って反対しなかった。むしろ協力したといえる。一九三〇年代以後、「国体の本義」の編集委員を引き受けるなど国策に協力し、時世に迎合するかのような言説をじょじょにふやしていた和辻であるが、そこには和辻なりの節度があった。しかし軍国主義に腹立たしい思いをしていたことは否定すべくもない事実である。一九四〇年、皇室の尊厳を冒瀆したとして津田左右吉が起訴されたとき、和辻は公判で理路整然と津田を擁護する証言をした。

敗戦後和辻哲郎は保守派の重鎮のひとりとなった。天皇制の擁護に回り、戦前の秩序と戦後の秩序を媒介しようとした。そういう和辻であったから、戦後は、田辺元のような「懺悔道」を歩こうとはしなかった。自分の立場は変わらない、戦前戦後首尾一貫している、というのが、和辻の主張だった。国民主権であろうが天皇主権であろうが、それが何ものにも優先することがらだとは考えていなかった。

その和辻哲郎が、軍国主義の原型として激しく批判したのが井上哲次郎らの提唱した国民道徳論だった。

井上哲次郎は一八九〇年にドイツ留学から帰国し東京帝国大学文学部教授を務めた。帰国の翌年には教育勅語の解説書である『勅語衍義（えんぎ）』を書いた。井上はこのころから一九二〇年代まで国民道徳論の主要な提唱者のひとりであった。

国民道徳論のかなめは忠孝一本である。何度も述べてきたように、忠孝一本とは日本では忠と孝は同じものであるという考えである。忠も孝も下位のものが上位のものに尽くすことがかなめである。だが下位のものが上位のものに尽くすことでどうして社会の基礎は強固になるのか。満足のいく説明はできないだろう。たとえばもしも主君が暴君であったらどうか。ひたすら臣下の本分を守って主君に尽くすだけだったら、社会秩序は遠からずこわれてしまうだろう。吉田松陰は「諫死」をとなえて、君主が暴虐非道であるとき、臣下は死をもって諫める。君主のもとを離れたりしてはいけない。まして弑逆（しいぎゃく）するなどもっての外である。ひとりが諫死しても主の行動がおさまらなければ、次の臣下が諫死する。こうして君主の行動が改まるまで諫死する。最後まで改まらなければ人民がひとりもいなくなるだけだ、と論じている。あまりにも極論である。こういう考えに忠実に行動する人間が政治的リーダーだったら社会統合そのものが損なわれてしまうだろう。

尽くすこととは別に、統治者が守るべき道徳、統治者が踏むべき道というものがある。儒教には君主は有徳でなければならないという思想があった。徳治主義の理念である。だから孟子は易姓革命をとなえた。君主が暴虐であったら、臣下はそういう君主につかえてはならない。君主を弑するべきだというのである。中国流の暴君放伐論（モナルコマキ）である。さらに主君でなくても指導者には指導者たるべき道徳があるはずである。儒教はその点について深く理論を掘り下げた。仁義礼智信ほか、儒教がかかげる徳目はまず真っ先に上層階級、すなわち士大夫が身につけるべきものだった。それに対して民衆はいわば「法三章」の世界に置いておかれた。

ところが日本の場合、万世一系の天皇が統治する国だという考えが、有徳でない君主には君主の資格がないという思想を押しのけてしまった。すべての国民は天皇に忠でなければならない。そして同時に親に孝でなければならない。日本においては忠と孝は同じである。国民道徳論はこの地点を目的地とした。だから国民道徳論者たちは尽くすことだけで十分だと考えたのである。

こういう考え方を和辻はきびしく批判したのである。そもそも天皇が有徳でなくていいのか。もちろん和辻はあからさまな表現をしてはいない。戦前にこういうことをあからさまにいったら、それこそ大問題になっただろう。和辻が指摘したのは「人倫的国家の理想」が聖徳太子から大化の改新を経て律令制の確立に至る過程で定着したということであり、三種の神器は正直、慈悲、知恵という三徳に天皇が服することの誓約であったということである。そう語ることで、和辻は天皇が道徳に服するのは人倫的国家の定めなのだと論じたのである。そのことを抜きにして臣下の道徳のみを語ることはゆるされないと和辻は考えた。

11　献身の道徳と士道としての武士道――ふたつの武士道

和辻哲郎は武士道をふたつに区別した。そのひとつは献身の道徳の伝統を継ぐ武士道、すなわち直接の主君に対する「献身」をかなめとする道徳である。武士たちは直接の主君との主従関係を何より重んじた。主君は従者を庇護し、従者は主君に尽くすというご恩と奉公の道徳関係に従っていた。もうひとつは儒教に基礎を置く士道としての武士道である。これは江戸時代初期、島原の乱が終わるころから武士階級において学ばれた道徳で、治者が則るべき規範として働いた。

献身の道徳としての武士道は民衆にも人気があった、と和辻はいう。仇討ちを支持したり、主君のためにわが身を顧みずにとことん尽くす登場人物に熱中したり、江戸時代には、熱中したのは武士よりむしろ町民だった。たしかに浄瑠璃や歌舞伎は世話物と時代物とを問わず、登場人物の献身の行動を精一杯思い入れを込めて描き上げた。観衆はそれに胸を躍らせたのである。

「士道の考えがこのように優勢になったとはいっても、それは主として知識層の間でのことであって、広汎な層に染み込んでいる献身の道徳の伝統を打破し去ることは出来なかった[15]」。これは町民層が独自の道徳を形成し得なかったことを意味する、と和辻はいう。ブルジョア道徳を形成し得なかったことがヨーロッパとの大きな違いだったと和辻は評価している。

明治になると、庶民の間に忠君愛国思想が吹き込まれていくが、そのとき庶民は江戸時代から培ってきた献身の道徳によってそれを受けとめた。武士道鼓吹をかかげて桃中軒雲右衛門が始めた浪曲は、日露戦争後またたくまに戦前最も人気のある芸能になったが、浪曲のテーマはしばしば献身の道徳だった。そしてそれゆえに献身は忠君を構成するかなめの柱になったが、国民道徳の推進者はそれがはらむ危険性にまったく目を向けなかった。一九三〇年代になると忠君愛国や義理人情をテーマにした演題が、思想善導のために活用された。おそらく浪曲のような芸能が和辻の念頭に置かれていたであろう。

私心なき献身は国家主義者がテロに踏み切るハードルを下げるときに不可欠だった。のちに二・二六事件に参加する新井勲は三月事件や一〇月事件をたくらんだ幕僚派将校に対して非常な不信感を抱いたと回想している。私心があるのではないか、と疑いを生じたのが決定的だった。(16) その新井は二・二六事件で蹶起する。

同じく国家主義といっても国柱会を起こした田中智学と血盟団の井上日召では非常に違う。田中智学には直接行動に踏み出す要素はない。井上は一人一殺をとなえ破壊をめざした。自分たちが次につづくもののための突破口を開く。そのあとはだれかが引き継いでくれればいいという思想だった。動機さえ正しければ、そして私心がなければ、暴力もゆるされる。五・一五事件や二・二六事件のようなクーデタをたくらんだ国家主義者たちは、自分たちを幕末の志士に擬して昭和維新をとなえた。維新のための捨て石となることを辞さないというのが彼らなりの献身の道徳だった。

和辻はこういう考えをきわめて強く嫌悪した。こういう考えが国を滅ぼしたのだと考えた。そして戦後、そのことをつきつめようとした。戦後の和辻に自己批判があったとしたら、倫理学者でありながら、戦前に献身の道徳が広がるのを阻止し得なかったことだっただろう。

12　自己犠牲のヒロイズムを否定

和辻哲郎の国民道徳批判は、日本人の心に深く巣くう自己犠牲のヒロイズムを対象にしたものだった。和辻はその成り立ちを求めて中世武士に始まる献身の道徳とさらに古く清明心にさかのぼっている。もちろん本当の問題は彼が見聞し体験した同時代人の道徳意識にあった。おそらく和辻にとって最も深刻な脅威はテロにはしる軍人たちであり、戦後の革命運動だっただろう。

最高の倫理を全体への没入に求めた和辻は、政治的な争いが国民の間に亀裂をつくることを嫌悪した。だから和辻は功利主義を否定したのである。功利主義は自己利益の追求を肯定するゆえに個人と個人の関係を疎隔すると和辻は考えた。意思決定をめぐる政治的対立は避けがたいが、それが全体の統一を損ねずしかも公平であるためには、士道のような態度が不可欠である。民主主義はそれを欠いたら、国民の間の分裂をいっそう広げる危険をはらんでいる。

和辻は民衆の政治参加そのものを信用できなかったと思われるが、それを肯定する立場に立てば非政治的立場からの政治参加を積極的にとらえるということになるだろう。政治参加のかたちはテロやデモとは限らないからである。非政治的な立場からの政治参加とは、和辻が津田左右吉を弁護したような行動のことである。丸山眞男の主張がまさにそれに当たった。丸山眞男は非政治的立場からの政治参加の意義を強調したが、非政治的立場からの政治参加とは何かといえば、三つの条件に集約される。第一は個人の独立した判断によって意見を形成すること、第二は政治行動が悲壮な自己犠牲を志向しないこと、第三は目的が権力奪取や革命のような大きなものに限らないことである。だが第一の条件は事実上除外してよい。どうでもいいことだと思わない限り判断は自分が下すものだからである。投票行動は代表的な非政治的立場からの政治参加であるが、だれが当選してもたいして違わないと思えば知人から依頼された人に投票してしまう。よく見られる現象である。しかし政治参加のかたちは実に多様である。請願、署名活動、集会、デモといった平和的な手段から、テロやクーデタや内戦のような暴力までさまざまである。壮士、活動家、政党職員、言論人など、政治を飯の種にしている人もいる。それらはすべて独立した判断にもとづくべきである。

丸山眞男が非政治的立場からの政治参加の意義を強調したのは、明治以来とくに一九二〇年代後半以来、政治に参加することが、昭和維新だの共産革命だのと遠大な目的をかかげ、目的実現のためには進んで日常生活を犠牲にもし、いざとなったら命をなげうってもかまわないといった生き方を意味したからである。社会学者でのちに東久留米市長を三期務めた稲葉三千男は敗戦時一八歳だった。軍国青年だった稲葉は五〇年ごろからマルクス主義に転換していった。戦時中の稲葉少年は国家への献身を当然のことだと考えていた。若い男性にとって国家への献身とは死を厭わずにたたかうことだった。マルクス主義に移ってから稲葉は政治行動のあるべき姿を「〈生のイデオロギー〉のための自己否定という矛盾的な行動型を想像すること」と定義している。[17] 軍国青年とマルクス青年と、思想はまったく対極にあるが、尊敬すべき政治行動の姿は両方とも自己犠牲なのである。

自己犠牲を厭わぬ決心は、政治活動の外側にいる人たちにとっても、しばしばあこがれの対象になった。作家の円地文子（一九〇五～一九八六）は自伝的小説『朱を奪うもの』の中で、主人公の滋子が革命運動に惹かれるものを感じることを次のように書いている。「滋子の観念にはいつもヒロイズムがあった。滋子がいまマルキシズムに惹かれるのも、経済理論に根を置いているのではなくて、多数の無産階級が少数の有産階級の犠牲になる不合理を匡すために一身の利害を度外視して行動する勇ましさに魅力を感じるのである」[18]。円地文子は一九〇五年生まれであるから、これは一九三〇年ごろのことを書いたものである。

昭和維新を呼号した青年将校や国家主義者は、国家改造のすて石になることを厭わなかった。社会主義革命をめざした知識青年は、革命のためにプチブル性の清算を自己に課した。イデオロギーはまったく異なっていても、国家主義者と左翼運動には自己犠牲と暴力を辞さぬことで共通するものがある。和辻はこういう考え方が日本を破滅に導いたのだと考えた。

13　全体と個

「人間存在の時間性は対立を通じて合一する不断の主体的な動きにほかならないが、かかる動きは主体がおのれの外に他の主体を見いだし、それと対立する、という主体的なひろがり、すなわち人間存在の空間性なくしてはあり得ない。が、またこの主体的なひろがりも、主体が多化することを通じてその統一性を実現する運動、すなわち否定の道を通じてその本源へ帰るという帰来の運動なくしては、おのれを展開することができない。この相即不離の構造において、主体の間に動的即静的に作り出される連関が人間の行為であり、この行為において具体化される人間存在が人倫的組織である。従って人倫的組織は無数の行為によって編み出される行為的体系である。そういう組織が積み重なって大きい人倫的組織の統一、すなわち国家ができあがってくると、この組織内で具体化された時間的契機の体系的統一が歴史となって現れ、同じくこの組織内で具体化された空間的契機の体系的統一が風土として形成される。

るが、しかしそれを初めから意識的な形で自覚するとは限らない[19]」。

その歴史はあくまでもこの風土に即したものであり、その風土はあくまでも歴史的に形成されるのであ

この文章は倫理が国家において完成されることを論じたものである。国家すなわち「人倫的組織の人倫的組織」は和辻倫理学の終着点であった。ずいぶん抽象的に書かれているが、和辻が主張したのは、国家以前の人倫的組織は家族であれ地域共同体であれ文化共同体であれ、私的性格を伴っているということであった。そこでは生身の人間と人間の関係性が保持されている。和辻によれば、そういう私的性格が人倫的組織の人倫的組織たる国家においてのみ払拭され、公的なものに一元化されるのである。

そうしてそのうえで和辻は『倫理学』の結論部分を「国民的当為の問題」で締めくくっている。日本人は国民的個性を発揮して人類の多様の統一に参与しなければならないというのが、和辻倫理学の結論であった。

この思考の中に政治的な要素はない。民主主義であれ、独裁政治であれ、議会制であれ官僚制であれ、資本主義であれ、幕藩体制であれ、みなこの中に包摂されるであろう。ただしそれは「主体がおのれの外に他の主体を見いだし、それと対立する」ことと「主体が多化することを通じてその統一性を実現する」ことを、個人と個人の交渉という局面で考えた場合のことである。いったんこの弁証法的な運動を政治に当てはめて考えると、さまざまな利益の表出と交渉がおこなわれる立憲政治こそ最もよく当てはまるように思われる。また経済に当てはめて考えると、主体と主体が対立しその統一性が実現するという過程は、市場競争を通じて産業社会が発展することにも当てはまるであろう。

しかしそれはあくまでも一般的な次元においてのことであって、和辻は個人の利欲がむきだしになる資本主義のメカニズムを敵視していたし、個人の利益が動機の根底をなすような政治制度を侮蔑してい

た。それゆえに議会政治や市場競争を正面から肯定するような言辞は和辻の著書のどこをさがしても見つからないのである。

和辻は倫理学の出発点を夫婦のふたり共同体に置いた。親子でなく夫婦である。そこには大正デモクラシーのかおりがする。別の表現をすれば、市民社会の萌芽がある。夫婦が自分たち自身の意志で家族生活を営むことは社会が形成される出発点である。文学者の有島武郎は、夫婦のつながりが基点になって、本来ならば、そのつながりの本質がどこまでも社会的関係の中に貫かれるべきものだと考えた（『惜しみなく愛は奪う』）。だが倫理学者和辻哲郎は、そうは考えなかった。倫理は人間関係の種類によって異なると考えた。家族や地域や民族や文化によって、倫理に新たな要素が付け加えられるのだと考えたのである。なぜそうでなければならないのか、儒学で五倫五常を教えるように、人間関係の種類によって妥当な規範は違うのだと考えるところに根拠があった。だがなぜ国家においてはじめて倫理は公的な倫理になるのか、ましてなぜ国家倫理は市民社会の倫理より崇高なのであろうか。そうなると容易なことでは説明がつかないだろう。大日本帝国がおかした侵略戦争の冒険は、いかなる意味でも倫理的に正当化することはできない。国家の行為の道徳的水準は個人よりはるかに低い。国家の名で、人びとはむごたらしい殺し合いさえするのである。国家の倫理のほうが低いのではないか。だが国家悪そのものについての懸念を和辻は最後まで持たなかった。和辻によれば、国家は本来善なるものであって、国家の悪事は、それを選択した人物が公的意思決定にふさわしくないことに帰するのである。

有島武郎が『惜しみなく愛は奪う』を書いたころ、和辻哲郎は『古寺巡礼』を書いていた。その最後の部分は中宮寺観音像（木造半跏思惟像）をめぐる考察にあてられている。和辻はそこに慈愛を読み取っている。高貴な人びとの慈愛が仏に託された、その姿があらわされているととらえた。その慈愛の姿に、和辻は国家の倫理を投影したのであろう。和辻の倫理学は一見夫婦のふたり共同体から組み立てられているように見えるが、実際には宮廷につどう高貴な人びとの魂を起点に組み立てられているのである。つまり本当の起点は国家である。和辻は古代の宮廷人に国家の倫理性を見ようとしたのである。

註

(1) 村岡典嗣『新編日本思想史研究　村岡典嗣論文選』前田勉編、平凡社、二〇〇四年、三八七ページ。
(2) 同右、三八八ページ。
(3) だが和辻は民族的偏見から自由であったわけではない。モンスーン、沙漠、牧場の三類型を立てた『風土』の中には、比喩の論理としてのインドの因明についての低い評価や、中国人の「無感動的」な国民性についての低い評価が読み取れる。和辻は、風土に関する限り直観ははなはだ大切なのだというが、直観というよりも偏見といわなければならないのではないかと思われる。同様の見解として、たとえば坂部恵『和辻哲郎　異文化共生の形』岩波現代文庫、二〇〇〇年。
(4) 『和辻哲郎全集』第12巻、岩波書店、一九六二年、三八一ページ。
(5) 『夜明け前』の末尾は以下の通りである。「維新以来の明治の舞台もその十九年あたりまでを一つの過渡期として大きく廻りかけてゐた。人々は進歩を孕んだ昨日の保守に疲れ、保守を孕んだ昨日の進歩にも疲れた。新しい日本を求める心は漸く多くの若者の胸に萌して来たが、しかし封建時代を葬ることばかりを知つて、まだまことの維新の成就する日を望むことも出来ないやうな不幸な薄暗さがあたりを支配してゐた」。
(6) 『和辻哲郎全集』第10巻、岩波書店、一九六二年、五九六ページ。
(7) 『和辻哲郎随筆集』岩波文庫、一九九五年、一四四〜一四五ページ。
(8) 『和辻哲郎全集』第13巻、岩波書店、一九六二年、二八二ページ。
(9) 『和辻哲郎全集』第4巻、岩波書店、一九六二年、二八八ページ。
(10) 安倍能成『戦中戦後』白日書院、一九四六年、引用は一〇五〜一〇六ページ。
(11) 以上民主主義についての文章は、安倍能成『私の歩み』要書房、一九四九年。
(12) 広岡守穂『通俗小説論　恋愛とデモクラシー』有信堂、二〇一八年。
(13) 前掲書『和辻哲郎全集』第13巻、四二九ページ。
(14) 和辻哲郎『続日本精神史研究』岩波書店、一九三五年、三八二ページ。
(15) 前掲書『和辻哲郎全集』第13巻、二一二ページ。

(16) 新井勲『日本を震撼させた四日間』文藝春秋新社、一九四九年。
(17) 稲葉三千男「戦後意識の成立」『現代の発見　危機の思想』第7巻、春秋社、一九六〇年。
(18)『円地文子全集』第12巻、新潮社、一九七七年、五五ページ。
(19)『和辻哲郎全集』第11巻、岩波書店、一九六二年、一九一～一九二ページ。

第七章

大衆小説が映し出す政治——一九三〇年代

大衆小説は時代の鏡である。人びとが何を正しいと考え、何を善きことと信じ、何を美しいと感じるか、そういう感情や意識に合致しなければ大衆小説は歓迎されない。だから大衆小説にはその時代の人びとの感情や意識が映し出されている。藤沢周平が描く武士は妻子のために剣を抜くが、山本周五郎の小説に登場する武士は妻子をすてて主君に尽くすのである。それはマイホーム主義が広がった七〇年代と、忠君愛国が叫ばれた三〇年代の違いである。

一九三〇年代に何度かわき上がった近衛文麿待望論は、のっぴきならない対立が生じたときに、最後にだれもが承服する大物が登場して一件落着するという、民衆が慣れ親しんだストーリーを反映している。近衛もまたそれに応えて、自分のもとに集まるすべての人の要求をないがしろにしないようにした。一九四〇年に発足した大政翼賛会はもともと軍部の横暴に対抗する意図があったが、いざ発足してみるとそれは「上意下達」のための「公事結社」になっていた。これはいわば近衛なりの大岡裁きであった。

この章では、政治的紛争がどのようにして決着するか、国体とは何か、剣術の極意と奇襲作戦など、いくつかのトピックスを取り上げることで、平易なかたちで国民に受け入れられた政治のイメージについて考えてみる。

1　大衆文学の成立

戦前の日本文学は純文学と大衆文学に分かれていた。両方はまったく性質の違うものだと考えられてきた。純文学は坪内逍遙の『小説神髄』に象徴されるように、小説の方法論の追求を踏まえてつくられた。たとえば自然主義は一九〇三年ごろから文壇を風靡するが、自然主義は人間性の醜悪な真実をえぐり出そうとした。代表的な自然主義の作家であった島崎藤村は、『新生』で姪と性的関係を持ったことを告白するのである。

それに対して大衆文学はエンターテインメントである。何しろ大衆文学の直接の先祖は講談だった。講談は明治の民衆にたいへん人気があった。その講談を文章に書き取って新聞に掲載したら、これもよく読まれた。そこに目をつけたのが野間清治で、野間は一九一一年に『講談倶楽部』を創刊した。講談を速記に書き取って、それを掲載したのである。野間は前年に『雄弁』で成功したばかりだった。『講談倶楽部』は思ったほど伸びなかった。はじめは苦戦した。しかし浪花節を掲載するようになると部数が飛躍的に伸びた。浪花節は明治時代初期に起こった新興の演芸で、日露戦争のころには落語や講談といった伝統芸をしのぐ勢いになっていた。浪花節は忠君愛国思想を鼓吹して、日露戦争後の時代の風潮に合ったのである。

浪花節が台頭すると、東京の寄席の多くは落語から浪花節の定席へと看板をかけ替えた。講釈席はもっと大きな打撃を受けた。こういう事情があったので、台頭する浪花節に講釈師がわは危機感をつのらせていたのである。そこへもってきて一九一三年六月から『講談倶楽部』が浪花節を掲載するようになったものだから、講釈師たちは憤激した。そして、今後浪花節を扱わないこと、浪花節をのせるなら講談は供給しないと野間に申し入れをおこなった。結局両者の話し合いは決裂した。

『講談倶楽部』に講談がのらなくなった。しかし野間は引き下がらなかった。それならいっそ講談調のものを創作すればいいではないかと考えた。書き手ならいる。そのころ東京では『都新聞』という新聞が売れていた。『都新聞』は読み物や芸能記事やゴシップ記事に力を入れていた。そこに目をつけた野間は『都新聞』の雑報記者たちに講談調の小説の執筆を依頼した。野間の求めに応じて、平山蘆江、山野芋作（長谷川伸）らが積極的に寄稿した。こうして成立したのが新講談というジャンルである。新講談は、従来の速記講談と区別する意味で書き講談ともいわれる。

『講談倶楽部』に新講談を掲載すると、たいへん人気になった。そして、やがて新講談の書き手によって、大衆小説が書かれるようになるのである。大衆小説という名を世の中に送り出したのは白井喬二である。白井は仏教用語であった「大衆」（だいじゅと読まれた）を新しく「たいしゅう」と読ませて、多くの人が読む通俗的な娯楽小説という意味で「大衆小説」ということばをつくり出した。一九二六年のことである。それまでは仏教用語であった「大衆」という言葉が今日のような意味で使われるようになったのは、それ以後のことである。

このようにして大衆小説は新講談から生まれた。大衆小説には歴史物や股旅物や世話物など、いろいろな分野があるが、やはり主として過去の時代に取材したものが多かった。というより、戦前は大衆小説といえば、時代物のことだった。現代物の恋愛小説などは通俗小説と呼ばれた。大衆小説と通俗小説の区別は、江戸時代の浄瑠璃や歌舞伎に時代物と世話物があったことを受け継いでいるといえる。

大衆小説の代表作といえば、思い浮かぶのは、中里介山の『大菩薩峠』、岡本綺堂の『半七捕物帳』、大佛次郎の『鞍馬天狗』、白井喬二の『富士に立つ影』、吉川英治の『宮本武蔵』、佐々木味津三の『右門捕物帖』、子母沢寛の『新撰組始末記』などなどであろうか。

2 日露戦争でマスメディアが発展

さて日露戦争後、新聞は飛躍的に発行部数を伸ばしていたが、その勢いは関東大震災後も止まらなかった。そして各種の雑誌が創刊された。『講談倶楽部』を創刊した野間清治は、講談社を起こし積極果敢に出版事業に乗り出していく。そして一九二四年一一月には、あの化け物雑誌ともいうべき『キング』を創刊した。野間は一冊五〇銭という低価格で、創刊号を五〇万部も刷り、莫大な広告費をかけた。こうしてマスコミは大発展を見た。その象徴ともいうべき存在が『キング』だった。

マスコミの発展は大衆小説に対する需要の飛躍的増大を意味した。そうして昭和期に入ると、大衆小説は質量ともに、第一次大戦前とはくらべものにならないほどの成長ぶりを示した。

白井喬二（一八八九〜一九八〇）の超大作『富士に立つ影』は一九二四年に『報知新聞』で連載が始まった。これは築城術をめぐる因縁の対決が親子三代にわたって、文化文政期から明治の開化の時代まで七〇年にもわたって延々とつづくという驚愕の物語であった。物語のはじめに佐藤菊太郎と熊木伯典が水野出羽の守の前で繰り広げる築城問答は圧巻である。これはいまでいえばプレゼンテーションだが、築城術というテーマそのものがこれまでにない新機軸だった。菊太郎と伯典の講話は詳細をきわめていて、ものづくりに対する白井喬二の並々ならぬ関心がひしひしと伝わってくる。

大衆小説は読者自身の身の上に入り込んでこない。心は揺さぶられても人生が揺さぶられることはない。あくまでも娯楽である。読者はいわば観客席にいて、眼前で物語が展開するのを眺めている。いくら熱中しても、自分に刃が向けられることはない。大衆小説が新講談を母胎にして生まれてきたということは、要するにそういうことである。しかしリアリティを増すにつれて、小説の世界は読者に近づいてくる。血なまぐさい武士の仇討ちや果たし合いにくらべたら、城づくりが自分の日々の仕事と隔たることは、ずっと小さいであろう。

同じ一九二四年に、大佛次郎の『鞍馬天狗』が『ポケット』五月号に登場したが、三年後、『東京日日新聞』に『赤穂浪士』の連載が始まる。「義士」ではなく「浪士」である。そのタイトルの選び方そのものが、封建道徳のフィルターを通して四七士を造形するのではなく、現代人の視点から人物像をつくり上げようという大佛の意図を伝えている。『赤穂浪士』は新聞連載が終わると、改造社から単行本が出た。大佛次郎は、それまで主君の仇を討った「義士」としてたたえられていた四七士を、時代に対して批判精神を持つ「浪士」ととらえた。そこには同時代の世相に対する視線が重ね合わされていた。主人公の堀田隼人は架空の人物で、その堀田隼人の目で浪士たちの姿が描かれている。

3　大衆小説には政治が映し出される

大衆小説には政治が映し出されている。政治の何が映し出されるかというと、著者と読者が共通に抱いている政治過程のイメージが映し出される。官僚制とはどういうものか、権力悪とはどういうものか、政治的決定はどのような経過をたどっておこなわれるか、人びとはどんな動機で思い切った行動を起こすのか、などなどである。その映し出され方も、物語のプロットや登場人物の造型から、叙述の中の片言隻句に至るまで、実にさまざまである。

一九三〇年六月から三一年一〇月まで、『東京日日新聞』『大阪毎日新聞』に連載された直木三十五（一八九一～一九三四）の『南国太平記』は、薩摩藩のお由良騒動を題材にした小説で、呪術を使う人物が重要な役どころを与えられているなど、伝奇的な要素ももっているのだが、全体として倒幕から維新に向かう人物群像を描いている。お由良は藩主の側室である。お由良騒動はお由良の子の久光を藩主に担ごうとする上士たちと聡明な斉彬を支持する下級武士たちの暗闘であったが、直木は斉彬と久光の兄弟があうんの呼吸で結ばれていたという解釈をしていて、このあたりに直木自身の昭和維新にかける期待が顔を覗かせている。若い人びとはどこまでも自分に忠実に行動すればいい。たとえ彼らの間に対立や葛藤があっても、その裏には斉彬や久光に当たる人物がひかえていて、そういう人たちがちゃんと最終的な予定調和を準備しているのだ。

『南国太平記』が読者に提示する政治的対立の構図はどういうものであるか。たとえ激しい対立が起こっても、人びとは大目標を共有している。そこに到達する道が違うだけだ。だからいったん決定がなされれば、人びとは遺恨を残さずに一致協力して目的達成に進んでいくのである。だれもが決定を受け入れるには、それにふさわしい人物が最後に登場しなければならない。だれもがその人の決定に心服するような人物である。おもしろいのは斉彬が裏で久光と連携していたという大胆な解釈で物語を進めているところである。斉彬は、自分が倒れたら、久光が自分のこころざしを引き継いでくれる。われわれは一薩摩藩のことだけを見ていてはならない、天下国家の将来を見すえて行動しなければいけないと腹心の家来たちに語る。島津斉彬を高い識見を持つ人物として描いたくだりである。斉彬と久光は世上対立しているように思われているが、実は立場こそ違え、同じ大目的を共有していたのだというわけである。物語は斉彬の遺志を継いで、益満休之助や西郷隆盛や大久保利通らの若者が倒幕に立ち上がるところで終わっている。

直木三十五は三上於菟吉などと同じく、軍人との付き合いが深かった。『南国太平記』を書いていたころから武藤彰や根本博らの少壮軍人との付き合いが始まり、三二年一月には新聞紙上に「ファシズム宣言」を発表したり、時局小説のはしりである『太平洋戦争』『日本の戦慄』を発表したりするようになる。それを考え合わせると直木は、益満休之助や西郷隆盛や大久保利通らに昭和の青年将校たちを重ね合わせていたかも知れない。日中戦争という「対外的危機」を前にして、行動力ある青年将校を核として国民は団結しなければならないといったところである。

直木のことはともかくとして、政治的意思決定過程についてもう一度考えておこう。多数決原理の正統性が人びとによって堅固に承認されている場合には、もめごとをおさめるのに必ずしも権威や実力のある大物の登場を求めなくてもいい。宗教的権威が確立していれば、人びとが最後のよすがとする人物は決まっている。しかし、そうでない場合には、一種の英雄待望論が起こる。激しいセクショナリズムや路線対立のために収拾がつかなくなると、最後に期待されるのはだれも異をとなえることができない大物の登場である。戦前の昭和政治史でいえば、近衛文麿はそういう輿望を担って登場したのだった。林銑十郎内閣のあとに第一次近衛内閣が成立したのは一九三七年六月のことだった。

『南国太平記』が書かれたころの政治の動きを見てみよう。連載が始まった一九三〇年は、四月にロンドン海軍軍縮条約が結ばれ、それに対して統帥権干犯問題が起こった。ロンドン海軍軍縮条約締結の政治過程は、浜口雄幸首相のリーダーシップによる見応えのあるドラマだった。帝国憲法の統治機構は非常に分権的なシステムだったが、浜口内閣は憲政のルールに則って周到にことを進めていった。まず三〇年一月、議会の施政方針演説でロンドン海軍軍縮条約に調印する方針であることを明らかにして議会を解散した。二月の総選挙で民政党は圧勝した。その議席は選挙前の一七三議席から二七三議席へ一〇〇議席もふえた。総議席は四六六議席だから民政党はそれによって過半数を制した。浜口の政策は国民のお墨付きを得たのである。

この選挙結果を背景に、浜口内閣はロンドン海軍軍縮条約に調印した。海軍部内ではいわゆる艦隊派の強硬な反対が渦巻いていた。それを代表して加藤寛治軍令部長が帷幄上奏し、統帥権干犯をとなえて辞職した。議会では政友会が統帥権干犯を楯に反対した。批准のためには、軍事参議院と枢密院の承認を得なければならない。軍事参議院のメンバーは反対派が三人賛成派が三人だったが、批准そのものまで否定したのは加藤寛治ひとりだった。枢密院は抵抗したが、引き延ばしをはかるのがせいぜいで、結局二ヶ月後の一〇月に枢密院は条約批准に同意した。

それぞれのプレイヤーが定められたルールに従って行動したのであるが、ほとんどのプレイヤーの間には、政府が英米との間で進めてきた交渉をぶち壊してはならない、という配慮が働いていたといっていい。加藤軍令部長の帷幄上奏は悪名高いが、その上奏の趣旨は辞職したいということだったのである。加藤はそのことで艦隊派の面子を守ろうとしたわけで、それは事実上条約批准を認める行動だった。軍事参議院のメンバーにも条約を葬ることまではしてはならないという暗黙の了解があった。

小説ならここで終わるところである。しかし現実はどうかというと、三〇年一一月に浜口は東京駅で右翼の青年に狙撃されて重傷を負った。その後、浜口は首相を辞任して療養に努めたが、その甲斐なく翌年八月に死去した。浜口首相狙撃事件の一〇ヶ月後（三一年九月）に満州事変が始まり、一〇月にクーデタ未遂事件（一〇月事件）が起こった。『南国太平記』の連載はそのころに終わった。見事なリーダーシップを発揮した宰相は襲撃され、その後には、艦隊派と同様の立場に立つ人びとが影響力を強めていった。歴史は都合のいい時点で終焉を迎えるわけではないのである。

4　国体観念の大衆的な表現

吉川英治（一八九二〜一九六二）は長く読み継がれてきた大衆小説作家である。一九二五年に創刊された講談社の『キング』の看板作家となり、大いに文名があがった。三五年から三九年まで四年間連載された『宮本武蔵』は戦前の代表作である。

『親鸞』は一九三五年から三六年にかけて『神戸新聞』ほかに連載された。その中に国体の観念を実に平明に述べたくだりがある。比叡山で修行をしていたころの親鸞は範宴と名乗っていたが、あるとき師の大僧正慈円の詠んだ和歌が公家たちの間で問題になった。範宴は師の代わりに弁明のために宮中に召された。

玉座の前に進み出た範宴は次のように思う。

「天皇も仏子であり、仏祖も天皇の赤子である。仏祖釈尊もこの国へ渡って来て、東なる仏国日本に万朶の仏華を見るうえは、仏祖も天皇のみ心とひとつでなければならないし、天皇のおすがたのうちにも仏祖のこころがおのずから大きな慈愛となって宿されているはずである。この国のうえに多くの思想や文化を輸入（いれ）たもうた聖徳太子のこころを深く自己の心の根に培っていた範宴は、そういう常々のおもいがいま御座近くすすむと共に全身をたかい感激にひたせて、眩い額（ぬかづき）をいつまでも上げ得なかったのである」[1]。

「天皇も仏子であり、仏祖も天皇の赤子である」。国体思想をこれほど簡潔平明に表現した文章はなかなか見つかるものではないだろう。もちろん杓子定規にいえば、この文章にはとんでもない矛盾が潜んでいる。国学の立場からは天皇が仏子だなどということは絶対に容認できないし、仏教の立場では釈迦が天皇の臣民だなどということは決して容認できない。だから武田泰淳は、「ぼくらはもちろん、この種の天皇論に、昭和十四年には反対だった。だが意見の違いはそれでもよろしいので、かまわないけれども、やはり問題になるのは、この種の表現方法、文体であろう。この種のなめらかさ、のほほんと統一され、強固に調和に腰をおちつけた文章は、どうもぼくらには書けない。気恥ずかしくて書けない」(2)。武田泰淳が「気恥ずかしくて書けない」と述べたのは、あまりにも明白な矛盾をはらんだ文章は書けないという意味である。だから吉川英治が書いたのは俗流化された国体論だといってしまえばそれまでである。しかし、このような表現を通じて、国体観念は人びとの心の中にすんなり染み込んでいくであろう。天皇が特別な存在であるということと、あらゆる思想を包み込みそれらの併存をはかるのがいいということの両方が見事にズバリと表現されているからである。

同じことを学者が述べればどうなるだろうか。村岡典嗣は日本思想史学の創始者のひとりである。一九一一年に上梓した『本居宣長』が認められて学者としての名声を得た。一九二四年に東北帝国大学法文学部教授になり、日本思想史学科をつくった。村岡はアウグスト・ベックの文献学（フィロロギー）の方法に学び、昔の思想家の思想をいきいきと描いた。本居宣長や平田篤胤を高く評価した。

村岡の学問の背骨には一貫して国体論が通っていた。ただしその国体論は、皇国史観や一九三〇年代の日本主義がとなえる国体とは大きく違っていた。皇国史観や日本主義は一切の外来の要素を排斥しようとした。ことに激しく批判したのが共産主義であり、自由主義や民主主義も日本の国体に合わないものとして排撃された。ところが村岡によれば、日本精神の本質は外来の要素を排斥するどころか、外来の要素を貪欲に摂取してきたことだったというのである。村岡は国体と世界文化の摂取とのふたつを日本精神の特徴とした。国体とは万世一系の皇室をいただく天皇中心の血族国家であることであり、世界文化の摂取とは、儒教、仏教、西洋文化など、世界のすぐれた文化を積極的に学び、自己のものとしてきたということであった。吉川英治はこのようなとらえ方を俗流に表現したのである。

では皇道主義哲学はどうか。日本の国体は外来の要素を摂取してきた。たとえば仏教を受容した。日本の国体は神道と仏教の両方を包み込む、ということを皇道主義はどのように語るのであろうか。佐藤通次『皇道哲学』（朝倉書店、一九四一年）は次のように語っている。「神又は仏は、自覚的事行における自主性・能与性を絶対的存在として象徴するものであって、もともと人格的生命の本然なのである。人間の肉体は、まさしく、神仏を宿す屋舎であって、人は、それを宗教的に表現して、神社又は仏閣を営むのである」[3]。佐藤通次はドイツ語学者でありゲーテやシラーの文学に精通していた。翻訳も多い。だが、他方では、それとはまったく違うボキャブラリーで皇道哲学を論じたのであった。

以上に紹介したのは、国体は多かれ少なかれ外来の要素を摂取してきたのだという思想である。しかし一九四〇年代に近くなると、日本主義は外来の要素を激しく排斥する傾きを見せる。杉本五郎陸軍中佐の『大義』は純粋な天皇信仰をうたったもので、「キリストを仰ぎ、釈迦を尊ぶのをやめよ、万古、天皇を仰げ」「子々孫々に至るまで、身命を重ねて天皇に帰一し奉れ」と命令形の文章が積み重ねられている。君民一如、一君万民と天皇への帰一が語られ、「世界ことごとく天皇の赤子にして天皇の国土なり」と記される。浄土、高天原、方便門など宗教の言葉が多用され、ひとことでいえば天皇のために死ぬことが人生の目的だという思想が語られている。杉本五郎は一九三七年に、日中戦争の戦場で戦死し、『大義』はその死後に刊行された。そしてベストセラーになった。

同じ年に文部省教学局『国体の本義』が、一九四一年には『臣民の道』が出された。『大義』はいま読むと違和感しか残らないだろう。『皇道哲学』もどこか遠い世界の書物のように感じられる。おそらく読み進めるのが苦痛だろう。村岡典嗣の研究には惹きつけるものがあるが、どうして国体という観念に固執しなければならないのか、彼の研究とイデオロギーのつながりは注意深く読んでも容易に結びつかない。

それにくらべると吉川のことばはわかりやすいし、そもそも反発を呼ばないだろう。吉川英治は国に奉公する意識がたいへんに強かった。生真面目なところがあり、一九三三年ごろから農業青年のための活動をしたりした。それだけに敗戦は吉川英治にとってたいへんな衝撃だった。八月一五日に疎開先で玉音放送を聞いた吉川は声を上げて泣いた。それから自分は筆を折ると宣言した。実際に、それまで六年以上『読売新聞』に書いてきた『新書・太閤記』の連載を中止した。吉川が執筆活動を再開したのは一九五〇年になってからであった。

5　統合と調整の破綻——明治憲法体制の一九三〇年代

一九三〇年代は明治憲法体制の崩壊期だった。一九三〇年代はロンドン海軍軍縮条約をめぐる統帥権干犯問題で幕を開けた。政府は枢密院の同意を得て条約の批准にこぎつけたが、浜口首相は右翼に狙撃され重傷を負った。それがもとで翌年退陣し、その後まもなく死亡する。三一年、満州事変が起こった。政府は不拡大方針だったが現地軍はそれを無視し戦火を拡大した。三二年には五・一五事件が起こる。

政党内閣の時代は終焉を迎えた。

一九三五年に起こった天皇機関説事件は明治憲法体制に対する事実上のクーデタだった。天皇絶対と排外主義と一死報国が叫ばれた。陸軍の好む日本主義の思想がわが物顔にふるまった。この時代を支配した政治思想から学ぶべきものは何もない。幕末における草莽の尊王攘夷は維新後の開国和親政策によって裏切られたのだったが、まるでその怨念が六〇年後に甦ったかのような時代だった。

一九三〇年代の政治状況を見ると、軍や内務省や政党や民間右翼などなど、組織間のチキンレースのような争いが頻繁に繰り広げられていて、いったん問題が起こると容易におさまりがつかなかった。一九三〇年のロンドン海軍軍縮条約調印の政治過程がまさしくそうだったし、三三年に大阪の天六交差点でおこったゴーストップ事件なども、組織エゴの対立を象徴する事件だった。六月七日、大阪市内の繁華街で、軍服姿の兵士が信号を無視して道路を横断した。それを見て交通巡査が注意したが、兵士は聞かず押し問答になった。ふたりは派出所まで行ったところで殴り合いになったという事件である。それだけなら子どものけんかのような事件であるが、憲兵がやって来たため警察と憲兵の対立になった。事件の翌日、大阪の新聞各紙は事件を大きく報じた。『大阪朝日新聞』は「交通信号暴進の軍人を引致交番血の乱劇　憲兵隊から府へ警告　曾根崎署もまた憤慨す」（見出し）と報じた。ところが対立はさらに拡大する。大阪府庁と大阪師団（第四師団）が出てきたのだ。それでも一件落着とはならず、荒木陸軍大臣まで登場する。結局一一月一九日に、府側の譲歩によって手打ちになるが、その間何と五ヶ月もかかった。そしてそれ以後、警察は兵隊の行動に対して多少のことは目をつぶるようになった。そのころ警察の評判は悪かったし、軍は満州事変の快進撃で人気があったから、陸軍はその人気を背景に横車を押したのだった。ゴーストップ事件は軍の増長ぶりを見せつけた事件だった。

横道にそれるが、もう少し一九三三年の新聞を開いてみよう。前年に起こった五・一五事件の報道が解禁になっている。五月一七日、もちろん新聞はゆるしがたい暴挙として五・一五事件を伝えた。ところが七月二四日に公判が始まると、記事の内容はじょじょに被告に同情的になっていく。被告の主張を詳細に報じたり、減刑嘆願運動が起こったことを大きく扱ったりした。九月一九日に下された判決は、軍人の最高刑は懲役一五年、民間人のそれは無期懲役だった。軍人が徒党を組んで一国の首相を殺害した事件としては、あまりにも軽い量刑だった。当時の新聞を見るとわかるようにゴーストップ事件は五・一五事件の公判が進むのと並行して進行したのである。

五・一五事件の公判関連記事を見ると、どうしてマスコミは事件の首謀者に同情的なのかという疑問が湧いてくるのを禁じ得ないが、その原因は一九三一年九月一八日に勃発した満州事変にさかのぼる。この日奉天郊外で満鉄線が爆破され、関東軍が軍事行動を起こす。若槻内閣は不拡大方針をとるが、現地軍は独断専行をやめなかった。軍は無人の野を行くごとく連戦連勝した。そして事変は一気呵成に満州国建国に至る。

事変が起こるとマスコミはいっせいに軍部支持に回り、愛国心を煽られた国民は歓呼の声をもってこれを支持した。しかし政治過程が統御不可能になっているのではないかという危惧は漠然としてであれ多くの人が抱いていた。満州事変そのものが関東軍と陸軍中央と政府と、三者の政策が対立している中で、関東軍が陸軍中央と政府の意向を無視して起こした事件だった。国民はそれを知らされていなかったが、組織間にのっぴきならない対立があるのではないかとの懸念は広がっていた。

満州事変はパンドラの箱を開けた。軍部の暴走が始まった。三六年二月には二・二六事件が起こり、人びとの懸念は最悪のかたちで現実のものになった。そしてその後になると、陸軍は組織として公然と政治に容喙するようになる。

吉野孝雄は日中戦争が始まったころのこととして、陸海軍の関係が険悪だという噂がしきりに囁かれていたと回想し、「なかにはいずれ陸軍と海軍が内戦を始めるというものまで現れた。後の東条内閣の時代になると、連合艦隊司令長官の山本五十六が上陸したときには陸軍憲兵の尾行が付くという噂まで立った。事実、山本自身もそのようなことを口にしていたという証言もある」と述べている(4)。

6 長谷川伸『荒木又右衛門』が問いかけるもの

一九三六年から三七年にかけて人気作家の長谷川伸（一八八四〜一九六三）の『荒木又右衛門』が『都新聞』に連載された。荒木又右衛門といえば、曽我兄弟、赤穂浪士と並んで日本三大仇討ちのひとつに数えられ、講談などでは、又右衛門は鍵屋の辻の決闘で三六人を斬ったとされているが、もちろんこれは誇張もいいところで、実際に又右衛門が斬ったのはふたりだったという。

ところが長谷川伸の『荒木又右衛門』は剣豪小説などという性格のものではない。ここがいちじるしい特徴である。荒木又右衛門を主人公にした大衆小説は渡辺霞亭のものをはじめ数え切れないほど多いのだが、そのほとんどは又右衛門を天下に轟く剣の使い手としている。ところが長谷川伸の描く荒木又右衛門は豪勇無双の剣士ではない。計略に長じ、用意周到にことを進める知謀の士である。いま流にいえば仇討ちという事業を進めるプロジェクトリーダーといった役どころである。小説は、ひとつの仇討ちをめぐって、追う側と守る側が繰り広げる攻防の道筋をていねいに追いかけている。大名と旗本のいがみ合いや、それぞれの陣営に属する人びとの動きが描き出され、武士のものの考え方やしきたりが浮き彫りにされる。そういう環境の中で、主要な登場人物はいずれも、いかにして後世にそしりを受けない行動をまっとうするかを意識してふるまうのである。あたかも大きな歴史のながれを追うかのごとくにして物語は進んでいく。

仇討ちは首尾よく成功する。しかし『荒木又右衛門』はそこで終わらない。そのあとも長々とつづくのである。仇討ちが成就すると、今度はその処理をめぐって、幕府の役人たちが苦慮する。彼らはのちに遺恨を残さない落としどころを求めるのである。だから荒木又右衛門は、主人公というよりも主要登場人物のひとりというほうが適切なほどである。

長谷川伸はトップクラスの流行作家だったが、彼はあえて地味な考証に踏み込み、とても大衆受けしそうにない叙述スタイルで『荒木又右衛門』を書き進めた。調べに数年かけたというだけあって、実に調べが行き届いている小説である。そしてその内容が暗々裡のうちに時局を連想させるのである。長谷川伸は、大名と旗本の緊迫した意地の張り合いを詳細に描いたうえに、鍵屋が辻の決闘の場面で筆をおかず、大久保彦左衛門の裁定がおりる場面にまで引っ張った。そのことに、彼の時局への不安な思いが働いていたのではないかと思われるのである。

当時は要人がひんぱんに暗殺され、戦争が始まり、クーデタ未遂事件までが繰り返し起こった。事件が起こるたびに人びとは固唾をのんでことの推移を見守りながら、最後には、四方に睨みがきく大物が登場して決着をつけてくれることを望んでいた。たとえば元老がその役割を果たすべく登場するだろうと期待した。一九三七年六月の、近衛内閣の登場は、まさしくそういう国民の輿望を担ってのことだった。長谷川伸が『荒木又右衛門』の叙述を大久保彦左衛門の裁定がおりる場面にまで引っ張ったのは、そのような待望論のあらわれであるといわなければならない。『荒木又右衛門』の連載が終わったのは、奇しくも一九三七年六月のことだった。

現実の歴史の進行に重ね合わせてみよう。『荒木又右衛門』の連載が始まった一九三六年は二・二六事件が起こった年であり、ワシントン・ロンドン海軍軍縮条約から脱退した年でもある。連載が完結した翌三七年には、盧溝橋事件が起こって日中全面戦争が始まった。このころから軍部の台頭はいちじるしく、言論は封殺され、軍靴の響きが日本全体をおおうようになっていた。そういう時代背景の前に『荒木又右衛門』を置いてみると、この意外にスケールの大きな時代小説には、江戸時代と一九三〇年代とを二重がさねに写しとっているかのようなおもむきがある。主命のためには命も惜しまず、いささかも一身の利を顧みず、名を後世に残すことを意識し、敵にうしろを見せることを恥辱とする。そういう武士たちが徒党を組んで、みずからが属する組織の体面を守ろうとして意地を張り合う。

そこに働いた力学は、一九三〇年代の軍人たちの上に働いた力学とはなはだ似ている。一九三〇年にロンドン海軍軍縮条約が結ばれたとき、海軍軍令部や野党の立憲政友会は、統帥権まで持ち出して執拗に反対したものだった。政府は枢密院の同意を取りつけて条約批准にこぎつけるが、浜口首相は右翼に狙撃されて重傷を負う。そしてそれがもとで死亡する。統帥権干犯問題は、日本官僚制のセクショナリズムのすさまじさを浮かび上がらせている。

荒木又右衛門の仇討ちは、あとの処理が難問だった。長谷川伸の筆は、家老クラスの実力者たちと幕閣につらなる武士たちが呻吟しながら、遺恨を残さないように、あうんの呼吸で落としどころをさぐっていくプロセスを描いている。ある意味ではそれこそが『荒木又右衛門』という小説の見どころなのである。大久保彦左衛門という要石がいたから過激な旗本たちへの抑えもきき、だから幕藩体制という体制は揺るがなかった。しかしもし大久保なかりせば、幕府は又右衛門らの処置をうまい落としどころへ導くことができただろうか。読者はそういうことを思いながら活字を追っていたのではないだろうか。

7　紛争をどうおさめるか？

わたしの想像はもう一歩先に進んでいく。荒木又右衛門の仇討ちを無事に処理した封建武士の子孫は、その後、明治維新という桁違いに大きな歴史的事業を成しとげた。このときも彼らは、薩摩閥と長州閥、官僚と旧幕臣などなどがしのぎをけずり意地を張り合う中で、角突き合わせながらも協力し、たくみに妥協しつつ、曲がりなりにも国家のつくりかえに成功し国民の独立と統合を守った。しかし一九三〇年代になると、その武士の末裔たちは、沈着冷静に国際情勢を判断しつつ、そのうえで自己の名誉を守るというかんじんかなめのことがらをそっちのけにして、ただがむしゃらに自分の主張を貫こうとした。そのあげくに騎虎の勢いで、国民に未曾有の禍害をもたらしたうえ国家を滅亡させてしまうのである。『荒木又右衛門』を読むうちに、読者は、江戸の武士たちと昭和の軍人たちを知らずしらずのうちにも比較してしまうのである。

全体の調和と統合をたえず頭に置くリーダーが要所要所をしめていなければ、セクショナリズムは暴走する。いったん暴走したら、調和はもろくも崩れ、コントロールがきかなくなる。よく知られているように、戦前の統治構造は、そういう暴走を未然に防ぐ装置を欠かしていた。きわめて分権的なシステムで、内閣や議会や軍などが対立したときに、対立を解決する仕組みを欠いていた。実際に諸機関の対立を調整し統合する役割を果たしていたのは元老であったが、元老は制度ではなく自然人である。時が経つにつれて老化し、ひとりふたりと他界し、重石としての役目を果たせなくなっていった。権威ある調整役がいなくなって、しかも舞台に立つ登場人物が、体面だの、敵に背中を見せないだのといった些事にこだわるものばかりになったら、国家は方向舵を失って漂流するしかない。

『荒木又右衛門』が旗本と大藩のメンツ争いを描いたのには、そういう現実政治の問題が意識されていたのではないかと思われる。『荒木又右衛門』を読んでいて感じさせられるのは、封建武士たちのような考え方で行動するアクターが大勢いたら、強力な調整機能を持つ第三者なしに秩序を維持することがきわめて難しいということだ。日本の近代史に目を転じると、元老の山県有朋と政党政治家の原敬が政界の二大勢力をひきいて、対立したり協調したり、妥協したり取引したりしながら、政治を切り盛りしていた数年間が、強力な調整機能が作用した最後の時代だった。一九二一年一一月に原が暗殺され、翌年二月に山県が他界して、ふたりが相次いで姿を消したころから、日本の行く手に暗雲が立ちこめ始めるのである。『荒木又右衛門』の連載が始まる前年には、天皇機関説問題が起こり、統治構造は深刻な打撃を受けていた。

いまだからこそ、読者は右のように読む。しかし断っておくが、『荒木又右衛門』には、武士の過激なセクショナリズムを憂慮している気配はいささかもない。それどころか、身命を惜しまず主君や国家に忠誠を尽くすことを無条件で受け入れ、その先のことはきっと大久保彦左衛門のような大人物がはからってくれるから心配はいらないと考えているかのようである。考えてみれば、長谷川伸は、股旅物というジャンルを開拓した作家であった。そこに登場するヒーローたちは、いずれも大所高所に立って思慮深くものごとの進行を差配するようなタイプの人物ではない。義理と人情の世界で、運命に押しながされる悲哀を背負った人びとである。

長谷川伸といえば、『沓掛時次郎』や『関の弥太ッぺ』や『瞼の母』などの股旅物で有名である。数え年四歳のときに母親と生き別れ、学校は小学校三年生までしか行っていない。小さいときから横浜のドックで働き、土方、石工など、何でもした。たいへんな苦労人だった。『瞼の母』の番場の忠太郎も、『一本刀土俵入り』の駒形茂兵衛も孤児であるが、長谷川伸が若いとき、いっしょに働いていたものの中には親のない子が何人もいた。そういう育ちの長谷川だったが、四九歳のとき生き別れた母親と劇的な再会を果たすことになる。一九三四年のことだった。

8　剣術の極意と政治の要諦

耐えに耐えたあげくに行動を起こす。虐げられたものが屈従に耐え、その間用意周到に反撃の策を練り、土壇場で蹶起して一撃必殺という物語は日本人が大好きなストーリーだった。真珠湾攻撃はまさしくそのような行動として日本人に称揚されたのである。そういう例をあげようと思ったらそれこそきりがないが、ひとつだけ紹介しておこう。

『大菩薩峠』という一大巨編で机龍之介というニヒルな剣豪をつくり出した中里介山（一八八五〜一九四四）に、一九三三年に大菩薩峠刊行会から出版された『日本武術神妙記』がある。柳生十兵衛だの塚原卜伝だの宮本武蔵だのといった名だたる剣豪のエピソードを蒐集した本である。どんなエピソードかというと、たとえば次のようなものである。

三代将軍家光の剣術指南だった柳生宗矩は、あるとき稚児小姓に刀を持たせて庭に咲いた桜を見物していたが、宗矩は突然あたりを見回して座敷に入ってしまった。それきり一時ほども物思いに沈んでしまったので、みんなが不審に思った。用人がおそるおそるわけを聞くと、宗矩は「そのことだが、自分は長年の修練で、殺気を感じとることができるようになっている。さきほど殺気を感じたのだがどこにもその気配がない。いったいどうしたことか、自分の修行がまだまだなのかと心ならず思案していたのだ」と返事を返した。するとそれを聞いていた稚児小姓がおそれ入りかしこまって、実は先ほど、いかに殿様がすぐれた剣の名手であっても、いまうしろから斬りかかったら、とても逃げることはできないだろうと、思量していましたと申し出た。すると宗矩はなるほどそうだったかとうなずき、稚児小姓には何の咎めもなかった。

この話は『撃剣叢談』という本に見えるということであるが、『日本武術神妙記』はこんな挿話を数多く集めている。時代物を書く大衆小説作家は古い書物に材料を求めていたから、『日本武術神妙記』はその副産物として生まれた本であるといっていい。一九二九年に出た白井喬二の『国史挿話全集』全一〇巻などと同様である。

ところで、わたしがおもしろいと思うのは、介山が序文に書いている日本武術論である。どういうことを書いているかというと、日本は武術の天才国だといい、それを剣術でいうと、日本の剣法には守るということがない、「刀を双手に取って全身全力全精神をもって敵にぶつかって行く」。勝敗を一瞬で決する。そこが西洋のフェンシングなどとの根本的な違いだ。肉を切らせて骨を切るというのはそういうことをいうのであって、日本の剣法には相打ちということがない、というのである。

そう論じておいて、介山は日本人の国民性の特色をそこから解明しようとする。「日本の武術は国民性そのものの発現であり、一種の宗教である。人が和かい気分で、生活の余裕に人も楽しみ我も楽しむるスポーツの類いと同一視する時は非常なる誤解であり堕落である。日本に於ける大きな仕事は皆この剣道の意気に於て為され、国難はいつもこの武道の精神によって排除せられた、これを言葉に表して見ると『熟慮断行』である」[5]。極度まで隠忍しじっと耐え、その間に熟慮し、万止みがたきときに至ってはじめて断行する。

しかし、介山によれば、それは軍国主義でもなければ侵略主義でもない。剣道の真骨頂を理解するものなら知っているだろうが、剣道は「危険を防止し、人間の正義の為に邪悪と闘い、士人の品格と対面と教養を豊かにするもの」なのである。剣の精神は宗教に通じる。日本人は破邪の正器として武器を愛し敬ってきた。だから刀鍛冶は刀剣を打つとき、斎戒沐浴して神仏に祈るこころで刀剣をきたえた。「日本の刀剣は世界絶倫の利器である」。武術の修行も同様である。修行の場を道場といい、高僧が道に精進するところと同じ意味を持たせ、必ず神仏をまつった。

極限まで忍耐し、隠忍自重しながら熟慮計画し、万やむを得ない状況になったときに一気にことを起こす。介山は剣の達人から日清日露戦争や満州事変まで等し並みに論じており、個人の武芸と国家の軍事行動を同列にとらえているのは大いに気になるところであるが、こちらの美学は一九七〇年代になっても日本人に好まれた。任侠映画が人気だったことを思い起こしてみればよい。

9　献身と自己犠牲

江戸時代の浄瑠璃や歌舞伎以来、自己犠牲は民衆娯楽の重要な主題だった。危機に瀕した英雄を救うためにわが子を犠牲にささげたり、自分自身が人柱に立ったり、一身の利害を度外視して正義と秩序のために働いたりする。『国性爺合戦』『菅原伝授手習鑑』『義経千本桜』『仮名手本忠臣蔵』みなそうである。歌舞伎のストーリーを見ると、悪人があらわれて秩序を脅かす、悪の手から秩序を守るために人びとはたたかうが、相手は手ごわい。秩序を乱すというのはたとえばお家騒動である。そこで登場人物のひとりが大きな犠牲を払ってたたかう。たとえば『菅原伝授手習鑑』に登場する松王丸は、菅丞相を守るためにわが子を身代わりに差し出すのである。観客は身を挺して主人公に尽くす登場人物に胸をつまらせた。

自己犠牲とは何か。主君のために献身的に尽くすことであるが、ご恩と奉公の関係からいえば、主君はそれに何らかの見返りをもって応えるだろう。ただし具体的に何をすればその報酬に何を得られるという個別の関係ではない。だから見返りがない、または期待できないという場合もあり得ないことではない。たとえ菅丞相が生きのびても松王丸の子どもは生き返らないのである。その場合はどうか。つきつめれば報いられることを期待しない行為ということになる。

これは山本周五郎が繰り返し問い続けたテーマだった。代表作の『樅ノ木は残った』は戦後に書かれた作品であるが、まさしくこういうテーマを追求したものである。主人公は伊達騒動の原田甲斐である。もともと原田甲斐は安穏な暮らしを望んでいた。出世の大望などかけらも持っていなかった。しかし偶然から老中と伊達家当主の叔父である伊達兵部の陰謀を知ることになり、自分が一身を犠牲にしてでも食い止めなければならないと決心する。原田甲斐は大老酒井忠清の屋敷でおこなわれた審問の場で、争訟の相手方を殺害し、みずからもその場で殺された人物であり、歴史上悪人と見なされてきた。山本周五郎は、その原田甲斐を、伊達家取り潰しをもくろむ幕府の陰謀であることを見抜き、みずから逆臣の汚名をかぶって伊達家を守った人物として描いた。

山本周五郎は戦時中に書かれた『小説日本婦道記』では夫にそれと気づかれないように夫を支えて献身的にふるまう女性を描いた。これも見返りを求めぬ貞節の姿であった。

山本周五郎が自己犠牲を最も価値あるものとしたのはそこに私心がないからである。心情が純粋であること、『古事記』などにも出てくる「あかき心」「清明心」である。幕末以後の時代に限って見ても、吉田松陰はすさまじい赤誠の人だった。松陰は明末清初の異端の儒学者・李卓吾の思想に共感していた。李卓吾は「童心」をとなえた人で、自分の心に従ってすなおに行動することを良きこととした。小さい子がだだをこねても、それは人間の正直な姿であり、そこに聖人の姿が映し出されていると論じた。こういう考え方は正統な儒教思想にはなかった。儒教は感情に駆られた行動を決して評価しないから、李卓吾はまことに異端の思想家だった。それゆえ李卓吾は晩年刑死する。他方、武士道では献身が説かれたから、松陰にとって李卓吾の言説は心揺さぶられるものだったのである。

部下が主君に対して身命をなげうって尽くす。見返りを求めない。愛する女性のために身命をなげうつのではなく、愛する女性をふりかえらずに、恩義ある人のために尽くすのである。それは軍国美談のテーマでもあり、浪花節のテーマでもあり、大衆小説のテーマでもあった。

10　通俗小説のこと

『都新聞』に連載中の『荒木又右衛門』が大団円に向かおうとしていたとき、『朝日新聞』では山本有三（一八八七〜一九七四）の『路傍の石』の連載が始まっていた。『路傍の石』は貧しい家庭に生まれた少年が刻苦勉励して成長していく姿を描いた現代物で、大衆小説といっても読者は呑気に物語を楽しんでいられなくなる。『路傍の石』は一種のビルドゥングスロマン（教養小説）であり、社会正義のあり方を真っ向から問う叙述がここかしこに盛り込まれていた。そうしてそのゆえに、軍部の圧力によって中絶を余儀なくされるのであるが、新講談から出発した大衆小説は、一九三〇年代にはそういう地点まで来たのである。もっとも山本有三には、自分は大衆作家だという意識はなかっただろうが。

新聞小説の書き手には劇作家が多い。山本有三も戯曲から出発した作家であった。長谷川伸も小説家であり劇作家であったが、川口松太郎（一八九九～一九八五）は小説を書く一方で松田昌一の名で映画脚本も多作した。その川口松太郎の『愛染かつら』が『婦人倶楽部』一九三七年一月号から三八年五月号まで連載された。

『愛染かつら』はその年のうちに松竹によって映画化され、たちまち人びとを夢中にさせた。ヒロインの高石かつ枝は子持ちの未亡人である。そのことを隠して病院で看護婦として働いている。病院の跡取り息子の津村浩三はかつ枝を愛するが、かつ枝は苦悩する。浩三はかつ枝をある樹のもとに誘って、この木にさわってほしい、愛し合うふたりが手を重ねてこの樹にさわると、必ず結ばれるというから、と語る。身分違いの愛と相次ぐすれ違いと、はらはらドキドキさせる要素が満載で、映画「愛染かつら」は全女性の紅涙を絞った。

のちに松竹に入社してたくさんのメロドラマを手がけた鈴木和年は「愛染かつら」が封切られたとき一一歳の少年だった。彼は家に奉公に来ていた四歳年上の少女といっしょに「愛染かつら」を見に行った。そしてふたりともすっかり虜になってしまった。ふたりは秘密の「愛染かつら」ごっこで遊ぶようになる。やがて少女は映画のヒロインと同じように大陸に渡って従軍看護婦になった(6)。

三七年ごろから言論がますます窮屈になったとき、柔弱なメロドラマを得意とした川口松太郎は発表の場を奪われていく。川口の年譜を見ると、一九四〇年まではさかんに健筆をふるっているが、四一年になると川口の作品が新聞雑誌に登場する機会はがたっと減る。一方映画会社の松竹は快進撃を始めた。

映画『愛染かつら』は三九年正月から春にかけて全国で逐次上映され、松竹映画始まって以来の一大ヒットになった。同じ三九年には『続・愛染かつら』『愛染かつら・完結編』が封切られた。まさしくその成功のゆえに、川口松太郎は書く道をふさがれた。軍部に睨まれたのである。

『荒木又右衛門』に和吉という端役が登場する。和吉は又右衛門たちの敵である河合又五郎の従者で、又五郎の逃亡生活につき従っている。和吉には夫婦の約束をした女がいた。主命であるから女に会うことはまかりならないが、和吉はその面影がわすれられない。とうとう又五郎のもとを去ってしまう。女に心を奪われる、取るに足りないちっぽけな人物である。『荒木又右衛門』にはそういうふうに描かれている。

ところがそのちっぽけな愛が『愛染かつら』では全編の主題になる。ここでは愛こそ生涯をかけるに足る主題である。忠義も人と人をつなぐが、愛も人と人をつなぐ。だがそのつなぎ方は、まるで違っている。忠義は上下関係の中での一方的な義務だが、愛は対等な関係の中での相互の「義務」である。愛は決して大事を成しとげる邪魔になる小事ではない。人間存在の根底を意味づけるかけがえのない営みである。

そのかけがえのない営みを、軍国主義はおとしめ、踏みにじり、人びとの手から奪い取ろうとしたわけである。そして実際に、一九四五年に終わる長い戦争によって、無数の男女の間の無数の愛を、破壊し去ったわけである。そのことに対する痛憤のうえに、日本人は戦後の歴史をつくってきた。戦前の『愛染かつら』と戦後の『青い山脈』は登場人物もストーリー展開もまったく違っている。『愛染かつら』はお涙頂戴だし、『青い山脈』は明るいラブコメである。しかしそこには、人間と人間の自発的な対等の結合を基礎にして社会をつくるのがいいのだという、日本人の痛切な感情が横たわっている。

11　大衆小説家たちの素顔

敗戦後、文学者の戦争責任が問題になった。戦時中、新聞雑誌にのった作品の多くが戦意高揚をねらったものだったから、しかたのない成り行きであった。尾崎士郎や火野葦平らは公職追放になった。戦後、超大河小説『徳川家康』を書くことになる山岡荘八もそのひとりであった。失意の山岡は温泉宿にこもって酒浸りの毎日を過ごした。

とはいえ文学者にもそれなりの言い分があった。たとえば文藝春秋社をひきいた菊池寛は、たしかに社をあげて戦争協力に前のめりになったし、それゆえにきびしく戦争責任を問われたが、菊地寛自身はかつて軍部の圧力に猛然と抗議したことがあった。何しろ日中戦争が始まってからというもの、新聞雑誌にのる小説に対しての統制が格段にきびしくなった。悪名高いのは陸軍少佐の鈴木庫三である。鈴木は露骨に編集に介入し、編集者がしぶると軍刀を鳴らして威嚇した。真っ先にやり玉にあがったのは風俗小説である。丹羽文雄の『西門家の人々』は連載中止になったし、永井荷風や舟橋聖一は非時局的として執筆禁止状態になった。風俗小説ばかりか、空想的な伝奇小説や侠客礼賛の股旅物も戦意高揚にそぐわないとして睨まれたのであった。鈴木庫三の個人的な好みによる恣意的な判断だった。

だから編集者や作家の間には憤懣が渦巻いていた。『天と地と』などの史伝文学で有名な海音寺潮五郎も内務省警保局の圧力で連載小説が打ち切られた経験があった。陸軍報道班員として徴用されたとき、徴用された作家たちを前に輸送指揮に当たる軍人が、自分に従わないものはぶった切ると脅した。すると腹の据わった海音寺は大声で「ぶった切ってみろ」と怒鳴り返した。

山本周五郎は意固地なところがあって「曲軒」というあだ名をたてまつられていた。報道班員となって協力するよう要請されても頑として応じなかったし、雑誌で軍人と対談したときものらりくらりと相手の誘導をかわした。[7] しかし死後に公刊された日記を見ると国家に忠勤を励むこと、まさしく彼が小説に描いた登場人物の姿を彷彿させるものがある。一九四四年一〇月五日の日記には、外国語を排せよとやかましく主張するものが、そういうものに限って、自分は日本人のつくった漢詩は和臭があるから読まないと公言してはばからない、これではだめだと憤っている。そして怒りにまかせて「海外文物を鑑賞玩味し、採長補短の科に供することはよいが、それに毒されるような卑弱な精神は断じて破砕しなければならない、四書五経を焚くのである、マルクス全集を焚くが如くに孔孟の書を神壇から引下ろすのである」[8]と、猛烈なことを書いている。日記であるから、これは真剣にそう思っていたのであろう。

註

（1）『吉川英治全集　親鸞』第14巻、講談社、一九八〇年、一九五ページ。
（2）武田泰淳『評論集　滅亡について　他三十篇』川西政明編、岩波文庫、一九九二年、一八六ページ。
（3）佐藤通次『皇道哲学』朝倉書店、一九四一年、二二五ページ。
（4）吉野孝雄『文学報国会の時代』河出書房新社、二〇〇八年、三五ページ。
（5）中里介山『日本武術神妙記』河出文庫、一九八五年、一一〜一二ページ。
（6）鈴木和年『「愛染かつら」とニッポン人』情報センター出版局、一九八四年。
（7）山本周五郎の「曲軒」ぶりにいろいろなエピソードがある。たとえば大村彦次郎『時代小説盛衰史』筑摩書房、二〇〇五年。ちなみに、山本は吉川英治の文学を評価しなかった。吉川の精神主義や権威主義のにおいを好まなかった。精神主義や権威主義というよりも、求道と修練を通じて自己完成の道を歩むことをたたえる人生観ががまんならなかった。山本はそこに、偽善的な我欲のにおいを嗅ぎとっていたのである。
（8）『山本周五郎戦中日記』角川春樹事務所、二〇一一年、九五ページ。

第八章

戦争と文学

保田與重郎（一九一〇～一九八一）は一九三六年に『日本の橋』で文壇に登場した。そしてその後一九四五年八月一五日まで最も多く雑誌に寄稿した文筆家のひとりだった。だから公職追放になったのは当然過ぎるほど当然のことだった。

保田の文章は独特で、凡百の日本主義者や皇道主義者とはまったく違って、読者に浅薄な印象は少しも与えない。天皇賛美のことばをつらねながら、どこか滅びを予期している美意識を感じさせる。ロマン主義的で、かつ反近代主義的なのである。知恵を働かせたり、勤勉に、能動的に行動することに関心を払っていない。つまり戦争遂行には何の役にも立たない。

もし保田が一九五〇年代に生まれていたら、戦争とはまったく違うテーマで、たとえば繁栄とか平和といったテーマで、ロマンチックな滅びの美学を奏でたのではないかと思う。それだけに、最も実務的な知力が求められる戦争の時代に保田をもてはやした、当時の論壇というものの弱さを、そうして論壇にそういう姿勢をとらせた当時の言論統制というもののおかしさを、思わずにはいられない。

1　保田與重郎がわかるということ

若いころのことだが、保田與重郎はいくら注意深く読んでも、まるでわからなかった。四〇歳過ぎて久々に読み返してみたときに、やっと少しわかったような気がしたものであった。たとえば『日本の橋』『和泉式部私抄』『民族と文芸』などには、思わず感心するような知見が随所にちりばめられており、これが保田の魅力なのだろうかと漠然と感じたのである。

しかしその一方で、保田の文章には口にするのがはばかられるような血なまぐさい雰囲気が漂っており、少しわかったような気がしたということは、保田に近づきたくない理由がわかったということでもあった。たとえば一九三八年に刊行された『蒙彊』を読んでいると、あるところでは漢民族が自国の民衆を繰り返し大量虐殺したことが書かれている。別のところでは、戦場の武士の礼儀は全体を虐殺するか虐殺されるかであるとし、そういう態度に対するかなり高い調子の賛美が書かれている。そしてそういう記述の平面上に人民を酷使して巨大な建造物をつくった英雄の事績に対する賛歌がうたわれている。この「巨大な建造物」は直接的には万里の長城であり、エジプトのピラミッドを指しているわけであるが、言外に響いているのは、日本の満蒙経略もまさしく現代における「巨大な建造物」ではないかという囁きである。

こういう文章が戦時下の尋常でない精神的雰囲気の中で、出征をひかえた若い男たちにどんなふうに迎えられたか、わたしは想像できるような気がしないでもない。前線で生死をかけてたたかう兵士たちの、その無言の行為のひとつひとつが、民族共同の全体行為として、歴史的で英雄的な事績そのものなのだと保田與重郎は語っているわけである。

戦争を民族共同の全体行為として賞賛するという主張であれば、どこにでも見られることである。たとえばロシアの文豪ドストエフスキーも先頭に立ってトルコとの戦争を叫んだ。ドストエフスキーはロシア民衆が戦争に託す思いの中に民族の全一性を耕すかけがえのない土壌を見ていた。ドストエフスキーの語り口と保田與重郎の語り口を比較してみると、強烈な自国中心主義を前面に押し出していることは共通しているのである。しかし同時に際だった違いがあることも指摘しておかなければならない。それはドストエフスキーが国際政治に強い関心を持ちヨーロッパ各国の動静や内外の政治家と知識人の発言を注視しているのに対して、保田與重郎はそういうことにほとんど関心を持たず、むしろ政治に背を向けている観さえあることである。保田與重郎が引照するのは、日本の過去の英雄たち、それも敗者となった英雄たちが少なくないのである。だがその違いの意味はおいおい考えることにしよう。

とにかく戦闘はまがりなりにも殺人行為である。もとはといえば兵士も、つい昨日まで年老いた親といっしょに畑をつくっていたり、大店に丁稚奉公していたり、工場で旋盤を操作していたりしていたのである。職業的な武人ではない。それがきょうは銃剣を渡され、敵を殺すように命じられる。ふつうこういうことを語るときには、我人（われひと）ともに言い聞かせるような、切羽詰まった倫理的な煩悶が見え隠れするものなのではないだろうか。たとえば『蒙彊』と同じ年に火野葦平の『麦と兵隊』が出たのであったが、その主人公は、中国兵を斬殺する場面を正視できず、正視できなかったことで自分は悪魔になっていなかったと胸をなでおろす。物語の最後の場面である。悪魔になっていなかったとほっとする、それが人間の自然の情というものだろう。ところが保田の口調にはどこか他人事を語っているかのような超然たる響きがある。それが保田のいうデカダンスやイロニーなのであろうが、わたしは読んでいてたびたび、この人が軍人だったらどんな残虐行為でも平然とやってのけたのではないかと空おそろしい気分になったものである。ロマンと冷血の併存、保田與重郎の文章には、冷酷な嗜虐性がひそんでいるように感じたものである。わたしが保田與重郎の文章に血なまぐさい雰囲気を感じたというのは、かいつまんでいうと、こういうことである。

2　亀井勝一郎との比較

これは同じ日本浪曼派でも亀井勝一郎にはない資質である。亀井には保田のような冷酷さは微塵もない。亀井は救済や慈愛を求めるが、その思考は内省的でいつも窮屈なくらいに懺悔や自罰に向かっている。亀井勝一郎は倉田百三と似ている。ふたりは煩悶し、そして思想の転回を起こした。そしてまた煩悶し自己批判し転回した。亀井も倉田百三と同じようなタイプの煩悶青年だった。

亀井の文章に接して読者が感じるのは、自分をさいなむことばがいかに多いかということである。転向を経て文筆家として名を成したのであったから、自己批判が亀井の名にこびりついているのは不思議でないとはいえる。そうだとしても、マルクス主義から仏教への思想移動、文芸評論や美術論から恋愛論や人生論まで、さらには晩年の日本人の精神史研究まで、亀井のほとんどの著作の基調をなしているのは自己分析であり、自己否定と自己放棄への希求であり、帰依の願望である。帰依と自己放棄の対象が、マルクスから仏陀へ、労働者階級から衆生へと転回したのである。

そういう文章を読み慣れたものの目にいかにも異様に映るのは、敗戦直前に書かれた『日月明かし』である。これはパンフレットくらいの薄い本で、故郷の人、隣人、ある指導者、田舎の友に宛てた四通の手紙からなっている。第一の「故郷の友」に宛てた手紙の冒頭で、焼け野原になった東京に暮らしている人びとが屈託のない表情でいることが賞賛されている。「都心はたしかに廃墟です。しかしこの廃墟という感じには、陰惨なものは少しもありません。むしろひそかな、人を思はず微笑させるやうな希望が隠れてゐる(1)」。亀井は灰燼になったまちを歩きながら、「しめた」と思ったと書いている。しめたと感じて、ひそかにほくそ笑んだというのである。

空襲で家財産を焼かれた人びとの中には、大切な人を失った人も多かった。そういう人たちが焼け跡に粗末な小屋をつくって暮らしている。人びとは悲嘆にくれ、絶望の淵に沈んでいただろう。そういう人びとがどんなに絶望的な思いをしていたかには目もくれず、廃墟に陰惨なものはないと言いきり、人びとの姿に希望があるというのだから、驚くしかない。わたしははじめてこのくだりを読んだとき、思わずわが目を疑ったものだった。

『日月明かし』は明らかに、敗戦が不可避であることを見越して書かれている。書かれていることは、戦意高揚に役立つとは思えない内容である。よくもこういう内容のものを本にしようと思い立ったものだと思うし、すさまじい自己顕示欲だとも思うし、戦後の処世に備える計算があったのではないかとも思う。いずれにしても一九四五年のいつかはわからないが、東京大空襲があった三月一〇日以後のあるときに、亀井はいまの自分の心境を書きつけておこうと決心したのである。

人びとの姿に「希望が隠れてゐる」というのは、戦争に敗れても、日本人は民族の伝統を生かしながら、したたかに生きのびていくだろうという意味である。「罹災した人々は焼跡に小屋を建て……、早くも菜園が拓かれ……、茶人は焼けかゝつた古材を集めて茶室を建てることを考へてゐます。すべて日本人にとつてあたりまへの生活態度なのです(2)」。空襲で家を焼かれても、人々は何ごともなかったかのように、淡々と日常生活に復帰している。戦争に勝とうが負けようが、とはいまは口が裂けてもいえないが、日本人は何としたたかに生きつづけていくだろう、というわけである。そこで亀井は「この廃墟という感じには、陰惨なものは少しもありません」と述べる。

そう書いているとき、亀井は何十年も未来の時点に立って現在を展望するかのような視点に立っている。これは保田與重郎が『蒙彊』で、中国の何世紀もの過去をふりかえり、漢民族が自国の民衆を繰り返し大量虐殺したことと、英雄たちが人民を酷使して巨大な建造物をつくったことを等し並みに賛仰していることと同質の視点である。一見、客観的、巨視的であるが、それはひとりひとりの人間のなまなましい感情や経験を捨象することによって成り立っている。海を渡った大陸で、兵士になった日本の庶民がどんな気持ちに揺れているかとか、空襲で家を焼かれた人びとが、どんな気持ちで暮らしているかといったことから、よほど大きな距離を置かなければ書けない種類の文章である。つまり現実から乖離しなければ書けない文章である。

しかし亀井と保田が似ているように見えるのはそこまでである。『日月明かし』に表現されているのは、冷酷さではない。表現されているのは、極限まではりつめた心境である。追い詰められ進退窮したあげく、土壇場で開き直ったものの心境である。だから『日月明かし』は露出過度のような明るさで書かれていて、読者に異様な印象を与える。繰り返しになるが、保田與重郎には亀井のような性質はない。

そういう資質の違いはひとまずおいて、ここではまず日本浪曼派と戦争について、二、三の論点にふれることから始めたいと思うのである。

3　指導者と民衆

日本浪曼派は日中戦争から太平洋戦争に至る長い戦争の時代において、若い知的な世代が戦争に処する心的態度を形成することに深い影響を与えた。戦争を遂行する思想的な立場は見かけ上はいくつもあった。いわく日本主義、いわく皇道主義、いわく昭和維新、いわく国家主義、いわく世界史の哲学などなど、これらは先頭に立って戦争遂行を怒号した人びとの旗印だった。しかしほとんどの日本人は自ら進んで戦争を要求したわけではなかった。戦争のような政治的決定に関して民衆が指導者の決定に影響を及ぼすことはない。常に民衆が指導者の言動にあおられる。いくら民衆がいきりたっても、そもそもの火付け役は民衆ではない。関係は一方向的なのである。

保田與重郎は民衆と指導者のこのような関係など存在しないものとして、民衆と指導者を一体のものとしてとらえる。そして政治的意思決定に対して、何らかでも異見をとなえたり反対行動をしたりする人びとを排斥する。このとき使われるのが「知識人」ということばである。異見をとなえたり反対の行動を起こしたりするものは、頭でっかちでひ弱なものたちとして描かれ、それに対して若々しく力強い青年が対置される。それゆえ保田の思想は反知性主義と呼ばれるのである。

他国との対立が激化すると民衆は戦争を叫ぶことが少なくない。戦争を目の前にすると、どこの国でも、民衆は同じような反応を見せるものである。エミール・ゾラの小説『ナナ』は、最後に対独復讐に燃え上がるパリの民衆の姿を描いている。彗星のように登場した新人女優ナナは、やがて高級娼婦として上流階級の男たちを次つぎと虜にして破滅させていくが、突然姿を消してしまう。そして普仏戦争直前のパリに再び姿をあらわす。しかしそのときには、ナナは天然痘によって醜い姿に変わり果てていた。死の床に横たわるナナが今際のときを迎えようとしていたとき、パリの街頭では対独開戦を求めて民衆がいきりたっていた。「ベルリンへ、ベルリンへ」、興奮した民衆の叫びが街頭にこだましていた。このように国際関係が緊張すると民衆はしばしば激高する。民衆は乾燥した枯れ草のように火がつきやすいが、その火種は民衆が自分でつくるわけではないのである。

一九三一年九月一八日に満州事変が勃発した。陸軍は連戦連勝、破竹の快進撃をしていた。そのとき国民は喝采を送った。戦勝の報が届くと、そのたびに各地で祝賀行列がおこなわれた。このとき合いことばのように叫ばれたスローガンが「満州は日本の生命線」だった。このことばは同年一月、すなわち満州事変が始まる八ヶ月前、第五九回帝国議会で、松岡洋右が幣原協調外交を批判する演説でもちいたことばである。マスコミはそれに飛びつき一種の流行語になった[3]。

三二年一月には、日本軍は張学良が本拠地としていた錦州を占領、同年三月に満州国の建国が宣言された。三三年五月に塘沽停戦協定が結ばれて軍事行動は一段落し、つかの間の平和が訪れた。ただしそれは見せかけの平和だった。この間、三三年三月に日本は国際連盟を脱退している。他方、国内では三二年に五・一五事件が起こり、それをきっかけにして軍部が露骨に政治に関与するようになる。三五年には天皇機関説問題が起こった。政治の雲行きはますます怪しくなり、いよいよ軍部の暴走に歯止めがきかなくなった。

三七年七月七日に盧溝橋事件が起こり日中戦争が始まって、つかの間の平和は破れた。戦争は日本側の当初の予想をこえて、いつ終わるとも知れない泥沼の様相を呈し、多くの日本人は行く手に不安を感じるようになっていった。三七年に日中戦争が始まると、政府は挙国体制をつくるため言論界に協力を求め、新聞雑誌は競って特派員として作家を大陸に派遣した。兵隊として召集された作家もいたのはもちろんのことである。翌三八年には、内閣情報部はペン部隊を派遣した。ペン部隊は陸軍班と海軍班に分かれて従軍した。さらに四一年に日米戦争が始まると、多くの文学者が徴用されて従軍することになる。こうして大量の戦争小説が書かれるようになる。

火野葦平は、その中から生まれた最大の人気作家だったが、すでに述べたように、彼をスターに押し上げた『麦と兵隊』（一九三八年）にしても、そのラストは戦意高揚の文学とは思えない終わり方である。主人公は三人の中国兵の銃殺に立ち会う。主人公はあまりのむごたらしさに思わず目を背ける。残虐な場面を凝視し得なかったことで、彼は自分は悪魔になっていなかったと、深く安堵する。つまりは『麦と兵隊』の主人公は、保田與重郎が『蒙彊』で主張したような考え方に染まるのをおそれているのである。『麦と兵隊』に登場する兵隊たちは主人公をふくめみな善良な庶民である。一〇〇万部をこえる一大ベストセラーになったが、それは人びとが小説に登場する兵隊たちを自分に重ね合わせて読むことができたからであった。

4　軍国美談、爆弾三勇士、『大義』、『少年倶楽部』

満州事変で戦意を燃え立たせた民衆だったが、それならば戦勝に喝采を送った民衆が、戦争に対してどのような覚悟を求められていたのか。それを見ておかないと保田與重郎が読まれた理由はわからなくなる。

火野葦平は人間味ある兵隊を描き出したが、軍が兵士に要求したのは家族愛やいたわりの感情ではなかった。「大君の辺にこそ死なめ」と、死をおそれぬことであった。一九四一年一月に東条英機陸相が示達した「戦陣訓」に「生きて虜囚の辱を受けず」との文章があることはよく知られている。兵士として戦場に出たら、死を恐れず勇敢に戦うこと、それが若い男たちに要求された覚悟だった。

戦死した軍人を「軍神」としてたてまつるのは日露戦争で戦死した広瀬武夫中佐が始まりだったが、満州事変のときには、一九三二年に上海で戦死した三人の工兵が「爆弾三勇士」として称揚された。それればかりでなく、満州事変が始まると、戦死した兵士の美談が頻々と伝えられるようになった。その都度国民は心を動かされたのである。(4)

印象的なのは、広瀬中佐が軍功を立てて戦死したわけではないことである。部下を思いやる気持ちが彼を死に追いやったのであった。それにしても戦場で武勲を立てた兵士より、悲運に倒れた兵士ばかりが称揚されたのは、世界的に見ていかにも特異な現象であった。たとえば四分の一世紀以上の長きにわたって日本で医学を教えたエルヴィン・フォン・ベルツは広瀬中佐の国民葬がおこなわれた四月一二日に、広瀬が中佐に昇進したことについて、死後の表彰はヨーロッパ人には不可解だと述べている。(5)

死の賛美は、昨日今日に始まったことではなかった。おとなの間ばかりではない。小学校の修身教科書には、死んでもラッパを離さなかった木口小平のエピソードがのっていた。木口小平は日清戦争で戦死した。その物語は一九〇三年から始まった国定教科書にのせられ、一九四五年まで学校の授業で語られつづけた。『少年倶楽部』はたいへんよく読まれた少年雑誌だったが、一九三〇年代前半には、まなじりを決したような雰囲気はない。しかし、それでも一九三二年四月号には爆弾三勇士の速報記事がのっている。そして五月号では、口絵に陸軍歩兵少佐今村嘉吉画「あゝ爆弾三勇士」が掲載され、「爆弾三勇士涙の追悼会」という記事も見える。同誌に連載されていた漫画のらくろは「爆弾三勇士」

を題材とした話を書いている。さらに付録には「廣瀬中佐の銅像セット」があり「軍神廣瀬中佐」という記事がある。敵愾心をあおる記事は見られないけれど、死を顧みない態度を称賛する記事は、すでにたいへん目立つのである。

軍国美談は悲運に倒れた将兵を悼むことによって、国民全体の共同感情を強めた。そこには主君のために命を惜しまずに尽くすという武士道の規範意識や、義理人情の感情が働いていた。それはすでに人形浄瑠璃や歌舞伎の時代物において、最大の主題のひとつだったのであるが、明治になると、そういう意識や感情はしばしば日本人の特殊性や優越性の主張と結合するようになった。たとえば中国の儒教では忠と孝は別物だが、日本では忠と孝は同じものであるという忠孝一本の主張がそれである。「死をみること帰するがごとし」「大君の辺にこそ死なめ」と、兵士には死をおそれぬことが要求された。それは日本男児の他に例を見ない美徳であるべきだった。

天皇への帰一や生死の境をこえる覚悟は日本主義や皇道主義の人びとがしきりに主張していた。ベストセラーになった杉本五郎の『大義』は死の覚悟を濃厚に漂わせている。この本もやはり一九三八年に刊行されたが、その前年の三七年に、杉本五郎は中国戦線で戦死している。陸軍中佐であった。こういういきさつから、『大義』は杉本の遺書と受けとめられ、大ベストセラーになった。

こういう思想は中国の儒教との対比ばかりでなく、欧米の道徳と対比されるとき、いっそう調子が高まり、個人主義批判や資本主義批判にかたちを変えることになる。前述の松岡洋右は、欧米人は家族のためにたたかう、国のためにたたかうということを知らない。それというのも欧米人は物質文明のために個人主義と資本主義に毒されているからだ。彼らは忠孝ということを知らない。そのうえ最近は女性までが貞を忘れてしまった。こんな文明が長つづきするはずがない、と語っている。(6)

5　なぜ厭世観をにじませる保田與重郎が読まれたのか

さて、日本の軍国主義の底辺を浸した死の賛美の思想について述べてきた。それは文楽や歌舞伎の時代物にもさかのぼることができるかも知れない。日本の庶民の間にも、比較的広く行きわたった思想だった。もちろんそれは保田與重郎にもあった。ただし杉本五郎や松岡洋右とは明らかに表現方法が違っていた。

どう違うかというと、思想の内容が違うのではない。語りかける相手が違うのである。保田の文章は、いさぎよく死にゆくものを鼓舞するというよりも、死の定めにあるものを慰撫するとでもいうような性格を持っているのである。

橋川文三は保田が読者を惹きつけた理由について、「保田がある時期に殆ど呪術的な魅力をもって一世を風靡したことには、その文体のもつ性格が与って大きかったからである。それはたしかに異様な文体であった[7]」と述べている。では文体とは何かといえば、その実質は読者が違うということなのである。たしかに保田の文体は異様である。しかし、保田の文章が若者の心をつかんだ理由を見出すのは少しも難しいことではない。保田の文体に異様な印象があるのは、死の受容を自明のこととしているからである。杉本五郎の『大義』は死の覚悟を天皇への帰一に結びつけて執拗に繰り返している。繰り返し繰り返し自分に言い聞かせる姿を見せなければ、読者も感情移入できないだろう。ふつうの人はどんな理由であれ、よろこんで死ぬことなどできることではないからだ。自分の死どころか、他者の死についても平然と直視することはできない。火野葦平の『麦と兵隊』の主人公は自分が死を直視できなかったことにほっと胸をなでおろしている。それがふつうの人間の感情というものである。

ところが保田與重郎の文章は、死の覚悟ができているのは当たり前という立場で書かれている。まして人を殺すことにいちいち情を動かされることはない。平然と直視していればいいだけのことだ。満州で兵士の眼前に展開しているのは殺戮の光景だと思う必要はない。それは滔々たる歴史のながれがつくり出す数限りない光景のひとつに過ぎない。若い兵士は銃を持ってその世界史的な現場に立っているのだから、敵を殺せばいい。その代わり君も殺されるかも知れない。それだけのことだ。というわけである。

杉本五郎の『大義』にくらべると保田の文章は冷めている。ときには滅びの悲哀を予感させる響きがあり、戦争に勝つことさえ相対化しているような厭世観をうかがわせることがある。戦場に向かう兵士が読むよりも、死の床にある病人が読むのにふさわしいようなトーンである。

死の床にある病人が読むのにふさわしい文章と書いたが、実のところ、それが真相を言い当てているのだと思う。一九一八年生まれの神島二郎や、一九二四年生まれの吉本隆明が書いているように、(8)一九三七年から四五年にかけて成人した世代の男子にとって、出征と死は逃れることのできない運命のようなものだったからである。若い男子は戦争になれば、だれよりも先に兵隊として従軍させられる人びとである。前線に出れば死が目の前に漂っている。

彼らにとってみれば、銃を取って戦うことが、そして戦場に倒れることが、運命であり義務であることを、自分自身に言い聞かせることのできる思想が、それもたんなる標語やスローガンではなく思想が、重要だった。戦場に立つ若い兵士が二〇歳そこそこで人生を終わらせる覚悟をしなければならないとすれば、それは死期を迎えた病人が従容として死を受容することと似通ってくるのは当然なのではなかろうか。

そういう若い知識層に最も強い影響を与えたのは京都学派の「世界史の哲学」と並んで日本浪曼派の文学であり、中でも保田與重郎の影響力は圧倒的だった。三島由紀夫は『私の遍歴時代』の中で、保田の文章は「あの時代の精神状況を一等忠実に伝える文体だったという気もしている」[9]と回想している。三島由紀夫は一九二五年生まれであったから、日米開戦の年には一六歳だった。いささか早熟な少年だった。

たしかに三島のいう通り、戦時中保田與重郎は引っ張りだこだった。保田の文章がのらなかったら雑誌の販売部数が減少するといわれ、保田はあちこちの雑誌に書きまくった。一九四〇年から敗戦までの五年間に何と六〇〇本以上の論文を書き二〇冊以上もの単行本を出している。だからといってただちに一〇代の少年だった三島のとらえ方が正しいとはいえないが、少なくとも一部の若い読書層に対して保田の文章が強烈な魅力を発したのは間違いない。出征していく若者たちの心にそのことばは、いかなる将軍のことばより深くしみとおったようである。

保田が若い人びとの心をとらえた理由は、三島由紀夫のような同時代の若者であれば、不思議ではないのであろう。しかしいまとなっては、かんたんには胸にも脳にもしみこまない。保田與重郎は、『新古今和歌集』をはじめとする古典への回帰を訴え、日本武尊や後鳥羽院ら「偉大な敗者」をたたえ、明治維新以後の近代の日本史は欧米に侵略される歴史だったと主張した。反近代と反知性主義をとなえたのである。

だがひと目でわかるように、これらの要素はどれもこれも、社会生活を営むうえにあってもなくてもかまわないものばかりである。社会生活に求められるのは、勤勉、実直、合理主義、社会公共への関心等々といった徳目である。これらの徳目にくらべたら、まったく非実務的である。多少とも現実的な処世観の持ち主なら、眉をひそめこそすれ容易には共鳴しない主張である。

何より、戦時なのである。そもそも戦争は、最も組織された社会生活である。一瞬たりとも油断しない心がけで軍務に励まなければならない（勤勉）。嘘偽りは禁物である。虚偽の情報は情勢判断を誤らせる（実直）。勝利という目的に向けて高度に合理的でなければならない（合理主義）。外地に出れば、現地の人びとを味方につけるにはどうしなければならないか、大所高所から判断できなければならない（社会公共への関心）。しかるに保田與重郎の文章にはこれらの要素はひとかけらもない。保田が語っているのは、これらとはまったく正反対のことがらばかりなのである。そして驚くべきことに、そういう保田の言説がジャーナリズムの争って起用するところとなり、多くの若い読者を惹きつけた。政府も軍も保田を有害無益な存在とは見なさなかった。

保田與重郎が語った思想は、死を目前に予期してでもなければ、受け入れることの難しい思想である。軍事的には無益か、むしろ有害な思想である。にもかかわらず一九三〇年代後半から、保田はジャーナリズムに引っぱりだこになったのである。このことは日本の戦争指導体制と軍事思想にきわめて大きな欠陥があったことを抜きに説明できないだろう。実際、前線の兵士の処遇、人命軽視、特攻、兵站軽視、装備、戦傷病者の扱いなどなど、さらには女性を徴兵しなかったこともふくめて、日本の戦争指導と軍事思想には非合理的なところが目立った。それらのこととあわせて考えなければならないことであろう。(10)

6　だれが民族の事業に参加するのか

保田の文章が響かせているのは、英雄の事業や詩人の芸術と物言わぬ民衆の行動を同一の平面上でとらえていることである。保田はまるで古代エジプトのファラオたちの事績を語るような口吻で戦争を語っている。どういうことか、保田の論理をわたしなりに言い換えてみると次のようになる。ピラミッドを見る人はその威容に胸を揺すぶられ、それを建設したファラオの偉業に思いをはせる。さらに人びとは、建設作業に従事した何十万人もの民衆のうえに想像をめぐらす。彼らの労役なくしてピラミッドは完成しなかった。だから民衆はファラオに使役されたのではない。ファラオの事業達成に不可欠の要素として献身的に参加したのである。

保田はこれと同じような論理で、戦争と兵士を民族の不可分の部分として扱う。ちょうど唯物史観によれば、どんな政治的行為もどんな芸術的創造も経済構造によって規定されているように、保田によれば、兵士の戦闘も詩人のうたも英雄の敗北も、混然不可分の一体として何世紀にもわたる民族の共同性を構成しているのだ。ここでは兵士と英雄は等価である。つまり保田のロマン主義には兵士と英雄を等価に見るラジカルさがある。これを裏返すと、マルクス主義が労働者階級と革命指導者を等価に見る論理と同じような構造が見えてくるだろう。

ちなみにこういうところがドストエフスキーと似通うところである。ドストエフスキーも、農奴から皇帝までを包み込むスラブ民族の全一的な統合をとなえた。そして西欧派の知識人を民族の一体性を破壊する存在として批判した。このあたりの構図は、天皇と民衆を一体化し、発言する知識人を無力で誤った存在として排斥した保田與重郎と同じである。

しかし兵士と英雄が等価であったり、皇帝と農奴が同じ全体の中に融合したり、労働者階級と前衛党が等価であったりすることは、何らかの論理的な操作なしにはできない。マルクス主義でいえば唯物史観という論理によって労働者と革命指導者や前衛党は、ひとつに合体して歴史を前に進める力になるのである。ドストエフスキーが主張する民族の一体性にはギリシア正教の理念が漂っている。もちろん保田もそういう操作をしているが、保田が活用するのは、何と「詩」である。たとえば次のように書いている。

「明治以後の浪漫主義の運動は、この昭和七八九年ごろに再び起つたのである。昭和八九年ごろと云へば、六年の満州事変、昭和七年五月事件、やがて十一年の東京事件につゞく期間である。当時の国家の状態は、肉体による詩的表現によってしか救いがたい位に頽廃してゐたのである。しかもさういふ表現は時代を風靡した社会主義によつてされず、日本主義者の詩的挺身によつてされたのである。このとき文学上の新運動は所謂日本浪曼派といふ宣言から出発した(11)」。

保田はここで何を語っているのかというと、満州事変と五・一五事件（昭和七年五月事件）と二・二六事件（一一年の東京事件）を並べて、そういうクーデタ未遂事件が起こったのは「当時の国家の状態は、肉体による詩的表現によってしか救いがたい位に頽廃してゐた」からであると意味づけているのである。そうして国家の退廃を糺そうとする行為は社会主義者によってではなく日本主義者によっておこなわれたと主張しているのであり、さらに大陸で軍事行動を起こしたり首都でクーデタ未遂事件を起こしたりした軍人たちと、日本浪曼派の文学者たちとを同じ性格を持つものと位置づけているのである。『日本浪曼派』は一九三五（昭和一〇）年三月に創刊されたのであった。

しかし、それにしても、どうして戦争やクーデタが「肉体による詩的表現」なのであろうか。保田がこのことばでおこなっているのは、組織的な軍事行動を兵士個人の直接体験に還元してしまうという操作であり、その個人的体験が国家を退廃から救おうとする公的政治的な行動なのだと意味づけることである。一度個人の体験に還元してから、もう一度政治的できごとに戻すという操作をおこなっているのである。もちろん戦争やクーデタは断じて「肉体による詩的表現」などではない。こういう論法は良くいえば文学的表現だが、あからさまにいえばでたらめである。論理のすり替えであり飛躍である。

こんなにたやすく飛躍してしまう理由はほかでもない。保田の政治に対する洞察が美学や国文の知識にくらべて釣り合いがとれないほど貧弱だからである。そしてそれほど観念的な主張がどうして当時の若者の心をとらえたかといえば、もちろんほかでもない。読者である若者自身の政治認識が保田與重郎と同じくらいに、あるいは保田與重郎に輪をかけて貧弱だったからである。貧弱というより、いつ徴兵されるかわからない、徴兵されて戦場に出たら死ぬかも知れないということの意味を見つめるのがはるかに差し迫っていたからである。政治を考えることなど、自己の死を見つめるリアリティにくらべたら、ほとんど何の意味もなかったからである。

7　日本浪曼派はワシントン体制の落とし子

ドストエフスキーも保田與重郎と同じように、民族の伝統に依拠し、排外的なスラブ主義の叫びを上げ、戦争を求めた。しかしドストエフスキーは現実政治の動きをしっかり注視していた。東方問題、つまり衰退するオスマン・トルコをめぐる外交問題について、ドストエフスキーは諸国の動静を観察し、

『作家の日記』の中で繰り返し繰り返し取り上げ、その都度熱心にロシア外交を擁護している。だがこれにくらべると保田の現実政治への関心は実に乏しい。ドストエフスキーとは違って、大臣が何と発言したかとか、大将がどんな行動をしたかといったことにはまったく関心がないのである。日中戦争のさなかであっても、英米やソ連がどのような態度で臨んでくるかとか、華北分離工作はどうなるかについて論じるわけでもないし、張学良や馬占山といった名前さえも登場しない。まるで重病患者が病院のベッドの中で、迫り来る自己の死を待ちつつ、民族の来し方行く末に思いをはせているかのような書きぶりなのである。何という違いだろうか。

わたしたちは、いったん保田の側から政治の側に視点を移してみなければならない。

保田與重郎、そして日本浪曼派はワシントン体制の落とし子だった。保田與重郎は一九一〇年生まれ、亀井勝一郎は一九〇七年生まれである。そして伊東静男は一九〇六年生まれだった。中谷孝雄と浅野晃は一九〇一年生まれで、同人の中では年長だった。日本浪曼派の近くにいた蓮田善明は一九〇四年生まれである。ワシントン会議は一九二一年一一月から二二年二月まで開かれたが、この人びとの多くは、そのときには一〇代だった。最年長の中谷と浅野が二〇歳、最年少の保田は一一歳だった。

第一次世界大戦後、ヴェルサイユ条約やサン・ジェルマン条約によってつくられたヨーロッパの国際秩序をヴェルサイユ体制という。英仏主導でドイツ制裁とソ連孤立化をかなめとしたが、同時に国際連盟が設立され国際協調がうたわれた。これに対して東アジア、太平洋における国際秩序をワシントン体制という。アメリカの提唱で九ヶ国の代表がワシントンに集まり会議が開かれた。会議の結果、海軍軍縮条約が結ばれ、四ヶ国条約により、太平洋の現状維持がうたわれ、日英同盟が解消した。さらに九ヶ国条約で、中国の門戸開放が承認され、日本は山東省の旧ドイツ権益を返還した。

ワシントン体制はこれまで躍進してきた日本に欧米列強がはじめて立ちふさがったことのあらわれだった。そのうえ第一次大戦後は民族自決や民主主義が広く受け入れられるようになり、日本はその対応に苦慮することになった。直接的には、あまりにも乱暴な対華二一カ条要求を袁世凱政府につきつけたことのつけが、さっそく回ってきたのである。一九世紀後半の帝国主義の時代に国際社会に踏み出した日本は、帝国主義的な外交を欧米列強から学んだ。一九二〇年代までは外交問題では外務省が軍部よりずっと強硬だったのである。だがそうやって習得した外交姿勢が、第一次大戦後には時代遅れのものになりかかっていた。

そうはいっても権力政治のアプローチそのものが時代遅れになったわけではない。それは満州事変について、列強が日本の行動に対してある程度の理解を示したことからもうかがえることである。民族自決や民主主義が国際政治の原則として大きく浮上してきたことに、日本外交が対応できなかったのである。それは山県有朋が、中国に共和国が誕生すると日本は米中というふたつの共和国に挟まれることになる。それは絶対に避けなければならないと語ったことに象徴される。ふたつの共和国にはさまれることをおそれるとは、何とナイーブな感覚だろうか。一九二八年に締結された不戦条約では、次のようなことも起こった。「人民の名において厳粛に宣言する」という文言があったが、国内で、それは大日本帝国憲法に違反するとの批判が起こった。結局政府がこの部分は日本には適用されないと宣言したうえで、条約は批准されることになった。

もともと大日本帝国憲法は君主の権限がきわめて大きなつくりになっていた。しかしまがりなりにも立憲君主制であったから、ともすれば国体をふりかざす人びとから批判を浴びた。井上哲次郎など国民道徳を推進した人びとは国体論を前面に押し出していたのである。彼らは天皇を憲法の上位に位置する至高の存在と考えていた。憲法学者の間では天皇機関説は通説的な学説であったが、憲法学者の間にも穂積八束や上杉慎吉のように通説に反対する人たちがいた。そこへもってきて世界的にデモクラシーが受け入れられる時代になった。政治をどのように運営するべきかがなかなか難しい問題になったのである。一九世紀後半の帝国主義の時代に国際社会に踏み出した日本は、第一次大戦後、国際環境そのものが変化したことへの対応に苦慮することになったのである。国際社会の一九世紀システムに適応した日本は、その成功ゆえに、今度は二〇世紀システムへの適応に非常に苦労したのである。

8 「文明開化の論理の終焉について」

保田與重郎に戻ろう。保田には、右に述べたような国際政治の変化について、世界的視野で大所高所から考えようとした形跡はない。保田は第一次大戦後、日本が国際的に孤立に向かったことを、ただ不可避の進行と至極単純にとらえていた。しかもそれは、保田によれば、明治維新以来の日本がつき進んできた道の必然の帰着だった。一九三〇年代に、保田はそれを「文明開化の論理の終焉」と表現している。保田は『文学の立場』（一九四〇年）に収録された「文明開化の論理の終焉について」と題する評論で、文明開化の論理が行き着くところまで行き着いたのがマルクス主義であり、文明開化の論理とはすなわち植民地文化であると述べている。そしてそう述べたあとにつづけて、日本の知性がこういう体たらくであるのに対して、日本の大衆は見事な行動を起こしたと書いている。

「日本の大衆は新しい皇国の現実を大陸にうちたて、一切の現実をそれに表現した。この現実を描くための文明の世界構想の論理は文明開化の論理では間に合いにくい。すでに日本の大衆は新しい革新を要求している。明治以来の革新の論理がすべて文明開化の論理であったのに対し、今度の変革の論理は、文明開化と全然反対の発想をする論理であることを漠然と知っているのである。さうして、そのあるものは固陋の鎖国主義だと『知性』派によって断ぜられたのである。これこそ現実に即応し得ない旧来の植民地文化的『知性』のもつナンセンスのひとつの表現である。日本の文化の現実は、この二つの形で、旧来文章の発想を揚棄せねばならぬ日に臨んでいる[12]」。

「日本の大衆は新しい皇国の現実を大陸にうちたて」というのは満州事変の成り行きを指しているのだが、それは現地軍の軍事行動であって日本の大衆が起こした行為ではない。しかし保田は何の躊躇もなく大衆の行動だと断言するのである。まるで大衆が戦争を企図し大衆が戦争を実行しているかのような口ぶりである。たたかいに使われた陸海軍の組織や兵器そのものが欧米から導入し摂取したものではないかと思うと、その途端に保田の主張には曖昧なところが見えてしまうのだが、それはともかくとして、はっきり伝わってくるのは西洋近代に対する敵意と明治以後の近代化に対する否定である。

この点では、一九四〇年前後になると、亀井勝一郎も同様の立場に立つようになっていた。マルクス主義運動から転向した亀井にはもともと政治経済に対する関心は人一倍強かったのであるが、亀井は数年かけてゆっくり転向していく過程で、じょじょに政治についての関心を放棄していく。それはいわば新人会から大和古寺巡礼への道であった。日米開戦の翌年、亀井勝一郎は「我々が『近代』といふ西洋の末期文化を受けた日から、徐々に精神の深部を犯してきた文明の生態――あらゆる空想と饒舌を生みながら速やかに流転していくこのものが、私には最大の敵であると思はれる」と述べている。保田もこの時期の亀井も、その眼中には日本外交や国際政治は映っていない。あるのは日本の近代を脱ぎすてなければならないという壮大な、いや壮大に見えて実は個人の観念レベルの認識である。

第二次大戦後になってから、亀井は第一次大戦後の状況について、明治以来の日本文明の悲しむべき性格が露呈したという認識のもとに次のように書いている。「『一等国』という意味のない自己陶酔、政治的感覚の極度の荒廃、侵略の野心、道徳と風俗の頽廃、精神の植民地化、内省におけるいっさいの厳しさの消滅」といった「途方もない妄想」を抱くようになったのだとやっと目が覚めたといったふうな口ぶりである。亀井なりに、政治外交に対する問題意識を取り戻したのである[13]。だがそれは敗戦という大きな代価を払ってであった。しかも右にあげた戦前と戦後のふたつの発言を注意深く対比してみればわかるが、結論は正反対だが、それを導く認識そのもの、つまり明治維新以後であるか第一次大戦以後であるかは別として、日本は心の深いところで病んでいたのだととらえるところは、変わっていない。

ちなみに日本浪曼派の同人ではなかったが、亀井勝一郎と同様に転向した林房雄もまた、一九世紀後半以来、日本はずっと欧米諸国とたたかってきたのだという考えを持っていた。しかも林は戦後になってからも、そういう思想をすてなかった。保田與重郎が沈黙し、亀井勝一郎が古代文化史に没入していくのに対して、林房雄は一九六四年、『大東亜戦争肯定論』を書いて物議をかもした。林はその中で、日本は一八四〇年代から始まり一九四〇年代に至るまで、約百年にわたって長い戦争をたたかったのだと論じ、それを東亜百年戦争と名づけている。日本は一八四〇年代以来、西欧列強の攻撃にさらされつづけてきたのだというわけである。戦中には、林房雄のような認識がかなり広く共有されていた。林房雄は敗戦後もそのとらえ方を抱懐しつづけ、ついに一九六四年に、上下巻五〇〇ページに迫る大著を書き上げたわけである。

9　文学者の関心と社会意識

保田の文芸評論はきわめて時局的である。そうでありながら、しかも現実政治に対して実証的な関心を払っていない。一国民として時局に対する身の処し方だけを論じているのである。

わたしが保田らをワシントン体制の落とし子と規定したのは、西洋文明を自分たちに敵対する存在としてとらえ、しかも自分たちをすでに蝕んでいるものととらえた世代が、近代日本においてはじめて登場したという意味である。世界の中の日本の位置が、これ以上ないほど単純直接に保田の自己認識に反映しているのである。そしてその特徴は、ドストエフスキーのように現実政治に強い関心を払うのではなく、自己の来歴と民族の伝統にさかのぼるというところにあった。

保田は現実政治に背を向けて民族文化の伝統を注視したのであるが、日本の近代文学は現実社会に背を向けて個人の内面を注視するという方法を生み出していた。自然主義から私小説へのながれがそれである。田山花袋の『蒲団』がそうであったように、自己の内面の注視のかなめにあったのは、ありのままの醜い自己をさらけ出すこと、いわばカミングアウトだった。そしてこのながれが生まれるのと同じころ、やはり現実社会から距離を置く立場の思想が生まれた。それは宗教的であれ、形而上的であれ、人間存在の意味を問うという立場である。綱島梁川の「予が見神の実験」が発表されたのは一九〇五年のことだった。

人間存在の意味を問うことは、日露戦争前後に、「煩悶青年」が登場するころから、日本文学の重要なテーマのひとつになっていた。そういう時代もふくめて四〇年間ほどの文学青年の精神史を考えてみると、現実政治の動きを視野に入れないか、または遠景に置いてとらえるという思考様式が、近代日本文学の大きな底流として浮かび上がってくる。それは旧制高校のドイツ哲学的なロマン主義とも相応している。カント哲学は市民社会の哲学としてとらえられるのではなく、純粋に個人的な認識と道徳の哲学としてとらえられた。「わが頭上の輝く星とわが内なる道徳律」という『実践理性批判』のカントのことばはまさしく額面通りに受けとめられたのである。

こういう思考様式は、さまざまの変奏を生みながら、文学観の底流をなしたといっていい。底流とは、若い文学者にとって文学修行の必須科目だったという意味である。一九二七年七月に芥川龍之介が「ぼんやりした不安」ということばを残して自死した。三五歳だった。芥川が自殺する数ヶ月前に金融恐慌が起こっており、こうした昭和初年の世相もあって、芥川の自殺は人びとの心に暗い影を落としたが、そのころ二〇代だった世代、つまり保田や亀井より少しばかり年上の文学者たちにとっては、「ぼんやりした不安」は彼ら自身の精神の危機につながっていた。たとえば梶井基次郎（一九〇一〜一九三二）が友人の中谷孝雄に宛てた手紙の中に「信仰か虚無かの瀬戸際にいる」ということばが見える。梶井の関心は人間存在の意味を探求する哲学的な問いに導かれていたのである。

同世代の文学者として同様の危機を経験した文学者を思いつくままにあげるとすれば、井伏鱒二（一八九八〜一九九三）、石川淳（一八九九〜一九八七）、中野重治（一九〇二〜一九七六）、小林秀雄（一九〇二〜一九八三）といった名前が浮かんでくる。小林秀雄が『私小説論』（一九三五年）で使った「社会化された私」などは、まさしく当時の文学者の特徴を言い当てようとしたことばだった。そして小林秀雄自身が、一九四〇年代になると日本浪曼派の立場にいちじるしく接近することになるのである。

10　庶民蔑視と至誠の不気味な組み合わせ

保田與重郎の文章には厭世観が漂っている。そう感じさせるのは、保田が死生を超越しているような文体で書いているからである。保田の文章は、死をおそれない人間の目に世界はどう見えるか、ということを暗示するのである。同時に、そこには産業文明に背を向けている語りの響きがある。明治以後、無数の人びとが欧米諸国に渡って技術や知識を学び、産業を起こしたり制度をつくったり学校を設立したりしてきた。またそれに数千倍数万倍する人びとが、自分の生業の発展をめざして鋭意努力創意工夫し、日々の暮らしが少しでもよくなるように願ってあくせくと働いてきた。保田の文章には、そういう人びとのすべての営為をしりぞけてしまう響きがある。厭世観とでもいうほかないだろう。

一九四一年四月に発表された「文化の創建と学徒」は、今日の問題は複雑に錯綜しているように見えるが、事態がもっと切迫してくれば単純明快になる、「至誠を以てなす」、それだけだ、という主張で始まる。この評論が実際に書かれたのは一九四一年一月か二月のことであろうから、年表を開いて文化関係のできごとだけを拾ってみると、一月一日から全国の映画館でニュース映画の強制上映が始まっている。一月八日には東条陸相が「戦陣訓」を示達。二月二六日に情報局が総合雑誌各誌に執筆禁止者リストを示した。名前があげられたのは矢内原忠雄、馬場恒吾、清沢洌、田中耕太郎らであった。前年にさかのぼってみると、日本は、九月、日独伊三国同盟締結、一〇月、大政翼賛会発足となっている。そして一九四一年はどうかというと、四月の日ソ中立条約締結から、一二月八日の真珠湾攻撃へと向かっていくのである。そういう時局の中で、保田は「今日では精神の至誠以外に、思想知識の技術など殆んど考へてゐないのである」[14]と書いている。

自分は新体制のかけ声が高くなってきたころから、心に不安がきざすと、昔の聖人の章句を思い出している。昔の聖人は「人倫のみちが権力のために傾けられてゐる無慙な状態」に生き、その中で自分の思いを書き残した。それを読むと「けふの日をさし示すやうに感に耐へないものが多い」。保田は、昔の聖人は乱世に生きながら、「人倫の至高を思ふ志の生成の理を描き、人倫国家の復活を悲願として考へたところの、最も高次な文化精神をあらはしてゐる」というのだが、では聖人というのはだれかというと、いくらさがしても固有名詞は出てこない。論をたどっていくと、「古典支那の思想」ということばが見えるから、孔子や荘子や伯夷叔斉や屈原などを思い起こすのだが、はたしてそうか、にわかにはわからない。だが何をもって昔の聖人が最も高次な文化精神を体現したのかというと、保田は「さういふときの実践の指標が何であるかといへば、たゞ一語至誠に通じるものである」という。保田は聖人と諸子を区別し、諸子は権勢を拠り所としてもっぱら策謀と文化技術を説いたとし、それに対して「至誠の立場は多く草莽に生まれたのである」[15]と述べている。こうなると、どうも孔子や孟子は聖人に数えられていないのではないかと思われてくる。このように曖昧な叙述を重ねて保田は読者を思弁的な世界へ思弁的な世界へと導いていく。そしてその頂点で、今度は一転して現実的な態度決定を迫るのである。

この場合は至誠ということになるわけだが、保田は、今日のような危機の時代には、あれやこれやの穿鑿（せんさく）や注釈は無用だ。必要なのは一身を国家にささげるという単純明快な決意だ、と主張する。「我々の文化の最高なものは、国家とか民族といつた第一義の関心から出発するものでなければならぬのである。我々は末梢の技術神経の示す才能など問題とする必要がない。第一義の関心で生活するものは、庶民であれ無智者であれ、それを以て最高の叡智と考へねばならない。それは国家は多少とも常住の危機の上を歩いてゐるのである。今日はその危機が切迫して表面化してゐるばかりである。しかしこのやうな日には特に、国民の志に於て高きものを意識せねばならぬのである」[16]。

右の文章を引用しているだけでも、正直にいうと、わたしは背筋がぞっとするような気味悪さを感じる。「末梢の技術神経の示す才能」とは何を指しているのだろうか。町工場でものづくりに励む人びとの工夫や、小さな商店で働く人びとの接客サービスをふくめて、経済や科学の営みに違いない。それらをすべて「末梢の技術神経の示す才能」とひとくくりにしてしりぞけてしまうのだから、その限りではひどく厭世的な態度というべきである。それなのに、それが次の瞬間には厭世観どころか、現世世俗の最たるものである国家とか民族とかに向かうのである。それも悠久の過去につながる国家や民族ではなく、今ここにあって、保田自身がさげすんでいるはずの政治の汚辱にまみれた国家であり民族なのである。

これはわたしなどのように現世をいちばん大切にする世俗的な人間にはさっぱりわからないところである。人びとの日常の努力をばっさり否定しておいて、それなのに、国家は危機に瀕しているから、何も考えずに至誠を尽くせというのだから、矛盾している。平時なら読者がこういう矛盾に辟易しないはずはないのだが、何しろこの評論が発表されたのは日米開戦の八ヶ月前である。保田は日米戦争と日本敗戦を予期するかのようにして次のように書いている。

「日本の危機は一そう前進するだらうし、それはすべて我々の光栄の事業をさらに偉大にするための必然である。さうして国民はきつと終末感をもつて立つ以外に方法をもたない日がくるであらう」。

終末感ということばは破滅を、つまり敗戦を連想させる。ところが保田の文章はこのあと次のようにつづいていく。

「それはおそらく、国民と、天皇の間の中間に何もないといふ自覚が、国民の精神に溌剌と回想されるとき、我が民族は必ず、不可能を可能とし、絶望の極致を希望に転回するのである。その時国民は、死については武士の構想したよりさらに以前の古代を回復し、幸福を思ふときに、万葉集の歌人たちの慟哭を発見する」[17]。

飛躍の多い、意味のわかりにくい文章である。

そもそも日本浪曼派の人々には思考と政治的現実とをつなぐ重要な回路のいくつかが欠けていたのではないかと思われる。でなければ空襲下の東京で、「都心はたしかに廃墟です。しかしこの廃墟という感じには、陰惨なものは少しもありません。むしろひそかな、人を思はず微笑させるやうな希望が隠れてゐる」（亀井『日月明し』昭和二〇年七月）などといった文章をおいそれと書けるものではあるまい。なぜ空襲で家族を失い家を焼かれた同胞が苦しんでいる姿を横目に、「陰惨なものは少しも」ないなどといえるのか。読者は亀井が書いた文章のどこを読んでも、結局納得のいく説明は見いだせないだろう。

この点は日中戦争が始まったときに「民衆は黙って事変に処した」と書いて、一見保田與重郎と似かよった立場に立っていたように見える小林秀雄と異なるところである。ただし小林は日米戦争が起こると、ほとんど発言しなくなった。一九〇二年生まれの小林は国益の発露としての日中戦争には安心していられたのである。彼なりの直感でこの戦争の収支は相つぐなうと計算していたのであろう。しかし対米戦争となるとそうはいかない。彼は口をつぐむようになる。そういうことではなかったか。

理想と現実とをつなぐ回路の欠落は、本来ロマン主義の特徴というよりいくつかのタイプの政治的急進主義の特徴である。理想と現実の回路が欠けると、人は自分の行為が他者にとってどういうものであるかを想像しなくなる。想像しても、現実とはかけ離れたものになる。そしてそれが政治のおそろしいところなのである。

註

（1）亀井勝一郎『日月明かし』生活社、一九四五年七月。『近代日本思想大系36　昭和思想集2』橋川文三編集解説、筑摩書房、一九七八年所収。引用は同、三六八ページ。

（2）同右、三六八ページ。

（3）一九三七年に松岡は書いている。満州は日本の生命線である。なぜなら「吾等の祖国日本が、三たび国運を賭してこゝに戦ひ、且遺した事業」であるから、と。松岡のいう三たびの戦いとは、日清戦争、日露戦争、そして満州事変である（松岡洋右『満鉄を語る』第一出版社、一九三七年）。

（4）山室建徳『軍神　近代日本が生んだ「英雄」たちの軌跡』中公新書、二〇〇七年。

（5）エルヴィン・フォン・ベルツ『ベルツの日記』（下）、菅沼竜太郎訳、岩波文庫、一九七九年、四九ページ。

（6）松岡洋右『非常時とは何ぞや』政党解消連盟出版部、一九三四年。松岡洋右は満州国問題を議論した国際連盟総会に首席全権として派遣された。有名な「十字架上の日本」演説がおこなわれたのはこのときであった。帰国後、松岡は代議士を辞め、政党解消連盟を結成して全国遊説をおこなう。派手な活動だったが長つづきせず、三五年には古巣の満鉄に総裁として戻っている。

（7）『橋川文三著作集』第1巻、筑摩書房、一九八五年、三二一ページ。橋川文三もまた、若いときに保田與重郎に心酔したもののひとりだった。橋川は「私たちが日本ロマン派＝保田にいかれた事情」といかれたと書いている（同右、一九ページ）。自分がどうして保田の文章に惹かれたのか、その理由を追及して書かれたのが『日本浪曼派批判序説』であった。

（8）吉本隆明は少年時代に愛読した高村光太郎を論じた評論の中で次のように書いている。「わたしは徹底的に戦争を継続すべきだという激しい考えを抱いていた。死は、すでに勘定に入れてある。年少のまま、自分の生涯が戦火のなかに消えてしまうという考えは、当時、未熟なりに思考、感情のすべてをあげて内省し分析しつくしたと信じていた。もちろん論理づけができないでは、死を肯定することができなかったからだ。死は恐ろしくはなかった。反戦とか厭戦とかが、思想としてありうることを、想像さえしなかった。傍観とか逃避とかは、態度としては、それがゆるされる物質的特権をもとにしてあることはしっていたが、ほとんど、反感と侮蔑しかかんじていなかった」『吉本隆明全著作集』第8巻、勁草書房、一九七三年、一三九ページ。

また神島二郎と桶谷秀昭は対談で、敗戦を迎えたとき、前線でたたかっていたか、学校に通っていたかなど、わずかの世代差によって態度が違ったと語り合っている。神島二郎編著『天皇制の政治構造』三一書房、一九七八年、九六～九八ページ。

（9）『三島由紀夫全集』第30巻、新潮社、一九七五年、四二九ページ。

（10）吉田裕『日本軍兵士　アジア・太平洋戦争の現実』中公新書、二〇一七年。

（11）この文章が見える『近代の終焉』は、日米開戦直前の一九四一年一一月に刊行された。それ以前の約一年間に発表された一九編の評論が収録されている。引用は『保田與重郎全集』第11巻、講談社、一九八六年、三〇〇ページ。

（12）『保田與重郎全集』第7巻、講談社、一九八六年、一六ページ。

（13）亀井勝一郎『我が精神の遍歴』養徳社、一九四八年。引用は角川文庫版、一九七四年、三三ページ。

（14）前掲書『保田與重郎全集』第11巻、三七三ページ。

（15）同右、三七四ページ。

（16）同右、三七五ページ。

（17）同右、三七五ページ。

第九章

戦争と知識人——三木清

戦争は政治思想の状況をいちじるしく単純にする。つまり戦争に反対か賛成かで、思想の政治的役割は分かれてしまう。しかし言論統制がきびしくなれば、戦争反対を公然ととなえることはできなくなるから、そういう状況下で発言するとなったら、政治に無関係のテーマを選ぶしかない。それはそれで、何をどのように論じるかが大問題になる。

『文學界』に掲載された座談会「近代の超克」は日米開戦後におこなわれた。テーマとされた近代の超克はそっちのけにして、出席者が自分の生き方としてどのような姿勢で戦争に処するかを語り合っただけの座談会だった。

哲学者の三木清は一九三八年ごろから近衛文麿の私的ブレーン集団である昭和研究会に参加して東亜協同体論を手がけたが、ちょうどその時期に「人生論ノート」の連載を始めている。たとえ人生論であっても、三木にとっては何をどう論じるかはよくよく考えるべき問題だっただろう。三木は日本主義にも軍部にも戦争にも反対だった。しかしそれをあからさまに主張できない。東亜協同体論には婉曲な表現で時局批判が込められている。だがそれだけでは不十分である。三木は時局を批判する自分という人間がどんな人生を生き、人生のあれこれについてどんなことを考えているか、「人生論ノート」で、不十分ながらそれを伝えようとした。

1　深化と転向

一九三七年に日中戦争が全面化すると言論統制はいよいよきびしくなり、それ以後は公然と戦争を批判することはできなくなった。そしてそれから敗戦に至るまで、知識人は戦争に対して否応なく態度決定を迫られた。あるものは聖戦の旗を振り、あるものはながれに身をまかせ、あるものは抵抗し、あるものは沈黙した。沈黙は立派な態度であったが、沈黙したものが戦後に実り豊かな知的活動を展開したかというと、そうとばかりはいえない。むしろ言論界にとどまり、その言動が転向とも便乗とも消極的抵抗とも見られた人びとの一部に、大きな収穫が結実した。といってもそれは、あくまでも一部ではあるのだが。

一九三七年以後の、知識人の戦争に対する姿勢は全面的協力や消極的抵抗から沈黙までいくつかの類型に分けることができるが、ここで扱いたいと思うのは、苦渋の模索の結果、思想の深化ないし転向を経た人びとである。深化と転向ではずいぶんニュアンスが違うと思われよう。しかし実際のところ、うしろ向きの深化もあれば道徳的な引け目をひきずりながらの前進と評価すべき転向もあったのである。

この章でわたしが念頭に置いているのは、風早八十二や大河内一男の生産力理論、島木健作の転向文学、昭和研究会の東亜協同体論、京都学派の「世界史の哲学」などである。生産力理論はひとりひとりの人間の労働を最も効果的に配置するという視点を経済学に導入した。そこで課題になったのは生産手段の私有を通じての搾取や市場メカニズムを通じての分業効率の極大化という方法ではなく、労働力を編成する新たな根拠を見つけ出すことだった。島木健作の転向は、当人にはマルクス主義から転向したという道徳的な負債感が重くのしかかったろうが、今日の観点から見ると、搾取ではなく自発的な勤労と自己実現を、社会組織の編成原理として位置づける視点をこしらえた先駆的な仕事として高く評価すべきである。だが島木健作についてはいずれ別の機会に取り上げた(1)。生産力理論についてはいずれ論じたいと思っている。

東亜協同体論と世界史の哲学は、もしそれが一〇年早く発表されていたら、まったく違う評価がなされていただろう。東亜協同体論は中国侵略が始まったあとに構想されたのであった。だから中国は激しく反発した。それもそうである。ケンカ相手に殴りかかりながら、いくら口先で仲良くしようといったところで相手は真に受けるはずがない。門戸開放をとなえるアメリカにも強い不快感を与えた。同様に世界史の哲学を語った座談会は日米戦争の戦端が切られる直前におこなわれ、それが発表されたのは開戦直後のことであった。もともと世界史の哲学はヨーロッパ中心主義の歴史観に対する批判として構想されたものであったが、ファシズムが台頭した一九三〇年代後半になって多元史観をとなえたところでアメリカの知識人や政治家に検討に値するものと受けとめられるはずもなかった。要するに東亜協同体論と世界史の哲学は、軍部の暴走が始まってからあとに考え出されたものであり、主観的には軍部を牽制する意図から出たものであったとしても、客観的には戦争の理由づけでしかなかった。このような情勢判断が当時の知識人にできなかったとしたらまことに腑に落ちないことではある。しかし東亜協同体論にせよ世界史の哲学にせよ、多少とも現実を憂える知識人があえて火中の栗を拾おうとしたのだということは否定できないだろう。いずれにしても一九三〇年代後半になると、言論人に政治状況を動かす力は残されていなかったのである。

東亜協同体論は、提唱者のひとりである三木清によれば、東洋の統一と日本主義の是正をめざすものであり、そのためには日本も変わらなければならなかった。世界史の哲学はヨーロッパ中心主義の単線史観を批判し、座談会「世界史的立場と日本」はドイツの歴史家ランケのいうモラリッシュ・エネルギーをキーワードとした。日本のモラリッシュ・エネルギーはヨーロッパ中心史観に修正を迫るものとして語られたのである。両者には共通するものがあった。ひとつは個人主義批判であり、もうひとつは資本主義批判である。あらわれたかたちこそ違え、昭和研究会の人びとと京都学派の人びとの間には議論を深める共通の基盤があった。両者はともに地域主義の立場で日本の国際的立場や国際社会のあり方を総体的に考えようという問題意識を持っていた。であるから、もしそういう営みが一九二〇年代後半におこなわれていたら、その影響はまったく違うものになっていただろう。

この章では哲学者の三木清を中心に進めたいと思うが、三木清は戦時下の知識人として注目すべき知的営為を紡いだ人のひとりだった。彼は昭和研究会の活動に積極的にかかわっていた時期に、『文學界』に「人生論ノート」の連載を始めた。もともと哲学の俊英として頭角をあらわしていた三木清は、一九三八年ごろには政策提言（東亜協同体）にも、また文学的な表現にも仕事の範囲を広げるようになったのである。アカデミズムから出て、現実社会にアンガージュマン（参加）する。それとともに学術用語では手の届かないような事物の深部を、学問の形式的な手法にこだわらずに語る。これは戦後知識人の生き方を先取りする生き方だった。

さて「近代の超克」と題された座談会がある。こちらは日米開戦後におこなわれた座談会で雑誌『文學界』誌上に発表された。「近代の超克」とはまことに思わせぶりなタイトルだった。対米開戦後のことであるから、読者は何のためにアメリカという強国と戦争を始めたのか、その意義を得られるかも知れないと期待するだろう。しかしきびしい言論統制下で批判はゆるされない。結局のところ、戦争にどう処すか、個々人の姿勢が語られたに過ぎなかった。レトリックは華麗でも、内容的にはまことに貧寒な代物だったというほかないが、それでも読者にしてみれば自分がどう戦争に処すべきかを考えるよすがにはなったと思われる。(2)

2　座談会「近代の超克」

時系列を先に送って、まず最初に日米開戦後の知識人の態度を見ておき、そこから時計の針を巻き戻していくことにしよう。

「近代の超克」は『文學界』に掲載された座談会である。出席者は小林秀雄、河上徹太郎、亀井勝一郎、林房雄、中村光夫、三好達治、西谷啓治、鈴木成高、下村寅太郎ら一三人だった。顔ぶれを見ると『文學界』の同人が六人、その他の七人が哲学者（西谷、下村）、歴史家（鈴木）、科学者（菊池正士）、音楽家（諸井三郎）、映画評論（津村秀夫）、神学（吉満義彦）という専門家だった。その中でも西谷啓治と鈴木成高は『中央公論』誌上に発表された座談会「世界史的立場と日本」に参加した京都学派の学者だった。このような座談会であれば、『文學界』の同人であった三木清が出席したはずだと思われるが、そのころ三木は軍に徴用されて国外にいた。

座談会は一九四二年七月に二日にわたっておこなわれ、『文學界』九月号と一〇月号に、あらかじめ書かれた出席者の論文とともに掲載された。「近代の超克」というタイトルは気がきいているが、近代の超克とは何かについて出席者の意見はまとまらず、実質的には座談会参加者のそれぞれの「戦争に処する姿勢」が論題だった。そしてもちろん、表面上はともかくとして、それぞれの姿勢はばらばらだったのである。

断わるまでもないが、日米開戦後であるから戦争に疑問を呈する発言などもちろん望むべくもなかった。だがそういう制限の中でも参加者の思考様式は垣間見える。たとえば座談会で存在感を見せつけたのは小林秀雄で、逆にほとんど発言しなかったが出席者の議論の進め方に強い違和感を抱いたことがうかがわれるのが下村寅太郎だった。下村は小林はじめ名だたる知識人たちが、上滑りな発言に終始するのにさじを投げたかのようなふうだった。近代の超克というからには、科学精神と格闘する覚悟が必要だ。科学精神が近代の扉を開いたからだ。ところが出席者たちの視線はまるで見当違いの方向を向いている。これでは話にならない、というのが下村寅太郎の偽らざる気持ちだっただろう。

小林の発言ははっきりいうと一種の禅問答で、どんな議論をしかけられてもかわすことができる性格のものだった。たとえば「理屈を抜きにして言ふのだが、僕は茲数年日本の歴史を読んで、歴史の解釈だとか、歴史観だとか、さういふ風なものがみんな詰まらなくなつて来た。われわれの解釈だとか、或いは史観といふやうなものではどうにもならんものが歴史にある。歴史といふものはわれわれ現代人の現代的解釈などでびくともするものではない——といふことがだんだん解つて来たのです」と発言して、それにつづけて歴史をどう解釈しても歴史の美しさには「推参することはできない」と論理を飛躍させている。(3) 歴史の美しさなどということを持ち出されたら、だれもコメントできはしないだろう。

小林が巧みなのは、過去のことを語っているようでいながら、実際には近代の超克つまり現代史について語っているところである。いま自分たちは未曾有の歴史に立ち会っているというわけである。とはいえ（自分たちは）歴史に推参することはできない。つまり小林が言外にほのめかしているのは、戦争についてあれこれ発言してもしょせん無益だという主張である。そのことは右の発言中の「歴史」を

「戦争」に置き換えてみればわかるだろう。同時代に生きる人間であるけれども、戦争に対して声を上げたり行動したりしても、どうにもなるものではない。だから黙って受け入れるしかないというわけである。

それならば政治家も軍人も官僚も、みんなだれも歴史を動かすことはできないのか、と聞き返したくなる発言であるが、座談会が開かれたのは日米開戦後であるから、もちろんそういう発言はだれにもできなかった。小林はそれを見越して発言しているのである。

小林は京都学派のこころみに対して冷や水を浴びせかける意図でこの発言をしていた。すぐあとの節で述べるが、京都学派は、戦争という既成事実を道義のもとに意味づけようとしていた。そういう京都学派のこころみを小林は完全否定しているわけである。世界史の哲学などといったところで、歴史を動かすことなどこれっぽっちもできないではないかと、小林は痛いところを突いた。この期に及んで何を無益なことを、とあざけったのである。西谷啓治は食い下がったが、何しろ言論統制がきわめてきびしくなっているのだから、本当の意味での論争などできるわけもなかった。

小林のものの言い方が日米戦争が始まってますます苛烈になった言論統制を背景にしていることは明らかで、発言そのものの意味は「ものいえば唇寒し」ということなのだが、言外に響くのは「余計なことをいうとためにならないぞ」という遠回しな脅しである。小林の発言にはたしかに問答無用の気味があった。もちろんそれは小林自身の自戒を込めてのことであるが、だから京都学派の哲学者たちも小林の言葉に抗することはできなかった。西谷啓治も鈴木成高も、小林の意を迎えることに汲々とするばかりだった。政策提言などできるわけもなかった。実際に、政策提言どころか、まもなく京都学派の人びとは原理日本社から激しい批判を浴びることになるのである。

この時期の小林はこういう発言に身を寄せることによって、保田與重郎の立場に限りなく近づいていた。あれこれ考えるのはやめて自己の全身を民族の共同性に浸そう、それ以外にできることはないではないか、というわけである。

3　既成事実の後追い

こういう思考様式が、科学技術の発達に近代の本質を見る下村寅太郎にはばかばかしくてならなかった。実際、現代の戦争の帰趨は科学技術と生産力によって決まるだろう。精神力などで戦争に勝てるわけではない。ならばどのようにして勝利を手にすることができるのか。概括的にではあれ、そこのところを論じなければ話にならない。そこで下村は自然科学を取り上げそれがいかに重要であるかを述べようとする。ところが下村が発言している最中に、小林は唐突に「自然を拷問して口を割らせるといふ、近代科学をそんなに巧く言つた人が他にあるかね」と発言して下村を黙らせている。総力戦は国をあげての科学と科学の対決である。その厳然たる事実から、この時期の小林は禅問答のようなレトリックで目をそらそうとしていた。下村寅太郎が呆れたのも無理からぬことであったが、座談会を主催する側からすれば、話題が下村の意図するような方向に向かっていったら、それこそ困ったことになったのである(4)。

二日目の機械文明についての議論はもっと滅茶苦茶である。

討論参加者のひとりであった津村秀夫（朝日新聞記者）が、機械文明は絶対に避けて通ることはできない。機械文明をこっちが使いこなさなければならないと発言すると、河上徹太郎が「然し僕にいはせれば、機械文明といふのは超克の対象になり得ない。精神が超克する対象には機械文明はない。精神にとって機械は眼中にないですね」と超克の対象を制限しようとする。小林がそれに乗って「それは賛成だ。魂は機械が嫌ひだから。嫌ひだからそれを相手に戦ひということはない」と述べ、さらにそれを河上が引き取って「相手にとって不足なんだよ」といい、林房雄が横合いから「機械といふのは家来なんだよ。家来以上にしてはいかんと考へる」と発言して、いつの間にか機械文明が機械にすり替わってしまっている。見かねた下村が機械をつくった精神を問題にしなければならないと論点を引き戻そうとする。すると小林が「機械は精神がつくったものかも知れんが、機械をつくった精神は精神ですよ。それは芸術をつくった精神とおなじものである」とまた禅問答にひっぱっていく(5)。

座談会の最後のやりとりは小林の独壇場である。小林は近代性を果てまで追求した結果、古典を本当に理解する道が開けたと思うと述べる。何となく納得しそうなことばだが、近代性を果てまで追求するとはどういうことか、古典を本当に理解するとはどういうことか、きちんとした説明はない。文献学のような学問的方法を念頭に置いていないことは明らかである。核物理学や相対性理論を追求したら古典が本当に理解できるなどという馬鹿なことはないから、小林のことばには明らかな飛躍があるのだが、出席者はだれもその飛躍をつかない。かろうじて下村寅太郎が拒絶反応を示しているだけである。飛躍をつくことができないのは小林の発言が言論統制下の戦時という時代に守られているからである。

小林の発言は腹がすわっているように見えるが、実際には生起している現実に何も考えずについていくだけだととなえているに過ぎない。実際のところ、いくら近代の超克などと大きな風呂敷を広げたところで、日米開戦のあとになってみれば、小林のいう範囲を踏みこえることは難しかっただろう。というわけで「近代の超克」という看板に照らせば羊頭狗肉というほかない座談会であった。

わたしは一九三〇年代後半の思想的な取り組みが、後追いの付け焼き刃の営みになってしまったといいたいのである。それは次に述べる「世界史の哲学」にも、東亜協同体論にも共通することだった。もしも「世界史の哲学」と東亜協同体論が、満州事変以前に発表されていたら、ふたつはともに重要な意味を持ち得ただろう。日本国内ばかりでなく、中国やアメリカにも、注目されてしかるべき内実を持ち得たと思う。しかし座談会「世界史的立場と日本」が『中央公論』誌上に発表されたのは日米開戦直後のことであったし、東亜協同体論が発表されたのは一九三八年、つまり日中戦争が全面化した翌年のことであった。いずれも戦争という既成事実の意味づけと受け取られてもしかたがなかった。

4　座談会「世界史的立場と日本」

京都学派の「世界史の哲学」と『文學界』の「近代の超克」はほぼ同じ時期に、昭和研究会の東亜協同体論から四年ほど遅れて出た。すなわち東亜協同体論が日中戦争の意味を問うものであったのに対して、「世界史の哲学」と「近代の超克」は日米戦争の意味を模索するものだった。

京都学派に属する四人の哲学者が『中央公論』誌上で三度の座談会をおこなった。その四人とは、高坂正顕、西谷啓治、高山岩男、鈴木成高であり、座談会は第一回が「世界史的立場と日本」のタイトルで、日米開戦直前の一九四一年一一月二六日に、第二回が「東亜共栄圏の倫理性と歴史性」と題して一九四二年三月四日に、第三回が「総力戦の哲学」として一九四二年一一月二四日におこなわれた。これは真っ向から戦争の意味づけをおこなおうとしたこころみであった。

座談会でキーワードのように扱われたのは、一九世紀ドイツの歴史学者レオポルト・フォン・ランケの「モラリッシュ・エネルギー（道義的生命力）」ということばであった。ランケは科学的な史料批判による歴史叙述の分野を開拓し、近代歴史学の祖といわれる。そのランケのことばが座談会のキーワードになっている。三回にわたった座談会の大きなテーマは次のようにまとめることができるだろうか。日本はいま、西欧帝国主義によるアジア支配を打破して、道義にもとづいた新しい秩序を樹立しようとしている。それは新しい世界史の創造に乗り出したということだ。文化と政治が支え合うとき国力がみなぎり国家は発展する。そして国家が発展するときに、世界史を書き換えている。だから世界史を動かすのは道義的な生命力だ。四人は口々にそう論じた。

四人の京都学派の哲学者が論じた「世界史の哲学」は、敗戦後、侵略戦争を正当化するものとして激しい批判を浴びた。たしかに日本を盟主とする東亜共栄圏の確立を無批判に受け入れていて、欧米諸国の支配を受けているアジアの諸国への視点を欠かしていた。モラリッシュ・エネルギーを説くなら、これらのアジア諸国が共感するような主張でなければならなかったはずだし、それを説くのは決して困難なことではなかっただろう。もしこの座談会が日米戦争や日中戦争とは関係なく、平和的な国際環境のもとで、新しい国際秩序の提言をめざしておこなわれたのであったら、そこから汲むべきものがなかったとはいえない。その点は東亜協同体論と同じである。

しかし三つの座談会は現に日中戦争と日米戦争が始まったあとでおこなわれた。だから現に進行している戦争の意味づけをめざすことになった。そうである以上は四人は日本国家の行動が彼らの理念を裏づけるものかどうかを検証しなければならなかった。だがそれはいっさいなかったし、そもそもきびしい言論統制のもとではできるはずもなかった。この点は弁明の余地がない。だから戦後に高山岩男は公職追放となって京都帝国大学を追われ、鈴木成高は不適格として京都帝国大学を追われた。高坂正顕も公職追放となり、西谷啓治も公職追放となった（西谷啓治はのちに復職している）。

5　高山岩男『世界史の哲学』

ところでこれまで座談会「世界史的立場と日本」と「世界史の哲学」を区別せずに使ってきたが、「世界史の哲学」というのは一九四二年に刊行された高山岩男の著書のタイトルである。高山岩男は『世界史の哲学』で、ヨーロッパの世界的膨張がやがてヨーロッパの非ヨーロッパ世界に対する依存性をつくり出したとし、それを現代世界史の第一段階と位置づけた。その一方明治維新後の日本は攘夷思想から出発したにもかかわらず、欧米の科学技術を積極的に摂取し欧米に伍する近代国家化の道を進んだ。ここに「支那と異なる我が国の独自な精神的特質」がある。日本は東亜の植民地化に対して抵抗する先頭に立ち、「やがて世界史の新たな転機に重大な働きをなすに至るのである」と論じている[6]。これが現代世界史成立の第二段階としての、日本の主導によるヨーロッパの世界支配の否定の動きである。

高山岩男にはヘーゲル研究の力作があるが、ヘーゲルは歴史を精神の自由が実現される過程としてとらえた。ヘーゲルが描いたのは東洋世界からギリシア世界へ、そしてローマ世界へ、ローマ世界からゲルマン世界へという歴史だった。高山はこのようなヨーロッパ中心の単線史観に異をとなえた。そして普遍的世界史と特殊的世界史を区別した。特殊的世界史というのは具体的にはヨーロッパ・西アジア・東アジアの三つの世界史である。この三つは相互に交渉があったが、これまでその三つを包み込む普遍的世界史は存在しなかった。だがいよいよ普遍的世界史が成立する時期を迎えている。それを形成する主役は日本である。日本は「嘗て東亜世界史の中で発展し、次にヨーロッパ世界史の中で発展し、今日普遍的世界史の成立に主導的な行動をなしつつある」[7]と高山は考えた。

まことに壮大な構図である。これほど壮大な構図を描く以上はそれに見合うだけの確固たる論拠がなければならない。では世界史の哲学を支える根拠は何かというと、それは功利主義的個人主義的人間観に対する批判だった。高山は資本主義経済の発展の過程で、倫理性が失われていったととらえる。そして高山によれば、倫理性の喪失を糊塗したのが功利主義個人主義の人間観だった。近代経済理論は私的個人の欲望を起点として組み立てられた。そしてそれが理性を中心とする個人主義とない合わされ功利主義的個人主義的人間から出発する世界観がつくられた。「いわゆる経済人には国籍もなく、経済人は単に欲望充足に生き、経済法則のままに動く個人である。このような経済の思想が、道徳を端的にいわゆる個体的人格から考え、道徳の世界をこの人格間の結合社会と考える思想と、全く同様の根柢から成立することはいうまでもない[8]」。

個人主義と資本主義に対する批判は、一九三〇年代には日本ばかりでなく世界でも支持を集めた。マルクス主義は、私的個人の欲望の追求から出発する功利主義思想に対して、それは貧富の格差拡大の容認に帰着するし、個人の理性から出発する個人主義思想と合わさって結局のところ階級支配を支持するイデオロギーになるのだとした。日本においても、同様の批判は保守的な人たちにも国家主義者にも幅広く共有されていた。比較的そういう思考に縁遠かったのが自由主義者であった。

一見普遍妥当性を有するように見えても、それが現実にどのような役割を果たしてきたかを見なければならない。つまり歴史的な視点が必要なのだ。非歴史的になったとたんに世界の本当の動きは視野の外に隠されてしまう。マルクス主義の場合は史的唯物論が歴史的な視点を提供した。ナショナリストには帝国主義国の世界分割が有無をいわさぬ証拠だった。彼らの多くは、黒船来航以来の日本の歴史は帝国主義国の支配をはね返そうとする必死のたたかいの歴史だったととらえていた。そして保守主義的な学者には文献学や解釈学の方法が有力な武器になった。

個人主義と資本主義が不可分に結合し、それがヨーロッパの世界支配、すなわちヨーロッパ中心の世界史への動きをつくってきたとするとらえ方は、一九三〇年代の日本の知識人に幅広く共有されていた。それは左派のマルクス主義者はもとより、京都学派の哲学者たちにも、東亜協同体論にも共通する認識であった。前章で見たように、和辻哲郎ももちろん例外ではなかったのである。

6　三木清の東亜協同体論

蝋山政道や三木清らの東亜協同体論には、中国に対する視線があり、曲がりなりにも世界に通用する理念をかかげなければならないという問題意識があった。この点は「近代の超克」の出席者が大声で自分に言い聞かせるような発言に終始したのとまったく違っている。ただしそれもやはり国内向けの発言だった。実際には中国の反発を買い、アメリカの不信感を深めただけだった。それまでの経緯と当時の国内の政情を考えれば、東亜協同体論にそれ以上を望むのは無理というものだったろう。

蝋山政道は東京帝国大学教授で近衛文麿のブレーンのひとりだった。蝋山は国際連盟はヨーロッパの秩序に過ぎない。それに見合う地域主義的な国際秩序が東アジアにも必要である。ところが東アジアは欧米の帝国主義に従属している。欧米に屈服して間違った民族自決の方向に向かっている中国と、貧しい国ぐにの問題を見ずに形式的平等ばかり主張するアメリカと、その双方に対して日本は断固たる姿勢で臨まなければならないと論じた。

三木清は『中央公論』一九三七年一一月号に「日本の現実」と題する評論を発表した。「日本の現実」は間接的な表現ながら日本の対外行動を批判したもので、三木は、中国はもとより世界中の国ぐにが納得する理念のもとに行動しなければ、目的を達成することはできない、日本がかかげるべき理念は、東洋の統一と資本主義の是正であり、そのためには日本自身も変わらなければならないと主張した。

「日本の現実」が発表される三ヶ月ほど前、三七年七月に盧溝橋事件が八月に第二次上海事変が起こり日中は戦争状態に突入していた。当初は軍も政府も、中国はすぐに手をあげるだろうと楽観していた。ところが中国の抗戦意志は高く戦争は泥沼化しつつあった。そこで近衛内閣はドイツを通じて和平の可能性をさぐっていた。いわゆるトラウトマン工作である。「日本の現実」が発表されたのは、和平交渉（トラウトマン工作）がおこなわれているころだった。

三木の論文は近衛文麿の私的なブレーン集団だった昭和研究会のメンバーの目にとまり、その後、誘いを受けた三木は昭和研究会のメンバーとして熱心に活動するようになる。昭和研究会の発足時から後藤隆之介の片腕として動いた酒井三郎の回想によれば、昭和研究会は三木清を中心として文化研究会を組織した。その委員は三木のほかに加田哲二、三枝博音、清水幾太郎、中島健蔵、菅井準一、福井康順、船山信一らで、佐々弘雄、笠信太郎、矢部貞治らが随時顔を出した。委員たちが研究会で報告し討論した内容を三木がまとめ、さらに討論を重ねて報告書とした。それは一九三九年一月にパンフレットとして公表された。「新日本の思想原理」である。そしてさらに日をおいて「新日本の思想原理　続編　協同主義の哲学的基礎」が発表された(9)。

だがこの間の情勢の変化は急であった。三木の「日本の現実」が出てしばらくして、近衛内閣は三八年一月に「爾後国民政府を対手とせず」との声明を発した。戦争が全面化した当初、日本は中国民衆を敵に回すことになるとは考えず、ただ軍事力をもって一撃すれば中国は屈服するだろうと考えていた。ところが国民党政府の抗戦意志は強く、中国共産党と第二次国共合作により抗日民族統一戦線がつくられた。こうして日本は泥沼に足をとられるようにして対中戦争にのめり込んでいった。日本は中国のナショナリズムを侮っていたのである。ちょうどそのころ三木は昭和研究会の活動に熱心に取り組んでいたことになる。

日中戦争の成りゆきに危機感を深めた近衛内閣は一一月に東亜新秩序声明を出した。それは今次の戦争は東亜の安定のための新秩序建設を目的とするのだとして、国民党政府にも暗に協力を呼びかけるものだった。その背景には対中認識の変化があったわけである。しかし東亜新秩序の具体的な構想はというと、中国政府への日本人顧問の派遣、防共軍事同盟の締結、華北・揚子江下流地域への駐兵権などであったから、中国植民地化をめざすものと受けとめられてもしかたがないものだった。そもそも一〇ヶ月前には交渉相手としないと宣言した相手に、今度は交渉に出てくるよう呼びかけたのだから、政権の混迷ぶりがうかがわれる。そしてその一方で近衛内閣は四月に国家総動員法を制定して戦争体制の樹立に取りかかっていた。

東亜協同体論が登場したのは、ちょうど近衛内閣が東亜新秩序声明を出したころだった。それと前後して昭和研究会の中心メンバーであり近衛のブレーンのひとりであった蝋山政道が「東亜協同体の理論」を発表していたのである。であるから三木清の個人的な意図はどうあれ、一般には東亜協同体論は近衛内閣の東亜新秩序と表裏をなすものと見られた。

7 「新日本の思想原理」

三木清が取りまとめた「新日本の思想原理」は、東亜協同体の実現が日中戦争の目的でなければならないとし、その原理は資本主義の弊害を打破し、個人主義を東洋的文化によって高次の次元で克服するものでなければならない、そしてそれを通じて東アジア諸国は欧米帝国主義からの独立を実現するのだと論じた。そのことを通じて真の東アジア諸国の連帯を打ち立てること、それが東亜協同体であると論じた。

「東亜の統一」が可能になるには、中国が欧米帝国主義への従属から抜け出し、同時に近代資本主義の弊害を克服した近代化をとげ、新しい文化を形成しなければならない。日本はひと足先に踏み出した国としてそれを援助すべき立場にある。そして日本自身も変わらなければならない。「日本は、今次の事変を通じてかかる支那の解放の為に尽くさねばならぬ。もとより日本が欧米諸国に代つてみずから帝国主義的侵略を行うというのであつてはならぬ。かえつて日本自身も今次の事変を契機として資本主義経済の営利主義をこえた新しい制度に進むことが要求されている」と論じている。(10)

要約すれば以上のようになる。ことばは見事に整理されているが、いまのわれわれから見ると内容は漠然としている。たとえば東洋のヒューマニズムと西洋のヒューマニズムを対比して、後者が個人主義であるのに対して前者は「共同社会に於ける人倫的諸関係」（修身斉家治国平天下など）のうちにある。後者の根底には「人類」があるのに対して、前者は「無」あるいは「自然」あるいは「天」が根底にあるという。しかしいまのわたしたちには、前者のヒューマニズムが高次の価値を実現しているという実感を得ることは難しいだろう。また西洋がゲゼルシャフト的であるのに対して東亜はゲマインシャフト的であり、家族は東洋文化の重要な特色である。だから家族主義に則るべきであるが、家族は封建的であってはならない。個人の独自性と自発性を認めて合理的なものでなければならない。そう述べているが、さてそれなら、どういう家族でなければならないのか具体的に想像できる人は少ないだろう。

そのうえ東亜協同体が具体的にどういう機構として構想されたのであるかは、正統の「新日本の思想原理」を読んでもわからない。国際連盟のアジア地域版のようなものになるのか、あるいは第二次大戦後のソ連圏のようなものになるのか。政治的文書として見ると原則論を抽象度の高いレベルで表現したにとどまる。その原則というのは東亜全体としても日本一国としても、全体主義でも資本主義でも共産主義でもない協同主義をめざすということである。

いずれにしても、はっきり読み取れるのは、資本主義に対する批判、個人主義に対する批判、帝国主義支配の打破、そして日本がリーダーシップを取ることの四点である。「それは、一言でいうならば、世界史的立場に立脚した、対外的には日本を『指導者』とする、しかも非日本至上主義的な『東亜協同体論』であり、対内的には近衛内閣を『指導者』とする、しかも非全体主義的・反資本主義的な『日本新秩序』論であった」と宮川透は評価している(11)。京都学派の「世界史の哲学」と非常に似ていることが見てとれるだろうが、決定的に違うのは発表された時期とねらいである。

8　抵抗だったのか協力だったのか

東亜協同体論は日中戦争という現実に対して提起されたものであり、そのことは「世界史の哲学」と

「近代の超克」というふたつの座談会が、日米戦争を見すえておこなわれたのとは違う点だった。とはいえ東亜協同体論が、対華二一カ条要求に先立つ一九一四年に提唱されたのであったら大いに考慮の余地もあっただろうが、何しろ日中戦争が泥沼にはまってから、一九三九年に発表された提言だった。だから当然のことながら、いたずらに中国側の反発を招いただけだった。東亜協同体論が、戦争の当の敵方から激しい反発を受けたのは、あまりにも当然のことであった。三木清は思想的格闘を経験したのかも知れないが、結局は時局に翻弄されたに過ぎなかった。毒リンゴに手を出したの感がある。客観的には一場の悲しいファルスだった。

何より東亜協同体論は近衛内閣がかかげた東亜新秩序と表裏をなす関係にあった。そして東亜新秩序はアメリカの門戸開放政策を真っ向から否定するものだったのである。しかし軍はもとより政府も国際世論に無関心だった。三八年一〇月にアメリカが長文の抗議をつきつけてきたとき、一ヶ月以上も遅れて日本は門戸開放を全面的に否定する回答を返した。蝋山に東亜新秩序がアメリカをはなはだ刺激するに違いないという危機感があったかどうか疑わしい。まして三木には東亜協同体論がアメリカと正面衝突するという予感はあったか。あっても希薄だったのではないか。このことは昭和研究会のメンバーにも多少とも共通するのではないか。言論統制がきびしくなればなるほど、人びとの関心は内向きになるものである。自己保身に向かう。それは知識人とて例外ではなかったろう。東亜協同体は中国や国際社会に向けての提言というよりも日本国内に向けてのメッセージだった。軍の横暴にブレーキをかけなければならない、帝国主義的行動は慎まなければならないという内容の、それもずいぶんひかえめな表現のメッセージだった。

一九四〇年、近衛文麿が強力な挙国政治体制を確立することは焦眉の急であるとして新党結成の意思を表明して、近衛新体制が叫ばれるようになった。近衛新党に参加するため政党は次つぎと解党した。一方、昭和研究会は活気づいた。「国民組織要項」「経済再編成要項」「文化政策要綱」など次つぎと作成された。ところが新体制運動の性格はじょじょに変質していった。政策などは必要ないというながれになり、要綱はお蔵入りになった。かんじんの近衛自身、大政翼賛会の発会式で、綱領も宣言もいらない、「大政翼賛」と「臣道実践」のふたつに尽きると明言した。こうして東亜協同体構想は水面下に没した。

東亜協同体に関連する三木の発言は、構想を打ち出した三八年ごろと四〇年一〇月に大政翼賛会が発足した前後では論調がかなり違っている。三八年ごろはしきりに構想のデザインについて語ったが、四〇年過ぎになると日本人の行動をいましめる論調になっている。四一年七月に『都新聞』に発表された「道徳の再建」では、ほとんど奴隷のことばを思わせる文章が並んでいる。いわく、日中戦争によって国民の道徳は自由主義から全体主義に変化した。この傾向はこれからも進むであろう。しかし「その場合残存せる封建主義の克服が問題であるということに注意しなければならぬ」。言外に全体主義は封建主義だという囁きが聞こえそうである。いわく、「愛国心のごとき根本的なものについて国民が互いに猜疑することがあってはならない」[12]。そのこころは、現実には国民の猜疑心をかき立てるような言動が横行しているではないか、という怒りだろう。いわく、今日でも、一方では科学の振興を叫びながら、他方道徳では非合理的非科学的きわまりないことを説くという矛盾がある。これは克服しなければならない。三木は、政府の政策に異議をとなえるのではなく、国民の言動を批判するというかたちで、国策を間接的に批判し、時局についての憂慮を表明しているのである。

9　基礎経験・アントロポロギー・イデオロギー

三木清自身の思想の深化という点で考えれば、昭和研究会の一員として東亜協同体論にかかわったことは、たんなる喜劇ではすまされないものがあった。そのことを三木の思想家としてのデビュー時点に戻って考えてみよう。

三木清は京都学派の哲学徒として非常に注目された存在だった。三木は西田幾多郎を慕って一高から京大に進んだ。一高から京大に進学したのは三木がはじめてであり、しかもその後三木につづいて戸坂潤などの俊秀が次つぎと京大に進んだ。一九二五年、三年間のドイツ留学から帰った三木は『思想』にパスカル論を発表、翌年処女作『パスカルに於ける人間の研究』が刊行された。将来を嘱望され、だれもが京都帝国大学に職を得るはずと思っていた三木であったが、一部教授会員の強い反対で果たさず、法政大学教授になった。こうして三木が居を東京に移したのは一九二七年のことだった。

法政大学に奉職したころから三木はマルクス主義に関心を持ち始め、二八年には『唯物史観と現代の意識』を上梓した。『唯物史観と現代の意識』は若い知識層に大きな衝撃を与えた。マルクス主義に心惹かれる理由を解き明かされた思いがしたからである。この本で三木は、いかにしてイデオロギーが形成されるのかを明らかにしようとして、「基礎経験」「アントロポロギー（人間学）」「イデオロギー」の三つのカテゴリーを立てた。基礎経験とは何か、三木はそれを日常の経験と対比することによって定義している。日常の経験はロゴスによって支配されているが、それによって経験は公共的な意味を与えられ安定する。こうしてロゴスによって経験を意味づけたものがアントロポロギーである。これに対して基礎経験はロゴスによって支配されない。かえってロゴスをつくり出す。基礎経験は不安定で揺れ動く闇のようなものであるが、ロゴスはそこから生まれるのである。アントロポロギーは基礎経験をロゴスによって表現するが、それは基礎経験と違って歴史的社会的に限定されている。そしてロゴスはアントロポロギーを媒介として人間の日常的な経験に客観的な秩序を与える。それがイデオロギーである。イデオロギーもまた歴史的社会的に限定されているから、それはいつか桎梏となり、基礎経験がそれを打ち破るために新たなアントロポロギーとイデオロギーをつくり出していく。

さて、三木の理論構成はまことに斬新だった。しばらく前から思想界に大きな影響を及ぼすようになっていた解釈学や実存主義哲学など学問・思想界のながれそのものに対して、なぜそれが発生し、なぜそれが受容されるかについて理論的解明をこころみたからである。もちろんそれにはマルクス主義もふくまれる。基礎経験を問うことは、自分という存在を学問的な手続きなどによるのではなく、もっと直截に問うことである。学問はイデオロギーである。ロゴスの働きのひとつの局面に過ぎない。そのロゴスは基礎経験から生まれる。

『唯物史観と現代の意識』は人びとがマルクス主義の思想を受容するプロセスを解明する理論として、若い知識層に強い訴求力を持った。若い知識層は社会矛盾を感じ何とかそれを根絶したいと煩悶するところからマルクス主義に移っていく。彼らも煩悶青年である。その煩悶の構造を三木は明解に論理化したと受けとめられたのである。

ところで三木清の基礎経験が西田幾多郎の純粋経験に対応していることにも注目しておかねばならない。西田が個人の自我が形成される初発の段階に純粋経験を置いたのに対して、三木は個人が社会意識をかたちづくる初発の段階に基礎経験を置いたのである。そして西田が煩悶青年の心をわしづかみにしたのと同じように、三木もまたマルクス青年をはじめとする煩悶青年の心をつかんだ。

しかし『唯物史観と現代の意識』は正統派のマルクス主義者から激しい批判を浴びた。正統派というのは歴史学でいえば講座派で、服部之総の批判が有名である。彼らは国際共産主義運動の一翼につながっていた。論争のおもな舞台は雑誌『思想』や二九年に創刊された『プロレタリア科学』で、実は三木は同年プロレタリア科学研究所に入り、唯物弁証法研究会の責任者となっていた。そういう論争のかたわら、三木は羽仁五郎と共同責任編集で雑誌『新興科学の旗のもとに』を創刊、はなばなしい活動を始めた。ところがその矢先、三木は一九三〇年五月に日本共産党に資金を提供したという治安維持法違反の嫌疑で逮捕された。この事件で三木は法政大学をしりぞくことになる。そして三木が下獄中に、プロレタリア科学研究所は中央委員会を開き、三木の『プロレタリア科学』の委員長と唯物弁証法研究会委員長を解任した。これ以後、三木はマルクス主義と一定の距離を置くようになる。

10　三木清がとらえた「不安の思想」

三木清が東亜協同体論にかかわるまでの道をもう少したどってみよう。

「不安の思想とその超克」は『改造』一九三三年六月号に掲載された。それは第一次大戦後ヨーロッパに広がった「不安の思想」が、一〇年の時差を経て、一九三一年九月に起こった満州事変以後、日本でもにわかに広がっていることについて論じたものである。その内容はというと、プルースト、ジイドらの文学者、カール・バルト、エミール・ブルンナーらの神学者、ヤスパースやハイデッガーらの哲学者を取り上げて、独仏の思想動向を論じたもので、一〇年の時差で日本にも同様の動きがきざしているという観察を述べたものである。「不安の思想とその超克」は実存の不安と社会不安を重ね合わせて論じたもので、そういう意味では『唯物史観と現代の意識』の場合と読者に与える作用は似ていた。

ただし実存の不安と社会不安はまったく性質が違うことも押さえておかなければならない。実存の不安は自分という存在にかかわる不安であって、生きるという限られた時間の中で世界に放り出されている自分、つまりハイデッガーのいう「世界—内—存在」である自分の、死に対する恐怖から生まれるものである。それは社会関係や社会構造とは何の関係もない。人に愛されようが、尊敬されようが、どれだけ権力をもとうが、死はすべての人に平等に訪れるのである。これに対して社会不安は、明日食べるものがあるかとか、自分を必要としてくれる人はいるかとか、なぜ他者に服従しなければならないかという不安である。両者はまったく違うのである。実存の不安はヨーロッパでは哲学史上新しいテーマであったが、東洋では馴染みのある問題だった。そもそも仏教は死の不安からの解脱を求める宗教だった。だから晩年の三木が親鸞に傾倒するのもうなずけるところがある。

「不安の思想とその超克」で、三木は哲学と文学にだけ照明を当てているが、一九二〇年代のヨーロッパは一方で待望の平和が訪れ、国際連盟が発足して、いよいよ希望と理性の時代が始まると期待された時代だった。ところがそれはつかの間のことだった。ドイツは天文学的なインフレに苦しみ、フランスは内政が二極化して左派と右派の対立が激化した。フランス政治は対立を調整する機能を失い、政治的対立と社会不安が人びとの心裡に重苦しい影をおとした。二〇年代のドイツは表現主義に象徴されるワイマール文化の時代だった。映画では「カリガリ博士」（一九二〇年）やマレーネ・ディートリッヒが主演した「嘆きの天使」（一九三〇年）が時代の風景を映し出している。だが二〇年代はまだしもだった。一九二九年にニューヨークで株価が暴騰したことをきっかけに大恐慌が始まると情勢はいよいよ緊迫していった。三木はこのようなヨーロッパの政治や社会の動静にはひとこともふれていないのである。

そういう意味で、基礎経験・アントロポロギー・イデオロギーという基本構成でイデオロギーが生成されるメカニズムを解明しようとしたにしては、この時期の三木はまだまだ視野が狭かったといわざるを得ない。ヨーロッパの人びとの基礎経験に目が行き届いていないのである。他の知識人にくらべてひと回り視野が広かったはずの三木にして、このような状態だった。それは三木清が哲学徒としての使命感にとらわれていたからである。法政大学教授の職を去ってからも、三木が仕事の中心に置いていたのは哲学研究だった。一九三七年から死の直前まで長年にわたって「構想力の論理」を書きつづけている。しかし共産党のシンパとして収監され、大学を離れ、またプロレタリア科学研究所から追放されて、三木には文筆よりほかに生きる道はなくなった。三木は『改造』や『中央公論』など総合雑誌の主要執筆者として生きる道を開いていく。三六年一二月から『読売新聞』毎週火曜日夕刊の「一日一題」欄にコラムを書いた。こういうかたちで三木清は、いわば強いられて自己の思索を広げていったのである。

11　転向とシェストフ的不安

この思想の揺れをマルクス主義からの後退と見たり、時局への消極的抵抗と見たり、思想的動揺と見たりするのは、あながち間違いではないが物足りない。そういう見方が成り立たないとはいわないが、たんなる後退ではない。そもそもマルクス主義からの後退という批判は、マルクス主義に立ちつづけることを標準とするから成り立つ議論である。そういう批判をいくら投げかけても、批判する側の思想が深化することはない。一方三木清はどうかといえば、そもそもマルクス主義者だったとはいえない。彼は「後退」の道筋をたどることによって、それまでなかった知識人のスタイルをつくり出した。そして戦後に登場する新しいタイプの知識人の先駆けとなったのである。どういう意味であるかは、もう少しあとで論じるとして、その前に一九三三年からあらわれた転向の問題について見ておこう。

一九三三年、獄中にあった日本共産党幹部の佐野学と鍋山貞親が転向声明を出した。それから雪崩のような転向が起こった。自分の思想をすてなくてもよかった。当時は、非合法活動をしていたことを認め、今後は政治活動をしないと約束すれば保釈された。それが転向であった。やはり三三年に逮捕された河上肇も数年後転向を表明して出獄している。そして翌三四年ごろから転向をテーマにした小説が書かれるようになる。村山知義『白夜』（一九三四年）、島木健作『癩』（一九三四年）、中野重治『村の家』（一九三五年）などである。そのほとんどが転向した自分の不甲斐なさを恥じる気持ちを表現している。自分は何となさけない人間か、非転向の仲間に対して顔向けできない、というわけである。村山知義の『白夜』が転向者の心理をよく描いている。

本多秋五は中野の『村の家』について、「中野の転向小説の圧巻であるばかりでなく、日本の転向文学の白眉といっていいのであるが」と高く評価しながら、「ここにも転向の内面過程そのものへの視線集中はない」と批判、というより不満を表明している。[13] 非転向を基準として転向をとらえるなら、獄中で志操堅固に自説を守りつづけることが理想になる。そうなるといかに毅然たる態度で権力に立ち向かったかが問題になり、いかに思想が変化したかは二義的な問題になる。そこで本多秋五のような関心の持ち方になる。つまり転向するときの心理を知りたい、それを描いてもらいたいということになる。

わたしがこの本でつかいつづけてきたことばをつかえば、煩悶の中身をちゃんと書くべきではないかということである。

思想をすてなくてもいい。政治活動さえしなければいい、というのが転向の条件であったから、いきおい非転向であることが最上位であり、転向したものは非転向のものに劣等感を抱き、罪悪感に苦しむという図式になる。だがそれは思想を守りつづける限りのことである。やがて転向した人びとの中から、マルクス主義そのものをすてるものがあらわれた。彼らのうちの何人かはそれまで抱懐していた思想とは対極に振れた。浅野晃は転向して出獄したが、のちにショーペンハウアーを読んでマルクス主義をすてた。やがて右翼の立場に移り皇道文学をとなえた。林房雄も転向した。林はしばらくの間は思想をすてなかったが、やがてマルクス主義を離れて国策に協力するようになる。戦後、『大東亜戦争肯定論』（単行本は一九六四年に上巻、六五年に下巻）を発表して騒ぎになった。この中で林はペリー来航以来、日本は百年戦争をたたかったのだと論じた。

一九三四年ごろ、文壇で「シェストフ的不安」が流行語になった。河上徹太郎の訳でレフ・シェストフの『悲劇の哲学』が出たのが一九三四年だった。『悲劇の哲学』はもともと一九〇三年に出版された。ドストエフスキーとニーチェを論じた哲学評論で、両者は「地盤喪失」に直面したのだとシェストフは論じた。ドストエフスキーもニーチェも若いときに思想転換を経験して、そのことで人びとから批判を浴びた経験があった。ふたりとも理想主義やヒューマニズムに背を向けたのであった。そのことが当時の「転向」に重ねられて大きな話題になったのである。

『悲劇の哲学』が出ると、三木はいちはやく反応して、『改造』一九三四年九月号に、「シェストフ的不安について」を書いた。マルクス主義に対する弾圧がきびしくなったときであったから、文章は哲学的でわかりにくい。明解なのは最後のしめくくりだけである。シェストフ的不安はドストエフスキーの「地下室の人間」のように、社会的な不安と実存的な不安との二重の不安だ、ととらえる三木は次のように述べている。問題は新しい倫理で世界へ出ていくことである。この人間は「現実と妥協することなく、地下室の人間のやうに烈しく現実に対して憤怒し、抗議するであらうし、しかも彼は現実を現実的に克服し得るために科学や理性によつて武装されてゐるであらう」[14]。要するに、いつまでもシェストフ的不安にとらわれていてはいけない。社会変革のために科学的な理論で武装し、立ち上がるべきだ、というわけである。「科学や理性」ということばをつかっているが、要するに科学的社会主義の理論を学べというわけである。

12　シェストフ的不安におけるドストエフスキーとニーチェ

シェストフの『悲劇の哲学』はドストエフスキーとニーチェの思想的転向を扱ったものである。いま転向ということばをつかったが、ドストエフスキーとニーチェの転向は自力でたどりついた思想の変容であった。一九三〇年代における日本の転向とはまったく性質が違う。日本の転向は戦時期における権力の強制による転向であって、自発的な転換ではない。だから転向者は長い間、同志を裏切ったという罪の意識にさいなまれた。良心に反して思想をすてたという恥の意識に付きまとわれた。

ドストエフスキーもニーチェも、その変節を激しく批判されたが、ふたりとも世間の非難をおそれなかった。ドストエフスキーは自分を高く評価してくれた批評家のベリンスキーに背を向け、ニーチェは尊敬するショーペンハウアーとワグナーに反抗したのである。非難されるのは覚悟のうえのことであった。

にもかかわらず三〇年代の日本の思想界に「シェストフ的不安」が流行したのは、それまで依拠していた理想主義的な思想を放棄するという点に彼我相通じるものを見たからだった。人類愛や社会正義をすてたからといって、それが何だというのか、とシェストフは語る。ドストエフスキーとニーチェはもっとおそろしい問題に直面した。自分の足元の「地盤喪失」（シェストフが好んでつかったことば）に直面したのではないか、と。

とはいえシェストフがドストエフスキーとニーチェを同列に論じたのだとしたら、それは無理があるといわなければならないかも知れない。ニーチェは本能的欲求を肯定したのである。ニーチェは『この人を見よ』の中で、キリスト教の道徳は、最もたちの悪い虚偽であり、人類をダメにした根源だと述べている。その理由は「生にとって最優先すべき本能を軽蔑するように教えてきた。からだを侮辱するために、『魂』や『霊』や『精神』をでっちあげた。生の前提、つまり性を不潔なものと感じるように教えた」からだと述べている。[15] 人間に反自然を押しつけることをニーチェは激しく攻撃した。他方、ドストエフスキーは本能を肯定したわけではない。ドストエフスキーがたどりついたのは、人間は我欲を無にすべきであり、すべての人びとが没我的になるべきだという思想だったのである。ただ、およそ高邁な理想を説くものは、無自覚のうちに自分に従うように要求しているのだと考えた。その点では、たしかにドストエフスキーとニーチェは比較対照したくなる要素を持っていた。

ドストエフスキーは人類の幸福や進歩や理想主義といったものは、人生の真に重要な問題を解決しないと考えた。『カラマーゾフの兄弟』の中に「大審問官」という章がある。これは劇中劇として書かれた有名な章で、復活したキリストが教会の集まりを覗いて愕然とするという物語である。

「大審問官」に出てくる大審問官は、民衆に対して偽りと知りつつ教説をたれている。復活したキリストは自分の教えとはかけ離れた教えが説かれていることに驚く。大審問官は民衆の間に紛れ込んでいるキリストを見つけ出す。そして審問室に連れて行く。彼はキリストに語る。自分たちはお前の教えとは似ても似つかぬことを教えている。そんなことは百も承知だ。民衆が求めているのはパンを自分でつくって食べることではない。自分がつくったパンを教会に差し出し、教会からそれをさげ渡してもらうことだ。教会は民衆から取り上げたパンをそのまま民衆に戻しているだけだ。しかし民衆は自分をこえた権威ある存在から、自分のつくったパンをおごそかに手渡してもらうことを望んでいるのだ、と語る。シェストフは書いている。民衆が大審問官にひれ伏しているのではない。大審問官が民衆に拠り所を得ているのである。もしも絶対的な孤独の中で自分自身と向かい合ったら、大審問官はその程度の拠り所で自分の人生と信条を支えることができるだろうか。人類の幸福などという社会的な効用は、始原の始原にさかのぼれば決して自分の存在の根拠とはなり得ないのだ、と。たしかに個人が社会の中で自分の場所を与えられて生きることと、自分だけに対して生きる意味についての確証を得ることは、つきつめれば何の関係もない。

13　亀井勝一郎がシェストフから読み取ったもの

人はなぜ理想主義を語るのか。シェストフによれば、それは人類の幸福を思ってのことではない、禁欲、克己、献身などの徳目を説くのは、人びとを自分の教説にひれ伏させるためである。理想をとなえるものの心裡に隠された本当の動機は「権力への意志」なのである。少し長くなるが、シェストフのことばを引いておこう。

「おそらく、その時、人は、何故ドストイェフスキーとニーチェが人道精神から非情の許に去り、その旗印に奇妙なことば――、『権力への意志』を書いたのか、理解するであろう。哲学の任務は、われわれに謙抑や、従順、自己否定を教えることではない。すべてこれらの言葉は、哲学者たちによって、自分のためではなく、他人のために考え出されたのだ。トルストイ伯が、汝をここへ遣わした者の意志を果たせ、と語り、『遣わしたる者』という言葉を小文字で書く時、われわれはすでに、彼が他の、彼より以前に存在していた説教者の後に従って、われわれに、彼自身の意志を果たすよう要求しているのだ――ということを了解する。それとわからずに、彼は、われわれに耳慣れた、それ故耳を傷つけない形で、ニーチェと地下生活者の言葉――〝世界よ滅びよ、われ成れ〟を繰返しているのである。すべての人間にとって、結局、この唯一究極の法則（ドストイェフスキーでは「最高観念」）だけが存在するのである(16)」。

だが『悲劇の哲学』が日本の読書人の前に置かれたときには、問題はイデオロギーと自己確証の文脈に置かれた。ドストエフスキーもニーチェも、若い日の理想主義からの思想変化を経験した。ならば日本のマルクス主義者の転向はどうだろうか、と。それは転向者本人にとっては自分自身を見つめることであった。

亀井勝一郎は一九三〇年に治安維持法違反の疑いで逮捕され、半年ほどの間獄中で過ごしたあと転向の上申書を出して保釈された。その後、亀井はマルクス主義から日本主義へとゆっくり転向していった。亀井は死刑判決を受け死刑執行の直前に恩赦で命を長らえたドストエフスキーについて書いている。ドストエフスキーは死刑台に立たされたときは自分の信条をすてなかった。しかしそれほど剛直で志操堅固なドストエフスキーが、やがてそのころの思想をかなぐりすててしまう。それについて亀井は「殉教は背教の刹那と紙一重にすぎぬ(17)」と述べている。

「殉教は背教の刹那と紙一重にすぎぬ」とはずいぶん思い切ったものの言い方だが、この文章の前には、小林多喜二についての議論が書きつらねられている。主義に準じた小林多喜二のひたむきさを批判的に考察しているが、その裏に滲んでいるのは最後まで揺るがなかった堅固さに対するコンプレックスである。明らかに亀井は、一九三三年に虐殺された小林多喜二と、転向した自分自身とを対比しているのだ。

『人間教育』が野田書房から刊行されたのは一九三七年のことであったが、そのときには亀井はマルクス主義と訣別していた。戦争協力に踏み込んでいき、戦後は再転向する。その都度亀井は自己の内面の煩悶をほとんど最上級のことばで表現した。

14　自分自身を語るということ

昭和研究会の活動に熱心にかかわっていたちょうどそのころ、『文學界』一九三八年六月号から三木清の「人生論ノート」の連載が始まった。初回のテーマは「死について」だった。三木清としては機知に富んだ文章で、『読書と人生』などとともに、その後長く読み継がれた箴言集である。

その中に「利己主義について」という章がある。一般に人間の生活は give and take によって成り立っている。利己主義者は一方的に取るばかりの人間のように思われているが、そうではない。彼は意識的な人間なのである、という主張で「利己主義について」は始まる。ふつうの人間は、無意識のうちに give and take の原則に従って生活している。ところが利己主義者は、と三木はいう。「利己主義者が非情に思われるのは、彼に愛情とか同情とかがないためであるというよりも、彼に想像力がないためである。そのように想像力は人生にとって根本的なものである」[18]。利己主義者には想像力が欠けている。利己主義者とはどういう人かと想像しながら読んでいくと、この項の終わりに「どのような利己主義者も自己の特殊な利益を一般的な利益として主張する」[19]という文にぶつかる。そしてそれを正当化するためにいろいろな理論がつくられていると述べる。

読んでいるうちに読者は中国に対する日本政府の姿勢を連想するだろう。三木清にそういう意図があったとは思われないが、この文章を書いているころ、三木は東亜協同体論の構築に夢中だった。そう思うと、彼が利己主義者と呼んでいるのは日本政府のことだったとしてもおかしくないように思われてくる。相手国のことを考える想像力の欠如、それを克服することが急務であり不可欠であると東亜協同体論は提唱している。そのためには日本自身が変わらなければならないのだと。三木は日本国が身勝手な自己利益の正当化にはしっていることをたしなめたかったはずである。

外界に対する想像力の欠如は、国際政治学の重要なテーマのひとつである。外交において政府も国民も、自分たちがこうだと思い込んで相手国の像をつくっている。その像は重要な点で相手国の実像とはかけ離れている。いわばつくられた虚像である。そうして政府はお互いに、自分がつくり上げた虚像に向かって外交をおこなっている。

三木が外交政策に関与したのははじめてのことだったし、人生論エッセイを書いたのもはじめてのことだった。三木を知る人たちの間には、これらの新しい仕事について、とかくの批判もあったらしい。いわば型をくずしていると受けとめられたのである。三木のように文学的なエッセイや哲学論文から外交政策論まで幅広い分野に視野を広げた知識人は、戦前においては決して多くなかった。

吉野作造は阿部次郎の人格主義に強い共感を示したが、吉野に人間性洞察はないことはないにしても、まことに影がうすいし、あべこべに『三太郎の日記』などで自分を饒舌に語った阿部次郎の政治に対する認識は、三〇年代から日本主義に傾斜したことを割り引いて考えるとしても、やはりどう見ても思考が不十分である。河合榮治郎は国家と市民社会の関係を描いて戦前の政治思想の最高峰をきわめたが、河合が学生向けに書いたものは世俗的な修養論の臭気が強くて読んでいるうちに気恥ずかしくなる。三木と同じように人間洞察と政治理論の両方にしっかり足をおろしていた学者は多くないのである。ほかに和辻哲郎や戸坂潤など少数の人名が思い浮かぶばかりである。

政治、社会、内面生活と、幅広い視野でものを考えた人を一九二〇年代以後に活躍した人からさがすとなると、第一に指を屈したいのは与謝野晶子である。ほかに山川菊栄や平塚らいてうなど、女性が多い。これら女性の思想家たちは市民社会と国家の両方に足をおろして、男性たちよりずっとバランスのとれた発言を繰り広げた。

だが実のところ、与謝野晶子や三木のような思考こそ、戦後にいっきょに開化した思考だった。林達夫、竹山道雄、丸山眞男、鶴見俊輔、内田義彦、加藤周一、梅本克己、荒正人など、拠って立つイデオロギーや政治的立場を問わず、戦後知識人の表現形式はそれ以前の学者の文章とは異なる。右にあげた人びとも、理論のうえで集合的にとらえられた人間となまなましい個人の意識や行動との両方を見わたす文章を書いた。象牙の塔にとどまらず、現実政治に対して行動を起こし発言した。そういうことができなければ、戦後という時代に思想で立つことはできなかったのである。林達夫は平凡社の百科事典編集の指揮をとった。竹山道雄は小説を書いた。丸山眞男は平和問題懇談会で中心的な役割を果たした。荒正人や梅本克己は専門分野こそ違え、自分はなぜ現実問題にアンガージュするかということを掘りさげた。三木清は敗戦直後に獄死したが、そういう知識人たちの先駆けだった。つまり戦後知識人の先駆けだったのである。

15　戦後知識人の先駆け

もともと三木は実践に関心があった。「人間学のマルクス的形態」があるように、マルクス主義に強い関心を寄せていた。福本イズムが評判になったとき、自分ならもっとうまく書けるとうそぶいたというエピソードが残されている。そういう三木にとって昭和研究会からの誘いは自分の仕事の幅を広げる絶好の機会だっただろう。言い換えれば三木清にとっては社会評論や時評、そしてエッセイは、いわば自己の基礎経験とイデオロギーを媒介する仕事だった。ドイツ留学時代にハイデッガーやレーヴィットに学び、ニーチェやキルケゴールやドストエフスキーを耽読した三木であったから、人生論や社会時評を書くことは、まさしく彼の実存を見つめることになり得た。

時勢がそれを強いたのであるから、こういう仕事に手を染めることは、本人にとっては不本意だったかも知れない。法政大学をやめて、それから三木は新聞や雑誌にさまざまの評論を書くようになった。しかし三木はそれを強いられることによって、知識人の新しい存在のあり方を模索し選び取った。それは哲学のことばをつかって「哲学者の実存的な存在様式」といってもいいかも知れない。三木自身のことばをつかっていえば、彼は自己の基礎経験と時代のアントロポロギーの交渉を人生論ふうのエッセイや評論で描き、そのことで彼の、いまは表現することのゆるされなくなったイデオロギーに根拠を与え、さらに間接的な表現を与えたのである。一九四三年末ごろまで、自由な言論が完全に封殺された戦時下で、そのような三木の仕事は粘り強くつづけられた。そして四五年三月に三木は再び下獄し、病を得て敗戦後の九月二六日に獄死するのである。四八年の人生であった。敗戦後まで獄につながれなければならない理由はどこにもなかった。

註

（1）広岡守穂『近代日本の心象風景』木鐸社、一九九五年、および『通俗小説論　恋愛とデモクラシー』有信堂、二〇一八年。

（2）文芸評論家の平野謙は、小林秀雄について、プロレタリア文学の解体を横目に、一九三五年ごろ少し左にスタンスを移したと評価した。小林は戦争にどう向き合うべきか真剣に考え始めたと好意的にとらえたのである。わたしなどにはとても理解できない見方であるが、プロレタリア文学運動に参加した平野謙まで小林の評価が変わったと証言しているということは、戦争がどういう意味を持つかではなく、戦争にどう向き合えばいいかが、この時期には切実な問題になっていたことをうかがわせる。平野謙『昭和文学史』筑摩書房、一九六三年。

（3）河上徹太郎・竹内好他『近代の超克』冨山房、一九七九年、二二二ページ。

（4）下村寅太郎が小林秀雄に侮蔑に近い感情を抱いていたことについてはたとえば竹田篤司『物語「京都学派」　知識人たちの友情と葛藤』中央公論新社、二〇〇一年を参照。

（5）河上徹太郎・竹内好他、前掲書、二六〇ページ。

（6）高山岩男『世界史の哲学』花沢秀文編・解説、こぶし文庫、二〇〇一年、三七一ページ。もともと一九四二年に岩波書店から刊行された。

（7）同右、三九一ページ。

（8）同右、三二五ページ。

（9）酒井三郎『昭和研究会　ある知識人集団の軌跡』TBSブリタニカ、一九七九年、一五四～一五六ページ。

（10）『三木清　東亜協同体論集』内田弘編、こぶし書房、二〇〇七年、一七七ページ。

（11）宮川透『三木清』東京大学出版会、一九七〇年、一二四ページ。

（12）『三木清全集』第14巻、岩波書店、一九六七年。五〇六～五一八ページ。

（13）本多秋五『第三版　転向文学論』未来社、一九七二年、二〇六～二〇七ページ。

（14）『三木清全集』第11巻、岩波書店、一九六七年、四〇八ページ。

（15）ニーチェ『この人を見よ』丘沢静也訳、光文社古典新訳文庫、二〇一六年、二一四～二一五ページ。

（16）シェストフ『悲劇の哲学』近田友一訳、現代思潮社、一九七六年、二三六ページ。

(17)『人間教育』『亀井勝一郎全集』第6巻、講談社、一九七一年、一八～一九ページ。
(18) 三木清『人生論ノート』新潮文庫、一九五四年、八九ページ。
(19) 同右、九二ページ。

参考文献

●第一章

『日本思想大系44　本多利明　海保青陵』塚谷晃弘・蔵並省自校注、岩波書店、一九七〇年。

『日本思想大系53　水戸学』今井宇三郎・瀬谷義彦・尾藤正英校注、岩波書店、一九七三年

『日本思想大系55　渡辺崋山・高野長英・佐久間象山・横井小楠・橋本左内』岩波書店、一九七一年

『日本思想大系56　幕末政治論集』吉田常吉、佐藤誠三郎校注、岩波書店、一九七六年。

『日本思想大系59　近世町人思想』中村幸彦校注、岩波書店、一九七五年

『明治文学全集77　明治史論集（一）』筑摩書房、一九六五年

『司馬江漢全集』第2巻、朝倉治彦他編、八坂書房、一九九三年

『幕末維新パリ見聞記　成島柳北「航西日乗」・栗本鋤雲「暁窓追録」』井田進也校注、岩波文庫、二〇〇九年

杉田玄白『蘭学事始』緒方富雄校注、岩波文庫、一九八二年

佐藤昌介『洋学史の研究』中央公論社、一九八〇年

沼田次郎『幕末洋学史』刀江書院、一九五〇年

平石直昭・金泰昌編『公共する人間3　横井小楠　公共の政を首唱した開国の志士』東京大学出版会、二〇一〇年

村上陽一郎『日本近代科学の歩み　新版』三省堂、一九七七年

三谷博『維新史再考　公議・王政から集権・脱身分化へ』NHKブックス、二〇一七年

三谷博『明治維新を考える』岩波現代文庫、二〇一二年

渡辺浩『日本政治思想史　十七～十九世紀』東京大学出版会、二〇一〇年

ジュリオ・アレーニ・楊廷筠『大航海時代の地球見聞録通解『職方外紀』』齊藤正高訳注・解説、原書房、二〇一七年

チェスター・I・バーナード『新訳　経営者の役割』山本安次郎他訳、ダイヤモンド社、一九六八年

『ヘーゲル全集9b』上妻精・佐藤康邦・山田忠彰訳、岩波書店、二〇〇一年

カール・R・ポパー『開かれた社会とその敵』（第1部・第2部）内田詔夫・小河原誠訳、未來社、一九八〇年

イマニュエル・M・ウォーラーステイン『近代世界システム　農業資本主義と「ヨーロッパ世界経済」の成立』（1・2）、川北稔訳、岩波書店、一九八一年

●第二章

『明治文学全集37　政教社文学集』筑摩書房、一九八〇年
『明治文学全集66　國木田獨歩集』筑摩書房、一九七四年
『日本近代思想大系18　芸能』倉田喜弘校注、岩波書店、一九八八年
古茂田信男・島田芳文・矢沢寛・横沢千秋編『新版　日本流行歌史（上）』社会思想社、一九九四年
稲田雅洋『自由民権の文化史　新しい政治文化の誕生』筑摩書房、二〇〇〇年
井上精三『川上音二郎の生涯』葦書房、一九八五年
岡本綺堂『ランプの下にて　明治劇談』青蛙房、一九六五年
『河上肇自叙伝』（1）〜（5）、杉原四郎・一海知義編、岩波文庫、一九九六〜一九九七年
河竹登志夫『黙阿弥』文藝春秋社、一九九三年
倉田喜弘『近代劇のあけぼの　川上音二郎とその周辺』毎日新聞社、一九八一年
桑原三郎『諭吉　小波　未明　明治の児童文学』慶応通信、一九七九年
桑原三郎『児童文学の故郷』岩波書店、一九九九年
添田唖蝉坊『唖蝉坊流生記』刀水書房、一八八二年
芳賀綏『言論と日本人』講談社学術文庫、一九九九年
『丸山眞男集』第10巻、岩波書店、二〇〇三年
松永伍一『川上音二郎　近代劇・破天荒な夜明け』朝日選書、一九八八年
宮武外骨『明治演説史・明治密偵史』河出書房新社、一九八七年
広岡守穂『ジェンダーと自己実現』有信堂、二〇一五年
ロジェ・カイヨワ『遊びと人間』清水幾太郎・霧生和夫訳、岩波書店、一九七〇年

●第三章

『明治文学全集12　大井憲太郎・植木枝盛・馬場辰猪・小野梓集』筑摩書房、一九七三年
『明治文学全集34　徳富蘇峰集』筑摩書房、一九七四年
『中江兆民全集』全17巻・別巻1巻、岩波書店、一九八三年〜一九八六年
『中江兆民評論集』松永昌三編、岩波文庫、一九九三年
『植木枝盛集』第1巻、岩波書店、一九九〇年
桑原武夫編『中江兆民の研究』岩波書店、一九六七年
飛鳥井雅道『中江兆民』吉川弘文館、一九九九年
米原謙『日本近代思想と中江兆民』新評論、一九八六年
井上哲次郎『国民道徳概論』三省堂、一九一二年
松永昌三『中江兆民評伝』（上下）、岩波現代文庫、二〇一五年
ジョン・エーレンベルク『市民社会論　歴史的・批判的考察』吉田傑俊監訳、青木書店、二〇〇一年
ジャン＝ジャック・ルソー『人間不平等起源論』本田喜代治・平岡昇訳、岩波文庫、一九七二年
ジャン＝ジャック・ルソー『社会契約論／ジュネーヴ草

稿』中山元訳、光文社古典新訳文庫、二〇〇八年

●第四章

西村茂樹『日本道徳論』吉田熊次校訂、岩波文庫、一九三五年

サミュエル・スマイルズ『西国立志編』中村正直訳、講談社学術文庫、一九八一年

『明治文学全集44　落合直文・上田萬年・芳賀矢一・藤岡作太郎集』筑摩書房、一九六八年

『日本近代文学評論選（明治・大正篇）』千葉俊二・坪内祐三編、岩波文庫、二〇〇三年

『新版・西田幾多郎全集』全24巻、岩波書店、二〇〇二年～二〇〇九年

『田辺元全集』全15巻、筑摩書房、一九六三～一九六四年

倉田百三『出家とその弟子』岩波文庫、二〇〇三年

芳賀矢一『国民性十論』冨山房、一九〇七年

福沢諭吉『学問のすゝめ』岩波文庫、一九四二年

二葉亭四迷『浮雲』十川信介校注、岩波文庫、二〇〇四年

和辻哲郎『自叙伝の試み』中公文庫、一九九二年

伊藤整『日本文壇史12　自然主義の最盛期』講談社、一九七八年。

伊藤秀雄『黒岩涙香伝』国文社、一九七五年

木村洋『文学熱の時代　慷慨から煩悶へ』名古屋大学出版会、二〇一五年

鈴木亨『西田幾多郎の世界』勁草書房、一九七七年

竹内良知『西田幾多郎』東京大学出版会、一九七〇年

橋川文三『歴史と思想』未来社、一九七三年

平石典子『煩悶青年と女学生の文学誌　「西洋」を読み替えて』新曜社、二〇一二年

藤田正勝『西田幾多郎の思索世界　純粋経験から世界認識へ』岩波書店、二〇一一年

山田盛太郎『日本資本主義分析』岩波文庫、一九七七年

ホアン・J・リンス『全体主義体制と権威主義体制』高橋進監訳、睦月規子他訳、法律文化社、一九九五年

●第五章

『明治文学全集12　大井憲太郎・植木枝盛・馬場辰猪・小野梓集』筑摩書房、一九七三年

美濃部達吉『憲法講話』岩波文庫、二〇一八年

『吉野作造博士民主主義論集　民本主義論』第1巻、新紀元社（複製版）、一九七九年

『近代日本思想大系17　吉野作造集』松尾尊兊編、筑摩書房、一九七六年

杉森久英『能登』集英社、一九八四年

広岡守穂『通俗小説論　恋愛とデモクラシー』有信堂、二〇一八年

ロバート・A・ダール『ポリアーキー』高畠通敏・前田脩訳、三一書房、一九八一年

●第六章

『和辻哲郎全集』全20巻、補遺1、岩波書店、一九六一～一九七八年
安倍能成『戦中戦後』白日書院、一九四六年
安倍能成『私の歩み』要書房、一九四九年
村岡典嗣『新編日本思想史研究　村岡典嗣論文選』前田勉編、平凡社、二〇〇四年
田辺元『懺悔道としての哲学　田辺元哲学選2』藤田正勝編、岩波文庫、二〇一〇年
『現代の発見　危機の思想』第7巻、春秋社、一九六〇年
『円地文子全集』第12巻、新潮社、一九七七年
新井勲『日本を震撼させた四日間』文藝春秋新社、一九四九年。
勝部真長『青春の和辻哲郎』中公新書、一九八七年
熊野純彦『和辻哲郎　文人哲学者の軌跡』岩波新書、二〇〇九年
坂部恵『和辻哲郎　異文化共生の形』岩波現代文庫、二〇〇〇年
吉沢伝三郎『和辻哲郎の面目』筑摩書房、一九九四年
広岡守穂『通俗小説論　恋愛とデモクラシー』有信堂、二〇一八年

●第七章

『昭和国民文学全集5　直木三十五集　増補新版』筑摩書房、一九七八年
『昭和国民文学全集7　長谷川伸集　増補新版』筑摩書房、一九七九年
『吉川英治全集　親鸞』第14巻、講談社、一九八〇年
山本周五郎『日本婦道記　増補完全版』新潮文庫、二〇一八年
『山本周五郎戦中日記』角川春樹事務所、二〇一一年
中里介山『日本武術神妙記』河出文庫、一九八五年
佐藤通次『皇道哲学』朝倉書店、一九四一年
今西光男『新聞資本と経営の昭和史　朝日新聞筆政・緒方竹虎の苦悩』朝日新聞社、二〇〇七年
大村彦次郎『時代小説盛衰史』（上下）、ちくま文庫、二〇一二年
鈴木和年『「愛染かつら」とニッポン人』情報センター出版局、一九八四年。
鈴木健二『戦争と新聞　メディアはなぜ戦争を煽るのか』ちくま文庫、二〇一五年
高木健夫『新聞小説史　昭和篇』（Ⅰ・Ⅱ）、国書刊行会、一九八一年
武田泰淳『評論集　滅亡について　他三十篇』川西政明編、岩波文庫、一九九二年
坂野潤治『日本憲政史』東京大学出版会、二〇〇八年
坂野潤治『近代日本の国家構想　一八七一～一九三六』岩波書店、一九九六年
宮沢俊義『天皇機関説事件　資料は語る』（上下）、有斐閣、一九七〇年

吉野孝雄『文学報国会の時代』河出書房新社、二〇〇八年

●第八章

『近代日本思想大系36　昭和思想集2』橋川文三編集解説、筑摩書房、一九七八年
『保田與重郎全集』第7巻、講談社、一九八六年
『保田與重郎全集』第11巻、講談社、一九八六年
『橋川文三著作集』全10巻、筑摩書房、一九八五年〜一九八六年
『三島由紀夫全集』第30巻、新潮社、一九七五年
『吉本隆明全著作集』第8巻、勁草書房、一九七三年
亀井勝一郎『我が精神の遍歴』角川文庫、一九七四年
神島二郎編著『天皇制の政治構造』三一書房、一九七八年
思想の科学研究会編『共同研究　転向』全3巻、平凡社、一九六二年
本多秋五『第三版　転向文学論』未来社、一九七二年
吉本隆明『マチウ書試論・転向論』講談社文芸文庫、一九九〇年
松岡洋右『満鉄を語る』第一出版社、一九三七年
松岡洋右『非常時とは何ぞや』政党解消連盟出版部、一九三四年
吉田裕『日本軍兵士　アジア・太平洋戦争の現実』中公新書、二〇一七年
山室建徳『軍神　近代日本が生んだ「英雄」たちの軌跡』中公新書、二〇〇七年
エルヴィン・フォン・ベルツ『ベルツの日記』(上下)、トク・ベルツ編、菅沼竜太郎訳、岩波文庫、一九七九年

●第九章

『三木清全集』全19巻、岩波書店、一九六六年〜一九六八年
『三木清　東亜協同体論集』内田弘編・解説、こぶし書房、二〇〇七年
河上徹太郎・竹内好他『近代の超克』冨山房、一九七九年
高山岩男『世界史の哲学』花沢秀文編・解説、こぶし文庫、二〇〇一年
『亀井勝一郎全集』第6巻、講談社、一九七一年
久野収『30年代の思想家たち』岩波書店、一九七六年
酒井三郎『昭和研究会　ある知識人集団の軌跡』TBSブリタニカ、一九七九年
坂本多加雄『知識人　大正・昭和精神史断章』読売新聞社、一九九六年
竹田篤司『物語「京都学派」　知識人たちの友情と葛藤』中央公論新社、二〇〇一年
広岡守穂『近代日本の心象風景』木鐸社、一九九五年
広岡守穂『通俗小説論　恋愛とデモクラシー』有信堂、二〇一八年
本多秋五『第三版　転向文学論』未来社、一九七二年
宮川透『三木清』東京大学出版会、一九七〇年
ニーチェ『この人を見よ』丘沢静也訳、光文社古典新訳文

庫、二〇一六年
シェストフ『悲劇の哲学』近田友一訳、現代思潮社、一九七六年

あとがき

日本政治思想史の通史を、どういうかたちで書けるか。人間はどういうきっかけで政治に関心を持つようになるか。それをできるだけ広い視野のなかで描いてみたい。そう考えて取り組んでみた。

わたしが依拠した視点は三つある。

ひとつはリアル。ものごとを認識するときの枠組みのことである。実証主義といってもいいし、科学主義といってもいいし、写実主義といってもいいだろうが、どのことばをつかったとしても少しずつずれてしまう。要するに近代的な思惟のことなのだが、そういってしまうと、今度はエルンスト・カッシーラの「関数概念」などを思い浮かべる人がいるだろう。そうなるとずいぶん難しいことになってしまう。わたしが念頭に置いているのは、そんなに難しいことではない。わたしの念頭にあるのは、自然主義文学や演劇改良運動などをふくんでの、思考様式と知的感情的志向の変化である。リアルが人びとの思考と感情に結びつき、それによってナショナリズムが形成され国民が誕生する。わたしはそんなふうに考えている。

第二は煩悶。自分がこの世に生を受けたことの意味の探求である。政治は生きることの意味を基礎づけてくれない。自分はなぜ生まれ、何のために生き、どう死ぬのかということについて、政治は答えを与えてくれない。しかしそれにもかかわらず、国家は国民に対して生き方の模範を示したり、社会関係の定型を定めたり、一方的に義務を押しつけたりする。そればかりか、政治は否応なく人びとの人生をねじ曲げる。戦争が起こって徴兵されたりするのはもちろんのことだが、職業や家庭生活であっても、そこに社会的政治的な力が働いていて思うにまかせぬことはよくある。だがそうかと思うと、コンミューン思想はしばしば人に生きる意味を強烈に実感させ、新しい社会をつくればすべてが解決するかのような幻想を与える。

人類史が始まって以来、煩悶はずっとあった。日本では長く、西行や鴨長明や白隠などなど、煩悶は仏教的な無常観によって色づけられてきた。これに対して近代の煩悶は、世捨て人になったり仏門に入ったりすることと、隣り合わせにはなっていないのである。近代人は世俗の生活の中に煩悶の答えを見出そうとするのである。煩悶は急速に近代化する日本社会において、長い間、思想をふくらませる重要な原体験として作用したのだった。

さいごのひとつは市民社会。というより市民社会の欠如である。この本を書くとき、というより政治思想史の研究にかかわってきて、わたしはずっと市民社会の欠如を意識してきた。明治以後一九四五年に至るまで、国家は常に市民社会を見下してきた。わたしがその点でいちばん象徴的だと思うのは戊申詔書である。日露戦争という大戦争に勝利したあとに、国家は国民を褒めるどころか、よりいっそう奮発努力せよ、よりいっそう忠義であれと説教したのである。市民社会の主張は第一次世界大戦後にようやく大きくなり、それが大正デモクラシーと呼ばれるわけであるが、一九二〇年代以後になると、政治の言説と市民社会の言説は、どんどんかけ離れていく。しまいには、これが同じ国で同じ時期に語られたものかと訝しくなるくらいにかけ離れてしまう。川口松太郎の『愛染かつら』は一九三七年から三八年にかけて『婦人倶楽部』に連載された。同じ一九三七年に文部省から『国体の本義』が出た。このふたつを読みくらべてみれば、当時の国家と市民社会の溝がいかに大きく深いかが見てとれるだろう。

　庶民はだれでも政治より自分の生活のほうがずっと重要である。仕事や家庭生活によほど行き詰まったときに、ようやく人びとは、ぼんやりと政治を意識し始めるのである。そういうひとりひとりの庶民に対して、国家は奉仕しなければならない。国家と市民社会の関係を変えなければならない。そのためには、まず思想家が先頭に立って、自分自身の経験や生き方をなまなましいことばで語り始めなければならない。自分だけ安全地帯にいて、いくら高尚な概念や論理をあやつっていても、国家と市民社会の関係は変わりはしないのである。

　晩年の福沢諭吉は自分のことをよく語った。『福翁自伝』が刊行されたのは一八九九年、その二年後に福沢は他界した。福沢は功成り名遂げてから自己を語った。それは福沢に限ったことではなかった。他方、一九四五年の敗戦以後、多くの若い知識人たちが自分を語った。あまたの高尚な思索の産物よりも、なまなましい経験の告白のほうが、政治のあり方を変えるのにずっと大きな力を持ったのだと、わたしは考えている。

広岡　守穂

著者紹介
広岡　守穂（ひろおか　もりほ）
中央大学法学部教授。1951年生まれ。
おもな著書に『「豊かさ」のパラドックス』（講談社現代新書）、『男だって子育て』（岩波新書）、『父親であることは哀しくも面白い』（講談社）、『妻が僕を変えた日』（フレーベル館）、『政治と自己実現』（中央大学出版部）、『市民社会と自己実現』（有信堂）、『ジェンダーと自己実現』（有信堂）、『通俗小説論』（有信堂）、『抒情詩と叙事詩』（土曜美術社出版販売）などがある。

日本政治思想史

2020年７月３日　　初　版　第１刷発行　〔検印省略〕

／発行者　髙橋 明義　印刷・製本／亜細亜印刷

東京都文京区本郷１―８―１　振替 00160-8-141750　発 行 所
〒113-0033　TEL (03)3813-4511
FAX (03)3813-4514
http://www.yushindo.co.jp
ISBN978-4-8420-5024-9

株式会社 有信堂高文社
Printed in Japan

人名索引

ア　行

カ　行

サ　行

タ　行

ナ　行

ヤ　行

ラ　行

ワ　行

事項索引

ア　行

カ　行

サ　行

タ　行

ナ　行

ハ　行

マ　行

ヤ　行

ラ　行

ワ　行